어린이독서지도사 양성과정 교재 ①

[개정3판]
어린이독서지도론

양재한 · 김수경 · 김석임 공저

도서출판 태일사

서문

　건강한 사회를 만드는 지름길은 책읽기 확산이라는 생각으로 창원문성대학 부설 평생교육원에 「독서지도사」 과정을 1998학년 2학기에 개설하였다. 수년간 운영하는 과정에서 본 과정 수료생들이 자신이 속한 지역을 중심으로 독서 관련 후속모임을 만들어가는 모습에 더욱 관심을 갖게 되었다.

　2000학년 1학기에 수료생들의 요구에 의해 「독서지도사」 심화과정을 개설하였다. 본 과정 개설은 독서문화운동 차원에서 출발하였지만 심화과정 수료생을 중심으로 자격증에 대한 요구가 생겨나기 시작하였다. 이 문제를 해결하고자 노력한 결과, 2003학년 1학기부터 「어린이독서지도사」라는 민간자격증 신설 승인을 사단법인 한국대학평생교육원협의회(이하 협의회라 한다)로부터 받게 되었다.

　「어린이독서지도사」 자격증을 취득하려면 협의회에서 지정한 「어린이독서지도사」 표준교육과정을 이수하여 실기와 필기시험에 통과하여야 한다. 이 책은 이러한 문제를 해결하고자 「어린이독서지도사」 양성을 위한 교재로 협의회에서 지정한 표준교육과정에 따라 집필하였으며, 「어린이독서지도사」 양성교재 총 2권 중 제1권에 해당된다.

　이 책은 총 7장으로 구성되어 있다. 제1장은 어린이와 어린이 독서환경, 제2장은 어린이의 발달단계와 독서교육, 제3장은 어린이 독서지도, 제4장은 어린이 독서자료에 대한 이해, 제5장은 이야기를 통한 어린이 독서지도, 제6장은 예술활동을 통한 어린이 독서교육, 제7장은 어린이 독서자료의 활용을 다루고 있다. 금번 개정3판은 2003년 초판 간행, 2007년 개정판 간행에 이어 당시와 여러 환

서 문

경이 바뀌게 되어 이에 따른 후속작업의 일환으로 개정을 진행하였다.

개정3판의 전체편집과 어린이와 어린이독서환경, 어린이 발달단계와 독서교육, 어린이 독서지도 분야는 양재한 교수, 어린이 독서자료에 대한 이해, 이야기를 통한 어린이 독서지도, 예술활동을 통한 어린이 독서교육은 김수경 교수, 어린이 독서자료의 활용은 김석임 선생이 집필에 참여하였다. 결과적으로 초판을 간행할 당시 참여한 저자 세 명이 다시 개정3판을 집필하게 된 것이다.

이 책의 용도는 평생교육원의 「어린이독서지도사」 양성 교재용으로 집필하였다. 이 외에도 어린이 독서지도 실무를 맡은 사서와 교사, 대학의 어린이 독서지도 관련 교과목의 교재, 그리고 가정에서 부모용 어린이 독서지도 지침서로서의 역할도 가능하리라 본다.

이제 감사의 말을 할 차례이다. 어려운 여건에도 선뜻 이 책의 출판을 결정해 주신 도서출판 태일사의 김선태 사장님과 관계자 여러분에게 감사를 드리며, 도서관문화와 독서문화를 꽃피우고자 노력하는 공공도서관과 작은(마을)도서관, 그리고 학교도서관에 관심을 두고 헌신하는 관계자 여러분에게도 감사를 드린다. 또한 1998학년 2학기에 제1기를 기점으로 매 학기 40여 명씩 지난 학기 제30기를 수료한 본 대학 평생교육원 「어린이독서지도사」 일반과정 수료생과 2000학년 1학기에 제1기를 기점으로 매 학기 40여 명씩 지난 학기 제27기를 수료한 본 대학 평생교육원 「어린이독서지도사」 심화과정 수료생들에게 감사를 드린다. 이들 도서관과 수료생들은 나의 실천성 있는 학문을 위한 현장이며,' 이 책은 이러한 과정에서 생산된 결과물이기 때문이다.

2013년 8월에
두대골 연구실에서
필자를 대표하여 양재한

제1장 어린이와 어린이 독서환경

제1절 뉴미디어 시대의 책과 독서 ·· 11
   1. 종이미디어 생존의 가능성 ·· 11
   2. 영상미디어의 폐해와 독서 ·· 16
제2절 역사속의 아동관과 오늘날의 아동관 ···························· 21
   1. 아동문학의 형성과정 ··· 21
   2. 우리나라 문헌 속에 나타난 아동기 ···························· 27
   3. 오늘날의 아동관 ··· 29

제2장 어린이의 발달단계와 독서교육

제1절 어린이 발달심리에 대한 이해 ···································· 39
   1. 발달·성장·성숙의 개념 ··· 39
   2. 인간 발달의 원리와 발달과업 ···································· 41
   3. 어린이 발달심리 ··· 44
제2절 언어의 발달 ··· 53

1. 음성언어의 발달 ··· 53
　　2. 문자언어의 발달 ··· 54
제3절 언제부터 독서지도를 할 수 있나 ································ 57
제4절 독서능력 발달 ·· 58
　　1. 독서 레디네스의 발달 ··· 58
　　2. 독서능력의 발달단계 ·· 61
제5절 독서흥미 발달 ·· 63
　　1. 독서흥미 발달 요인 ·· 63
　　2. 독서흥미의 발달단계 ·· 65

제3장　어린이 독서지도

제1절 독서지도의 의의 ··· 71
　　1. 독서의 개념과 변천 ·· 71
　　2. 독서지도의 정의 ·· 73
　　3. 독서의 목적 ·· 74
제2절 독해이론 ·· 75
　　1. 텍스트 분석이론 ·· 75
　　2. 스키마이론 ··· 76
제3절 독서수준과 과정 ··· 77
　　1. 독서수준의 4단계 ·· 77
　　2. 독서의 과정 ·· 79
　　3. 독서기술의 3단계 과정 ······································· 80

제4장 어린이 독서자료에 대한 이해

제1절 우리나라 어린이도서의 발달 ·············· 96
   1. 2000년 이전까지의 어린이도서 ·············· 96
   2. 2000년 이후의 어린이도서 ·············· 100

제2절 우리나라 어린이도서의 출판 현황 ·············· 102
   1. 어린이도서를 둘러싼 환경 ·············· 102
   2. 1990년대와 2000년대 어린이도서 환경 변화 ·············· 104

제3절 좋은 책 어떻게 고르나 ·············· 114
   1. 내용면에서 고려할 점 ·············· 115
   2. 형식면에서 고려할 점 ·············· 116

제4절 장르별 도서 선정기준 ·············· 119
   1. 그림책 ·············· 119
   2. 동요와 동시 ·············· 127
   3. 옛이야기, 전설 및 신화 ·············· 130
   4. 창작동화 ·············· 140
   5. 지식정보 책 ·············· 150
   6. 신문·잡지 ·············· 158
   7. 뉴 미디어 자료 ·············· 167
   8. 그 밖에 자료 ·············· 170

제5장 이야기를 통한 어린이 독서지도

제1절 스토리 텔링에 의한 독서지도 ·········· 183
1. 스토리 텔링의 의의 ·········· 183
2. 스토리 텔링의 3요소 ·········· 183
3. 스토리 텔링의 내용 선정 ·········· 184
4. 스토리 텔링 진행 방법 ·········· 185
5. 스토리 텔링을 할 때의 유의점 ·········· 185
6. 작품으로 리듬 살리기 ·········· 188
7. 스토리 텔링의 실제 ·········· 190

제2절 북 토크를 통한 독서지도 ·········· 195
1. 북 토크의 의의 ·········· 195
2. 북 토크의 준비요령 ·········· 196
3. 북 토크의 유형 ·········· 197
4. 북 토크의 방법 ·········· 199
5. 북 토크의 실제 ·········· 200
6. 북 토크 실습 ·········· 203

제3절 독서토론을 통한 독서지도 ·········· 205
1. 독서토론의 필요성 ·········· 205
2. 독서토론의 유형 ·········· 205
3. 어린이 수준에 맞는 독서토론 ·········· 206
4. 독서토론 수업이 주는 긍정적인 효과 ·········· 207
5. 독서토론의 일반적인 전개방법 ·········· 207

6. 역할지도 ·· 208
 7. 학년별 지도방법 ··· 209
 8. 책 고르기 ··· 209
 9. 토론에서 지켜야 할 점 ·· 209
10. 바람직한 독서토론 ··· 210
11. 독서토론 실습 ·· 210

제6장 예술활동을 통한 어린이 독서교육

제1절 예술활동을 통한 문학감상의 원리 ························ 217
제2절 창조적 미술활동을 통한 독서교육 ························ 224

제7장 어린이 독서자료의 활용

제1절 그림책 활용 ··· 235
제2절 동요·동시 활용 ·· 243
제3절 옛이야기·신화 활용 ··· 259
제4절 우리 창작동화 활용 ··· 281
제5절 외국 창작동화 활용 ··· 297
제6절 지식·정보 책 활용 ··· 312
제7절 신문·잡지 활용 ·· 348

◇ 찾아보기 · 361

어린이와 독서환경

제1절 뉴미디어 시대의 책과 독서

컴퓨터와 통신망이 결합된 '가상도서관'이 나타나 기존의 인쇄매체를 대체할 것이라고 한다. 과연 그런 사회가 올까. 그렇게 되어야 할까. 오늘날 주요한 독서물인 종이 매체로 글을 읽는 즐거움이 계속유지 될 수 있을까. 뉴미디어 시대에 종이 매체의 생존에 대해 이야기부터 해 본다.

1. 종이미디어 생존의 가능성

1) 기능적 측면에서 생존의 가능성

책은 오랜 세월 동안 인류의 지식을 담아 온 용기이며, 인류의 지식 확산에 절대적으로 기여해 온 미디어이다. 고대사회에서 책을 만든다는 것은 주술적이고 신비적인 성격을 지니고 있었다. 중세 유럽사회에서는 전체 인구의 90%가 문맹자였고, 그 당시 지배계급에 속한 성직자의 반이 글을 읽지 못했다고 한다. 이러한 사회에 양피지에 새겨진 문자를 해독하는 것은 신통력을 지닌 자로 생각되었다.

책을 만드는 재료는 죽간, 목독, 견백, 점토판, 양피지 등을 거쳐 종이에 이르게 된다. 종이를 만드는 기술은 중국에서 AD 105년 채륜이 발명하게 되며, 그

후 제지술은 동쪽방향과 서쪽방향으로 긴 여행을 떠나게 된다. 동쪽으로 여행을 출발한 제지술은 AD 593년 고구려 영양왕 때 우리나라에 전래되었고, AD 610년 고구려 승려 담징에 의해 일본으로 전래되었다. 서쪽으로 여행을 떠난 제지술은 AD 757년 Samarkand, AD 793년에 Baghdad, AD 1150년에 Spain에 전파되었고, 그 이후 유럽전역에 확산되었다.

동양에서 발명한 종이 만드는 기술이 유럽사회에 보급된 것과 아울러 구텐베르그의 금속활자 인쇄술 발명은 암흑기에 있는 유럽사회를 계몽의 아침으로 내몰았다. 구텐베르그 이후 1세기가 지난 16세기말 프랑스에서는 자신의 이름에 서명할 수 있는 부부가 13%에 불과하였으며, 2세기 후인 17세기 말에도 21% 정도밖에 되지 않았다고 한다.[1]

그 이후 지식의 대중화 현상에 힘입어 종이미디어는 인류의 삶 자체라고 부를 만큼 널리 사용되고 있다. 그러나 디지털의 광풍이 몰아닥친 이 땅에는 종이미디어가 사라질 것이라는 얘기들을 하고 있다. 종이미디어는 그 역할을 다하고 이제 최후의 운명을 기다려야 한다는 말인가. 이와 관련되어 자주 논의되는 하나의 사례를 살펴보자.

> 지금 서구에서 급속한 속도로 진행 중인 도서관 환골탈태의 특징은 세 가지로 요약 가능한데 첫째, 도서관에서 책이 사라지고 있다. 둘째, 이용자가 굳이 도서관에 갈 필요가 없어지고 있다. 셋째, 지구촌 어느 곳에 있는 도서관이든 이용할 수 있게 되어가고 있다는 것이다.

위의 글은 종이미디어 중심의 전통적 도서관은 사라지고 디지털미디어 중심의 디지털도서관이 나타나고 있다는 것이다. 디지털화한 도서관이 나타날 것이라는 사실은 부인하지 않는다. 그러나 어느 나라에서도 종이미디어가 사라지는 현상은 없으며, 오히려 각종 통계에서는 그 사용량이 증가하고 있다.

디지털미디어도 나름대로 장점을 지니고 있어 그 생산량이 꾸준히 증가하고 있는 것은 사실이다. 현재 출판되는 종이미디어 중에서 디지털미디어로 대체해

---

[1] 이광주,「구텐베르그 전후의 인문주의자들의 등장: 서적의 사회학」,《현대문학》(1985. 4), 99쪽.

서 이용하는 것이 편리한 분야도 있다. 그러면 어떤 분야가 디지털미디어 사용이 편리한 분야인지 살펴보자. 이는 종이미디어가 수행하는 기능을 살펴보면 예측할 수 있어진다.

종이미디어는 3가지 기능이 병합되어 있다.

첫째 기능은 아카이브(archive) 기능이다. 이는 종이에 기록된 문자열이 움직이지 않고, 변하지 않고, 시간이 지나도 보존되는 기능을 말한다.

두 번째 기능은 정보전달 기능이다. 정보전달에는 시스템 간의 정보전달과 시스템과 사람과의 전달이 있다.

셋째 기능은 정보처리 기능이다.

책의 기능성을 강조하는 미래주의자들은 위의 3가지 기능을 수행하는데 디지털미디어가 정보의 기록성, 전달성, 신속성, 가공성에서 뛰어나므로 종이미디어보다 우수하다고 말한다. 따라서, 기능적인 측면이 강조되는 비행 스케줄, 주식 가격, 현금변동률과 같은 가변적이고 즉흥적인 분야의 자료나, 긴 문헌에서 특별한 말이나 구를 탐색할 때나, 멀리 있는 자료의 가벼운 이용, 빠른 통신이 요구되는 문헌의 전달을 하는 데는 종이미디어보다 편리하다.

종이미디어도 이들 3가지 기능을 수행하는 데 우수한 점이 있음을 말하고자 한다.

첫 번째 기능인 아카이브의 기능을 살펴보자.

디지털미디어가 항구적인 기록보관용이라고 말하지만, 디지털미디어의 발전과정을 살펴보면 항구적인 기록보관용으로 적합지 않음을 알 수 있다. 예를 들어, 과거 천공카드에 의한 기록류들은 지금 사용되고 있지 않으며, 현재 사용하는 플로피 디스크와 CD-ROM은 50년 뒤에는 현재와 같이 사용되지 않을 것이다. 과거 경험에서 짐작할 수 있듯이 현재 디지털미디어에 기록되고 있는 컴퓨터 언어와 구조들은 몇 년을 지속하다가 새로운 기술에 의해 대체될 것이다. 이런 미디어들이 바뀔 때마다 모든 자료들을 새로이 복제하여 관리한다는 것은 현실적으로 불가능한 일이다. 통신망을 통하여 접근할 수 있는 자료들은 주로 근래에 간행된 자료들이다. 과거자료 보존을 위하여 모든 자료를 디지털화할 수도 없거니와 그럴 필요도 없다.

종이미디어의 아카이브 기능 중에서 각종 결재서류는 디지털미디어로 대체될 것이다. 이는 서류 위에 실린 기호가 일의 성취를 목적으로 하는 「일-기호」로 되어 있어 종이미디어에 실린 「생각-기호」와는 구별되는 것이다. 본질적으로 종이미디어에 실린 기호는 저자의 생각에서 태어나서 독자로 하여금 사고를 하게 하는 미완성의 기호이며, 수신자의 참여 정도에 따라 그 전달성의 성취도가 가늠되는, 즉 생각을 전제로 한 기호를 수록한 것이다.

일반 회사에서 사용되는 종이미디어에 기록된 서류가 디지털미디어로 대체되는 것을 보고 종이가 사라진다고 주장하는 것은 부분을 보고 전체를 말하는 우를 범하는 것이다. 이는 서류도 종이이고 종이책도 종이로 되어 있으니, 서류가 사라지면 종이책도 따라서 사라진다는 억지 논리로, 나막신이 사라지는 것을 보고 구두도 신이니 사라질 것이라고 얘기하는 것과 동일한 얘기이다.[2]

두 번째 기능인 정보전달 기능에 대하여 살펴보자. 시스템간의 정보전달 기능은 디지털미디어가 뛰어나다. 사람과 시스템과의 정보전달도 작은 단위로 이용되거나 신속성이 강조되는 정보위주의 책들은 디지털미디어가 뛰어나다. 이에 해당하는 자료는 사전, 색인, 관보, 연감류, 각종 통계자료들로, 이들은 인류의 「생각-기호」을 수록한 책들과는 출발점부터 종류가 다른 책들이다.

사람과 시스템과의 정보전달에 대하여 이야기해 보자. 종이미디어 이용자는 기계가 아니고 인간이다. 인간이 정보와 지식을 어떻게 받아들이는 지에 대한 이해를 통하여 종이미디어가 정보전달 기능에서 우수한 부분이 있다는 것을 알 수 있다.

사람은 정보와 지식을 받아들이는 도구로 5관을 활용한다. 즉, 눈을 통하여 시각정보, 귀를 통하여 청각정보, 코를 통하여 후각정보, 입을 통하여 미각정보, 피부를 통하여 촉각정보를 받아들인다. 이들 수신기관들 중에는 정보와 지식을 받아들이는 데 가장 많이 사용하는 도구가 눈과 귀이다. 주로 눈을 통하여 Browsing과 Reading을 하고, 귀를 통하여 Hearing을 한다. Browsing을 하는 데는 디지털미디어가, Reading을 하는 데는 종이미디어가 우수하다. 따라서 디지

---

[2] 정병규, 「새로운 책의 발견의 시대를 위하여: 오늘의 책의 문화는 왜 종이에 주목하는가」, ≪비블리오필리: 책과 미술≫, 6호(1995 겨울), 37쪽.

털미디어는 Browsing을 통하여 가변적이고 즉흥적인 정보를 인간에게 전달하는 데는 뛰어나지만, 지식과 이해, 지혜를 구하는 데는 종이미디어에 수록된 정보와 지식을 Reading하는 것이 더 효과적이다.

세 번째 기능은 정보처리 기능인데, 정보처리 기능은 디지털미디어 만큼 우수한 것이 나타나지 않고 않다. 그러나 디지털미디어의 우수한 정보처리 기능은 원문 내용의 변경과 첨삭이 쉬워 원형보존을 어렵게 하고 있다. 과거 창호지에 일필휘지하던 시절에는 글이 종이 위에 그려지면 지우기란 불가능하였다. 사려 깊게 쓴 글들은 자신의 정신의 발자취로 남아 원형으로 보존되었다. 오늘날은 컴퓨터를 이용하여 다양하게 원문 변형이 가능하고, 이에 영향을 받아 사회 분위기도 유사품과 사이비가 활개치는 환경으로 바뀌고 있다.

2) 인간적인 측면에서 생존가능성

인간적인 측면에서 종이미디어가 계속 영향력을 행사할 것이라는 얘기도 있다.

첫째, 접촉적 질감의 문제로 살아남는다는 것이다. 이는 종이 책은 인간의 손이 닿지 않고는 열리지 않는 견고하게 닫힌 문과도 같은 엄폐성을 가진 존재이므로 인간의 손을 떠날 수 없는 관계 때문에 존재한다는 것이다. 종이 책이 인간과의 접촉성 때문에 존재할 것이라는 정병규의 이야기를 들어보자.

독자와 책 사이엔 손을 통한 촉감이 존재한다. 눈으로 읽는 동시에 손으로 책을 만지고 접촉하고 있기 때문이다. 그래서 책을 읽고 본다는 행위는 가장 인간적인 에너지를 필요로 한다. 다른 뉴 미디어들은 전기라는 에너지가 필요하지만 책을 읽기 위해서는 인간은 스스로의 노동을 통한 에너지를 직접 투여해야 만이 손과 잉크 묻은 종이와 만남이 이루어지기 때문이다. 그리고 그렇게 이루어진 만남이라야 우리는 책이 가진 잠재력을 무한히 체험할 수 있다. 이렇듯 사람의 손길이 닿는 순간 순간 우리가 느끼는 것은 무엇인가. 그것은 활자매체가 생명력을 띠는 책의 매력, 이러한 감, 이러한 맛, '책 맛'이다. 책은 우리에게 늘 인간적이기를 요구한다. 책은 언제 어디서나 두 손으로 소유할 수 있는 친근한 형태로 존재하면서 따뜻한 매체로서의 체온이 숨겨져 있다. 광물성의 차가운 느낌을 가진 컴퓨터나 텔레비전에는 체온이 없지 않은가.[3]

둘째, 시각적 질감으로 인해 종이 책은 살아남는다는 것이다. 책은 두께를 가진 입체성의 존재라는 데서 디지털미디어와 구별된다. 책의 두께는 눈에 보이는 외형적 부피로 인간정신의 깊이에 대한 상징이자 그 정신의 밝기를 유지하는 빛의 원천에 대한 상징이다. 디지털미디어도 이들 내용은 담을 수 있겠지만 종이책에 담고 있는 두께는 인류문명의 깊이와 비례하기 때문에 살아남는다는 것이다.

셋째, 종이 책은 역사성을 갖고 있어 존재한다는 것이다. 종이 책의 부피와 두께는 전자 책의 0과 1의 단순조합을 넘어 무한한 가능성을 꿈꾸게 한다. 동시에 과거와 현재 그리고 미래가 모두 그곳에 존재한다. 이것이 종이 책이 갖고 있는 역사성이다. 책은 인류가 만든 유일한 영속물로 국가가 사라지고 새로운 민족들이 다른 문명을 세우더라도 여전히 인류가 새롭게 살 수 있는 것은 책의 역사성 때문이라는 것이다.[4]

2. 영상미디어의 폐해와 독서

1) 영상미디어의 폐해

흙장난을 해보지 않은 아이가 자연에 대해 어떤 근원적 이해를 할까. 텔레비전과 컴퓨터 앞에 매달려 아동기의 대부분을 '가상현실'의 체험으로 보낸 아이들이 과연 다른 사람, 다른 생명의 슬픔과 기쁨을 이해하고 보살피고 돌보는 능력을 가진 어른으로 성장하리라고 기대하기는 어려운 일이다. '가상현실'의 경험은 거기서 사람이 싫증이 나거나 고통을 느낄 때는 언제라도 플러그를 뽑아 버리면 순식간에 그 상황에서 벗어날 수 있는 '뿌리 없는 경험'이다.

오늘날 텔레비전이 우리 인간 인식세계의 지휘소가 되어 사회적·지적 세계의 배후 조종자로서 문화의 지배자가 됨으로써 정치, 종교, 뉴스, 스포츠, 교육 등 공공담론이 모두 쇼비즈니스화 되어 현대인들은 「죽도록 즐기기」만 하고 있다는 이야기도 있다.[5]

---

3) 위의 글, 40-41쪽.
4) 박종암, 「종이책은 과연 사라질 것인가」, 《비블리오필리》, 6호(1996 겨울), 44-45쪽.

인쇄미디어가 전부였던 19세기의 공적 비즈니스는 인쇄로 통일되었고 그것을 통하여 표현되었다. 그 당시의 인쇄는 모든 담론의 모델이자 메타포이며 잣대였다. 인쇄미디어 특유의 선형적, 분석적 구조를 어디서나 느낄 수 있었고 사람들의 대화나 연설 속에서도 이러한 인쇄된 글의 구조가 나타나고 있었다. 이 시기를 '설명의 시대'(The Age of Exposition)라고 한다. 설명은 개념적, 연계적, 계열적으로 사고할 수 있는 교양을 키우며, 이성과 질서에 높은 가치를 부여하여, 모순을 혐오하는 사회분위기를 만들었다.

그러나 20세기 초 텔레비전의 대두는 이러한 인식의 틀을 완전히 바꾸어 놓았다. '쇼비즈니스 시대'가 개막된 것이다. 텔레비전이 우리 삶의 중심부를 차지함에 따라 세상을 바라보는 시야가 바뀌게 된 것이다.

영어의 '쿼터'(quarter)는 4분의 1을 뜻한다. 오늘날 청소년들은 인내심이 부족하고, 지루함을 쉽게 느낀다고 한다. 이들을 일컬어 쿼터리즘(15분주의)적 행동양식이라고 한다. 텔레비전 채널을 마구 바꿔대는 리모콘, 책을 통해 느낄 수 있는 상상의 세계를 허용하지 않는 비디오 오락물, 컴퓨터와 첨단미디어에 둘러싸인 청소년들은 사고와 인내심을 뿌리내릴 만한 땅을 잃어버린 것이다. 즉, 이들은 단순성에 길들여져 가고 있는 것이다.[6] 이러한 단순성이 '까꿍 세계'(Peek-a-boo-World)를 창조하고 있다. 장편소설을 독파하던 활자세대와는 달리 영상세대는 신문도 15분 내외로 머리기사만을 읽고, 잡지도 15분 내외에 독파하기 쉬운 20장 정도의 에세이 계통에 높은 선호도를 보이고 있다고 한다.

선(先)과 후(後)가 있고, 위와 아래가 있는 종적 인식의 지배를 받아온 과거 세대에 비해 영상세대는 많은 변화를 가져오고 있다. 이들은 이것이나 저것이나 똑같이 여기는 횡적 인식방식을 갖고 살아가고 있다. 그 결과 남녀의 구분도 흐려져서 유니섹스 사고가 나타나고, 아버지나 어머니, 그리고 스승을 윗사람으로 보기보다는 나이 많은 사람으로 보고 있다. 즉, 위계질서나 도덕질서는 이들에게 거추장스럽기만 한 것이며 오히려 저항의 대상이 될 뿐이다.

---

5) 이정춘, 『미디어교육론 : 미디어 시대에 살다』, 집문당, 2004, 187쪽.
6) 위의 책, 188쪽.

오늘날 청소년은 컴퓨터든, 연예인이든, 스포츠맨이든, 유행이든 푹 빠져드는 몰입세대이다. 음악과 정보가 탈출구라고 말하는 이들은 성(性) 개방과 스타우상의 문화에 몰입하며 살아간다. 이들은 접근이 자유로운 사이버 공간을 통해 어른들의 통제에서 벗어나 '음란물 들추기'에 푹 빠져든 세대이다. 심한 경우는 '사이버 자폐증', '통신 중독증'도 속출하고 있다. 이들의 성(性) 의식은 '감추는 성'에서 '드러내는 성'으로 '억압받는 성'에서 '즐기는 성'으로 혁명적으로 바뀌고 있다.

미디어의 영향으로 사람들이 창의성과 주체성을 상실하게 되고, 무력감이 확산되고 있다. 역설적으로 개인간 소통수단의 증가는 소통의 빈약화를 초래하고 있다. 개인은 네트워크에 속박되어 점점 과거의 연대의식을 잃어버린 채 살아가고 있다. 개인의 성숙과 사랑과 우정에 있어서의 친밀함, 너와 나의 면대면 만남의 여유는 점점 사라지고 '인공적 이웃'과 '인공적 친구'가 양산되고 있다. 그 결과 우리는 어디에서 와서 어디로 가고 있으며, 왜 그곳으로 가고 있는지 모른 채 살아가고 있다.

디지털미디어가 가져온 또 하나의 부정적 영향은 읽을 수는 있으나 읽기를 거부하는 사람들이 양산되고 있다. 이들은 '기능적 문맹인'이다. 이는 영상미디어의 영향으로 인해 식당의 메뉴판에 글씨가 그림으로 대체되고, 컴퓨터의 각종 명령어 대신 그림이 이용되는 현상, 읽는 신문에서 보는 신문으로 바뀌는 현상이 이를 대변해 주고 있다.

텔레비전을 과도하게 시청하면 사고력 저하나 언어발달의 지체현상이 일어난다. 과도한 시청은 대뇌 우측 뇌 기능을 강화시키는 동시에 좌측 뇌 기능을 손상시킨다고 한다. 좌측 대뇌반구는 언어능력의 출처이다. 우측 대뇌반구는 주로 비언어적이고 비논리적인 영역이다. 우측 대뇌반구의 강화는 직관과 느낌의 측면에서는 강한 반면 분석적 측면은 약하게 된다. 즉, 이들은 사고력이 약화되어 작문실력이 뒤떨어지고 간단한 문장구조조차 구성하지 못하는 사람이 된다.

신세대들은 태어나면서부터 텔레비전, 비디오, 컴퓨터에 친숙하게 길들여져 있다. 거기에다 맞벌이 세대의 증가로 핵가족화와 애정결핍, 그리고 세대간 단절현상으로 가족해체 현상이 심화되고 있다.[7]

2) 독서의 필요성

　인간의 마음의 자산에는 네 가지가 있다. 정보(information), 지식(knowledge), 이해(understanding), 지혜(wisdom)가 있다. 이 네 가지 가운데 정보는 가장 값이 떨어지며 지혜 쪽으로 갈수록 보다 큰 가치를 가진다. 정보는 사람과는 독립적으로 존재하며 그것들에는 의미를 부여하는 인간의 마음이 게재되어 있지 않기에 전자기술을 이용한 처리나 전달에 알맞다. 지식은 의미로 바뀐 정보이다. 그것은 기록되고 전달될 수 있지만, 컴퓨터는 그러한 전달에 있어 바람직한 매체가 아니다. 이해는 어떤 세계관과 개인적 관점이 반영된 지식을 말하며 전적으로 인간의 마음속에 있다. 그리고 지혜는 이해가 완전하고 생산적으로 된 상태를 말하며 역시 인간정신에 의해서만 구현된다. 컴퓨터는 지식의 전달에서와 마찬가지로 이해와 지혜의 전달에서도 결코 최선의 매체는 아니다. 이를 요약하면, 사람들은 컴퓨터 통신망을 통해서 정보의 홍수 속을 멋있게 수영은 할 수 있어도 지식, 이해, 지혜를 구하는 문제는 그대로 남게 된다.

　이 부분은 무엇이 해결해 주어야 할까. 예나 지금이나 책의 몫이다. 오늘날 사회는 너무 가벼워지고 있다. 매일 텔레비전만을 보아 온 사람들이 평생을 연구한 학자들보다 문제의 해결책을 쉽게 내어놓는다. 아마 단편적인 정보전달은 텔레비전과 같은 영상미디어가 뛰어나기 때문이다.

　우리 주변에는 책을 읽지 않는 사람이 힘의 중심에서 권력을 행사하는 구조를 흔히 볼 수 있다. 이러한 사회는 인간의 삶을 점점 가볍게 하고, 삶의 무게를 잃도록 할 것이다. 오늘날 사회가 가벼워지고 있는 현상을 막는 길은, 생각하는 사람들이 사회를 이끌도록 하는 길은 인쇄미디어에서 찾아야 한다. 디지털미디어는 인쇄미디어를 보완해주는 미디어일 따름이다. 그렇다고 디지털미디어를 추방하자는 것은 결코 아니다. 정보화 사회를 살아가는 데는 인쇄미디어를 바탕으로 한 디지털미디어를 활용하는 균형된 시각이 필요하다.

---

7) 위의 책, 186-202쪽.

청소년들이 감각적이고, 인내심 부족하고, 성급해지는 현상은 정보와 지식을 받아들이는 도구인 5관 활용과 관련이 있다. 5관 중에서 정보와 지식을 받아들이는 도구로 주로 눈과 귀를 활용한다. 눈과 귀를 통하여 Browsing(see), Hearing, Reading을 한다. 이들 중에서 우리 인간의 사고와 가장 관련이 깊은 것이 Reading이고, 가장 약한 것이 Browsing이다.

Browsing은 사람의 시각기능 중에서 보는 기능을 주로 활용한 텔레비전, 비디오, 컴퓨터를 통해 정보와 지식을 획득하도록 한다. 이는 깊게 생각할 필요 없이 현상 그대로 보기만 하면 되는 미디어를 통해 정보와 지식을 받아들인다.

Hearing은 사람의 청각기능을 주로 활용한 라디오, 설교나 대화 등을 통해 정보나 지식을 획득하며, Browsing보다는 사고를 요하며 기억에 남는다. Reading은 종이미디어를 통해 사람의 시각기능 중 읽는 기능을 활용한다. Reading은 눈과 두뇌의 상호작용을 통해서만 가능하다.

Reading을 하려면 두뇌와의 상호작용을 해야 하는 귀찮은 일이 발생하므로 현대인은 이것을 피해보려고 끝없는 노력을 하고 있다. 소리를 활용하는 라디오, 소리와 영상을 동시에 활용하는 텔레비전과 비디오, 그리고 컴퓨터와 통신까지를 결합된 멀티미디어들이 수없이 쏟아져 나와 있다. 이들은 저마다 특징을 가지고 있지만, 한결같이 인류의 사고하는 수고를 줄여주는 미디어들이다. 사고를 적게 하면서 이들 미디어를 활용하여 복잡한 현대사회를 살아가는 데 익숙해질수록 사람은 가벼워지고, 성급해지고, 현실감을 잃게 된다.[8]

오늘날 사회가 가벼워지는 현상을 막는 길, 생각하는 사람들이 사회를 이끌도록 하는 길은 인쇄미디어에서 찾아야 한다. 이를 위하여 우리 생활주변에 쉽게 접할 수 있는 독서시설들이 필요하며, 이러한 시설의 하나로 학교에서는 학교도서관, 지역사회에서는 공공도서관과 작은도서관이 있어 나름의 역할을 수행하고 있다.

---

8) 영상물은 인류를 단순화시키고 허상을 쫓게 한다는 소설 한 권을 소개하면, "저지 코진스키 지음, 박민경 역 「챈스 가드너, 그곳에 가다」, 민예사, 1991." 라는 풍자와 우화를 곁들인 소설이며, 미국에서 영화로 제작해 화제를 일으킨 작품이기도 하다.

제2절 역사 속의 아동관과 오늘날의 아동관

교육에 있어서 아동관의 역할은 결정적이다. 아동을 위한 교육과정을 구성하거나 교육을 수행하는 데 있어 의사결정이 아동관에 의해 좌우되기 때문이다.[9] 또한 아동양육에 있어서도 그 대상이 되는 아동에 대한 개념화에 따라 양육의 목적이나 방법이 달라진다.[10] 마찬가지로 어린이를 대상으로 독서지도를 하기 위해서도 '아동관'과 '아동기'에 대한 이해는 필수라고 할 수 있다. 따라서 이 절에서는 역사적으로 동서양을 막론하고 '아동관'과 '아동기'에 따라 아동문학의 발전과정을 살펴보고, 이것이 오늘날에는 어떠한 지에 대해 살펴보고자 한다.

1. 아동문학의 형성과정

옛날의 어린이들은 신화·전설·민화나 성인을 위한 작품 속에서 이해할 수 있는 부분을 듣거나 읽는 문학체험을 하였다. 원시사회, 고대사회, 봉건사회, 근대사회로 이어지는 사회발전 단계를 볼 때 근대사회 이전에는 어린이의 독립된 인격이나 권리는 인정되지 않았다. 어린이에게 성인과 동등한 인격을 인정하고 성장과정에 필요한 교육과 보호의 배려를 하게 된 근대 아동관의 형성에서 비로소 근대 아동문학의 성립을 기대할 수 있게 된다. 어린이를 위한 문학인 아동문학은 어린이를 하나의 완전한 인간으로서 그 인격을 인정하고 인간으로서의 모든 권리를 보장하려는 아동관이 통용되는 사회에서만 성립될 수 있다.[11]

따라서 이 절에서는 동서양의 아동문학의 형성과정을 통해 근대 아동관이 형성되기까지의 과정을 살펴보고자 한다.

---

9) 이기숙, 『유아교육의 본질과 방향』, 양서원, 1989, 21쪽.
10) 신양재, 「三國史記·三國遺事에 나타난 兒童期 考察」, 《대한가정학회지》 제32권 5호(1994. 12), 125쪽.
11) 이상금·장영희 공저, 『유아문학론』, 교문사, 1986, 32-33쪽.

1) 우리나라 조선시대의 아동관

현대 교육에서 강조하는 아동존중 사상은 존 듀이(John Dewey)에 의해 집대성되었다. 듀이는 아동의 미성숙은 모자라는 것이 아니라 "성장의 으뜸가는 조건"이며 "성인과 다른 아동의 특징"이라고 보았다. 이에 따라 그는 아동기를 "그 자체의 의미를 지닌 내재적인 것"으로 규정하였다.

우리나라에 듀이의 아동존중 사상이 소개된 것은 1920-30년대 선교사들에 의해서다. 그 이후 우리나라 아동교육은 듀이의 아동존중 사상을 중심으로 한 교육을 실천하고자 노력하고 있다. 이러한 역사적 사실은 우리의 전통사상이 아동존중 사상이나 아동중심 교육과 관련 없는 것으로 생각하게 한다. 그러나 한국의 전통사상 속에서도 아동존중 사상이 발생된 일련의 움직임이 있었다.

먼저 아동존중 사상을 어린이 운동으로 실천한 사람은 소파 방정환이다. 그는 아동은 "훌륭한 한 사람으로 태어나는 것"이며 아동의 "어림(幼)은 크게 자라날 어림이요 새로운 것을 지어낼 어림"이라고 인식하여 어른처럼 존중하기 위한 어린이 운동을 전개하였다. 이러한 소파의 아동존중 사상의 배경에는 동학사상의 영향이 있었다.

동학사상은 조선의 중심이념이었던 성리학과 조선후기에 이르러 성리학의 무용론을 비판하며 일어난 실학과 깊은 연관을 가진다. 동학과 성리학과 깊은 연관을 지닌 점은, 동학이 유(儒), 불(佛), 선(仙) 등 기존 종교를 통합하여 창도한 새로운 사상이었기 때문이다. 또한 실학과 동학의 연관성은 동학의 만민평등 사상과 국가와 민족을 위협하는 외세를 극복하자는 민족주체 사상이 그 당시 지배적이었던 중국 중심적, 성리학적 세계관을 극복하고자 하는 실학의 자주적, 민족적 자각과 정신, 그리고 인간평등 사상을 계승한 것이라는 점이다.[12]

성리학, 실학, 동학의 관점에서 본 아동관은 다음과 같이 정리할 수 있다.[13]

---

12) 백혜리, 「조선시대 성리학, 실학, 동학의 아동관 연구」, 박사학위논문(이화여자대학교 대학원), 1997, 1-3쪽.
13) 위의 논문, 101-103쪽.

첫째, 성리학은 아동의 본성이 선하다는 점을 인식하고, 아동에게 있어 교육의 가능성을 인정하였기 때문에 아동존중 사상이 나올 수 있는 사상적 기반이 되었다. 다만, 당시의 수직적, 종속적인 인관관계에 의해 아동을 낮은 존재로 인식하였기 때문에 성인과 동등하게 대우할 수 없었으며, 이에 따라 아동의 존재 가치를 낮게 평가하였다. 따라서 아동기의 삶은 성인이 된 후를 준비하기 위한 과도기적 의미에서만 가치를 인정받았을 뿐이다. 이러한 한계에도 불구하고 성리학이 지니고 있던 아동에 대한 긍정적인 생각들은 실학을 거쳐 동학에 이르러 근대적인 아동관이 나올 수 있는 사상적인 바탕이 되었다.

둘째, 실학의 아동관은 아동의 선한 본성과 교육 가능성을 인정하는 긍정적인 성리학의 아동인식에서 출발하여 인간평등 사상에 기반을 두고 성리학의 아동관이 지닌 한계를 극복하려 하였다. 실학에서 비로소 아동에 대한 관심이 시작되어 아동을 사회계몽의 대상으로 성인남녀와 함께 인식하였으며, 아동의 교육에 있어서 아동의 경험을 중시하였다. 그러나 이러한 관심의 시작이 아동을 존중하게 되었다는 것을 의미하는 것은 아니다. 단지 실학의 실용적, 실증적인 학풍과 인간평등 사상의 맥락에서 아동에게 관심이 돌려지게 된 것이다. 또한 실학은 조선후기 사회에서 실천되지 못하였기 때문에 실학의 인간평등 사상은 당시 성리학을 중심으로 하는 사회에서 수직적, 종속적 인간관계를 극복하지 못하였다. 따라서 성리학에서와 마찬가지로 아동을 성인보다 낮은 존재로 인식하였고, 그로 인해 존재 가치를 제대로 인식할 수 없었다. 이와 같이 실학에서는 성리학이 지닌 한계가 극복되기 시작하였으나 완전히 극복하지는 못하였다. 이러한 성리학과 실학의 제약을 모두 극복하고 아동존중 사상이 나온 것은 동학에 이르러서이다.

셋째, 동학은 모든 인간은 한울님을 모신 존재로 평등하며 존엄하다고 보고 만민평등 사상을 기반으로 삼고 있다. 그러므로 아동도 성인과 마찬가지로 한울님을 모신 존귀한 존재이며, 성인과 대등한 능력과 가능성을 지닌 존재로 존중받을 수 있었다. 따라서 아동의 능력 발휘의 가능성은 가정이라는 천륜과 분리되어 개별적으로 인정되었다. 또한 출생 직후의 영아를 성인이 닮아가야 할 지극한 선을 지닌 이상적인 모습으로 생각하였다. 이와 같이 아동의 삶 자체에 가치를 인정함으로써 아동의 존재 역시 가치있는 것으로 인정하였다.

이러한 동학의 아동관은 근대적인 아동존중 사상을 의미하는 것으로, 성리학에서 비롯된 긍정적 아동에 대한 인식들이 실학을 거쳐 동학에 이르는 과정에서 사회적인 제약을 극복함으로써 이루어진 것으로 이러한 아동관의 변화가 우리의 역사 속에서 자생적으로 생겨났다는 사실을 의미하는 것으로 매우 가치있는 것이라 할 수 있다.

그러나 동학의 아동존중 사상은 당시 사회전반에 걸쳐 실현되지 못하였기 때문에 당시의 전체 사회에서 아동을 존중하는 분위기가 형성되었다고 보기는 어렵다. 따라서 동학의 아동존중 사상은 조선 후기에 발생한 하나의 흐름일 뿐이었으며 아동존중 사상의 실천은 훗날 천도교의 어린이 운동에 의해 부분적으로 실천되었다. 동학에서 나타나는 아동존중 사상은 우리의 옛 것을 단절하고 새로운 사상을 받아들여 발생한 것이 아니었다. 또한 외국의 것을 배척하고 우리의 것만을 강조하여 이루어진 변화도 아니었으며, 우리의 전통적 사상과 외래의 사상이 당시의 사회상황 내에서 잘 조화되어 한계점들을 단계별로 극복하면서 자생적으로 발생한 아동존중 사상이라는 것에 큰 의의가 있다고 할 수 있다.

2) 아동문학 형성과정을 통해 본 서양의 아동관

아동문학이 생겨나기 위해서는 먼저 어린이가 단순히 어른의 축소판이 아니라 독자적인 요구와 관심을 가진 존재로서 인정받을 수 있어야 한다. 이러한 생각은 서양 역사에서도 아주 최근에야 받아들여졌다. 그리스·로마문명에서 어린이는 성인으로 살아가기 위해서 훈련을 받아야 하는 존재로만 생각되었다. 따라서 고전문학 가운데에는 어린이에게 기쁨을 주려고 썼다고 할 만한 책은 하나도 없다(『이솝우화』는 본디 민화였다).[14]

---

14) 존 로 타운젠드 지음, 강무홍 옮김, 『어린이책의 역사 1』, 시공주니어, 1996, 13쪽.

서양에서도 19세기 이후가 되어서야 비로소 어린이에 대한 근대적 시각과 아동문학이 형성되기 시작하였다. 17세기 말에 이르기까지 특별히 어린이들을 위해 출판된 책들은 모두 교과서나 예절 책, 아니면 도덕책이었다. 예절 책들은 처음에는 올바른 행동에 중점을 두다가 청교도의 영향이 증대됨에 따라 종교와 도덕에 중점을 두기 시작했다.[15]

일반적으로 1740년대는 보통 영국 소설과 영국 아동문학이 태동한 때로 여겨진다. 이후 장르의 시작이 새로운 사고방식과 18세기에 중간계급이 자리잡아 가는 과정에 연관되어 있는 것은 확실하다. 또 출판이 근대적 방법으로 발전하기 시작한 때이기도 하다.[16] 영국의 뉴 베리(John Newbery, 1713-1767)는 1745년에 런던 거리에 출판사를 내고 세계 최초로 아동서적 출판업에 착수하였다. 그가 낸 책은 챕 북(Chap Book)이란 행상용 소책자가 주종이었다.

그리고 프랑스에서 페로(Charles Perrault, 1628-1703)는 구전되어온 민담을 재화(再話)로 한 『페로 동화집(1697)』을 냈다. 이 속에는 ≪잠자는 숲속의 공주≫, ≪빨간모자≫, ≪장화 신은 고양이≫, ≪신데렐라≫등이 포함되어 있었고 아이들에게 큰 사랑을 받았다.

그러나 이와 같은 민담은 아동문학 영역[17]에 자리를 굳히기까지 1세기 이상이 더 경과해야만 했다. 그리고 독일의 그림형제(Jacob Grimm, 1785-1863, Wilhelm Grimm, 1786-1859)는 『어린이와 가정을 위한 동화집』(1812)을 출판하여 전승문학이 아동문학으로 성립하는 데 공헌하였다. 여기에는 ≪백설공주≫, ≪헨젤과 그레텔≫, ≪브레멘의 음악대≫, ≪늑대와 일곱 마리 염소≫등이 수록되어

---

15) 위의 책, 18쪽.
16) 위의 책, 31쪽.
17) 민담, 즉 전래동화는 엄밀히 말해서 아동문학이 아니라는 일견도 있다. 니콜라예바는 "아동문학사가들이 저지른 가장 큰 실수는 아동문학의 역사를 전래동화에서 시작한 일이다"라며, "전래동화는 아동이라는 개념이 생기기 훨씬 전부터 존재해 왔으며, 전래동화·신화·전설은 결코 아동을 청중 삼아 창조된 것이 아니었다. 전래동화와 우화와 종교적으로 강조된 도덕 이야기들이, 어린 독자들을 위한 특별한 문학이 없을 때 그 대용품으로 사용된 것은 사실이나 그것이 대용품으로 사용되었다고 해서 아동문학으로 편입될 수는 없다"는 주장이다. Mria Nikolajeva, *Children's Literature Comes of Age Toward a New Aesthetic*, 마리아 니콜라예바, 김서정 옮김. 『용의 아이들』, 문학과지성사, 1998, 31쪽.

있다.18)

또한, 어린이를 대상으로 쓰여진 책이 없었던 시대의 어린이들은 성인의 작품들도 상상력이 풍부한 것이면 탐욕스럽게 자기네들 것으로 만들어 갔다. 그 대표적인 작품으로는『천로역정』(1678-84),『로빈슨 크루소의 모험』(1719),『걸리버 여행기』(1726)가 그것이다.19)

이렇게 19세기 이전의 아동문학은 근대 이전의 아동문학이라 할 수 있다. 즉, 신화·전설·민화와 성인소설 시대를 말하며 아직까지 근대적 아동문학이 성립되지 않은 때이다.

근대동화의 창작을 자극한 힘은 기독교적 신앙과 형식적 고전주의 문학에 저항한 감성과 감각의 해방을 즐기려 한 낭만주의 문학의 전개와 더불어 이루어졌다고 볼 수 있다. 근대 이전까지 어린이의 인격은 인정되지 않았고 성인의 종속물이었던 시대여서 어린이를 위한 이야기나 노래가 따로 존재하지 않았다. 어린이들은 어른들의 사회에 예속되어 있었고 모든 것이 어른의 생활기준에 의해 결정되었다. 어린이들의 교육이란 어른들의 기준에 어린이의 몸을 맞추는 권위주의적 교육이었고 부자유스러운 교육으로 어린이를 구속하였다. 어린이는 어른의 축소물이 아니며, 그들 고유의 성장시기에 대한 이해 및 존중이 필요하다는 아동중심 사상은 어린이를 위한 문학의 당위성을 갖게 하는 데 중요한 계기가 되었다.

그리고 낭만주의 문학의 싹은 동화가 가지고 있는 자유스러운 환상과 몰입과 잘 결부되어 동화에 대한 관심을 고조시켰다. 즉, 성인의 지배적인 역할을 벗어나서 어린이를 이해하고, 어린이를 사랑하는 성인들이 어린이를 위하여 창작한 문학이 출현한 것이다. 이러한 창작 아동문학의 출현에 또 하나의 배경이 된 것은 전래동화와 전래동요에 대한 새로운 인식이었다. 특히 독일의 그림(Grimm) 형제는 전래동화에 대한 학문적인 연구와 재화를 통해 그것을 문학의 수준으로까지 올려놓는데 공헌하였다.

---

18) 이상금·장영희 공저, 위의 책, 34-35쪽.
19) 위의 책, 38-39쪽.

마침내 동화라는 가장 단순한 형식 속에 심오한 인생의 진실을 묘사해 낼 수 있다는 인식이 널리 퍼지게 되었다. 이러한 근대적 아동문학의 창시자는 안데르센(Hans C. Andersen, 1805-1875)이라 할 수 있다. 안데르센은 1835년부터 『어린이를 위한 동화집』을 내기 시작했으며 해마다 크리스마스 때면 한 권씩 출판하여 1870년경까지 계속하여 약 150여 편의 동화를 창작하였다.[20]

따라서 근대아동문학의 성립은 근대적 아동관의 형성과 해방된 상상력이란 사회·문화적 두 요인에 의해서 이루어졌음을 알 수 있다.[21]

이상에서 우리나라와 서양의 아동관을 살펴보았다. 우리나라이건 서양이건 모두 근대의 아동존중 사상을 바탕으로 한 아동관의 형성에 따라 아동문학이 탄생되었다고 볼 수 있다.

2. 우리나라 문헌 속에 나타난 아동기

이 절에서는 우리나라에서 근대 아동에 대한 과학적 연구가 시작된 이래 발달심리학적인 관점이라 할 수 있는 아동기의 구분을 성리학, 실학, 동학 및 기타 학자들의 견해를 살펴보고, 이에 따라 조선시대의 아동의 교육단계를 서양의 아동단계와 비교하여 파악해보고자 한다.

1) 성리학에서의 아동기

성리학에서 아동기는 태아기부터 시작되어 성인식인 관례를 치르는 시기인 여자는 15세, 남자는 20세까지이다. 이 시기를 다시 세부적으로 나누면, 태아기, 3세, 7·8세, 10세, 15세로 나눈다.[22]

그리고 아동을 지칭하는 단어는 유(幼), 아(兒), 소아(小兒), 동(童), 동자(童子), 유자(孺子), 소자(少者), 유아(幼兒), 영해(嬰孩), 동몽(童蒙) 등으로 일컬어

---

20) 위의 책, 40쪽.
21) 위의 책, 34쪽.
22) 백혜리, 위의 논문, 23-29쪽.

졌으며, 이는 소학, 동몽선습, 격몽요결, 여사서, 내훈 등에서 사용된 것이다. 이는 신체적, 정신적인 면(동몽, 소자)에서 미성숙을 지칭하는 말이다.23)

2) 실학에서의 아동기

실학에서의 아동기는 태아기에서 시작된다. 성리학에서와 마찬가지로 아동이 수태되면서부터 아동은 교육의 대상으로써 인격을 부여받게 되는 것이다. 또한 아동기가 끝나고 성인이 되는 시기는 15세로 보고 있다. 태아기부터 15세에 이르는 아동기에서 중요한 변화의 시기는 수태시, 태내기, 3세, 7·8세, 10세, 그리고 15세로 구분하고 있다.

그리고 「사소절 : 동규」에서 아동을 지칭하는 문자는 몽(蒙), 아(兒), 소아(小兒), 유자(幼子), 유해(乳孩), 동유(童孺), 소자(小子), 동자(童子), 비유(卑幼) 등이다. 이는 아동에 대한 인식이 성인과는 달리 신체적, 정신적 면에서 미성숙하다는 의미이다.24)

3) 동학에서의 아동기

동학에서 아동은 한울님의 조화로운 선함을 지닌 가장 이상적인 인간으로 가치롭게 인식된다. 특히 아동은 태어날 때부터 성인과 대등한 능력을 지닌 존재로 인식되었기 때문에 존엄하다고 보았다. 이는 동학의 아동인식이 근대적인 아동관임을 의미한다.

동학에서도 역시 아동기의 시작은 태내기에서 시작된다. 태아 때부터를 하나의 인간으로 인정하고 교육의 가능성을 인정하여 교육의 대상으로 보는 것이다. 그리고 아동기의 끝에 대해서 동학의 경전이나 초기의 문헌들에서는 따로 언급된 말이 없고, 단지 「개벽」지에서 15세에 관례를 올리던 관습을 다시 시행할 것을 권고하고 있음을 미루어 보아 15세까지를 아동기로 보고 있다.

---

23) 위의 논문, 29쪽.
24) 위의 논문, 55-60쪽.

동학의 경전들과 초기 문헌들에서는 태아기를 제외한 아동기에 대한 언급이 없다. 다만, 수태에 대한 언급이 있는데, 단순히 생명의 잉태를 의미하는 것이 아니라 한울님(天)을 잉태함을 의미한다. 이는 인간을 천주(天主)와 동격으로 보았기 때문에 가능한 것이다. 따라서 태아를 키우는 것은 바로 하늘을 키우는 것을 의미하기 때문에 여성의 생명 잉태는 포태(胞胎)라는 의미로 본 것이다. 따라서 하늘을 키우는 동안(포태 기간)에 어머니가 실천하는 태교는 동학의 수도 과정이라 인식된다.[25]

3. 오늘날의 아동관

1) 오늘날의 아동관

앞서 역사적으로 살펴보았듯이 성인과 구분되는 독자적인 존재로서의 '어린이'라는 관념은 근대에 이르러서야 등장한 개념이다. 근대사회로의 이행은 어린이의 사회적 지위와 역할을 크게 바꾸어 놓으면서 독자적인 존재로서의 어린이를 역사적으로 등장시켰다. 근대사회로의 이행은 자본주의의 발전과 동시에 이루어졌다. 자본주의 생산체제로의 이행은 봉건사회에서 생산의 공간이었던 가족단위를 소비의 공간으로 전환시켰고, 이에 따라 가족 내 아동노동의 가치도 저하된다. 이후 산업혁명의 초기단계에서 선호되던 아동노동이 노동력의 안정적 재생산을 위협할 정도로 파괴적인 결과를 초래하자, 가혹한 노동으로부터 아이들을 보호하기 위한 공장법 등 입법 조치가 이루어지게 된다. 이제 아이들은 노동으로부터 해방되어 학교나 가정에서 보호받아야 하고 미래의 노동력으로서 교육받아야 하는 대상으로 간주되기 시작한다.[26]

특히, 19세기에 걸쳐 이루어진 오늘날과 같은 형태의 '국민국가'(Nation State)의 형성은 통일된 의식과 언어를 갖춘 국민의 양성을 필연적으로 요구하면서 '보통국민교육'의 국가적 체계가 갖추어지기 시작한다. 이제 아이들은 직접적인

---

25) 위의 논문, 81-83쪽.
26) 배경내, 「어린이 그리고 인권」, ≪문화과학≫, 통권 제21호(2000. 봄), 96-97쪽.

생산관계에 편입되지 않고 '학교'라는 근대 국민으로서의 통일된 자질을 갖추고 미래의 경제활동을 준비하는 데 상당한 기간을 보내게 된다. 이러한 변화에 따라 아이들은 이제 생산현장이 아닌 가정과 학교에서 특별한 보호와 가르침의 대상으로 위치 지워졌고, 독자적인 인생의 단계를 거치면서 성인과 구분되는 독자적인 세계와 행동양식, 문화를 형성하고 있는 존재라는 인식이 일반화되기 시작했다.[27]

또한 20세기에 들어서는 독자적인 존재로서의 아이들에 대한 관심과 보호를 강조하는 태도는 더욱 확산되었다. 특히 1, 2차 세계대전을 기점으로 영국의 인권운동가를 중심으로 '국제아동구호기금'이 창립되었는데, 이 단체에서 기초하여 발표한 선언문이 1924년 국제연맹총회에서 채택됨으로써, 최초의 '어린이의 권리에 관한 선언', 이른바 '제네바선언'(Declaration of Geneva)이 되었다. 아이들의 권리를 성문화하려는 국제사회의 노력은 오랜 준비작업과 논쟁을 거쳐 1959년 유엔이 '어린이 권리선언'(The Declaration of the Rights of the Child)을 채택하도록 하는 결과를 낳았다.

그리고 1960년대 후반부터 민권운동과 여성운동의 영향으로 개인의 권리에 관한 사회적 관심이 확대되고, 아동학대나 청소년 문제의 심각성이 사회적으로 주목을 받으면서 아이들의 권리에 대한 논의도 활발해졌다. 아이들의 권리를 구속력 없는 선언문이 아니라 법적 구속력을 갖춘 조약을 통해 보장해야 할 필요성이 강하게 제기되었다. 그 결과 1989년 11월 20일, 마침내 '유엔 어린이·청소년 권리 조약'(The Convention on the Rights of the Child)이 역사적 탄생을 보게 된다. 이 조약은 유엔이 채택한 여러 조약 가운데 가장 많은 비준국을 보유한 영향력 높은 국제조약이며, 어린이와 청소년의 권리에 관한 가장 권위있는 국제기준으로 이해되고 있다.

우리나라 정부도 1991년 이 조약에 가입함에 따라 조약이 규정하고 있는 아이들의 권리를 보장해야 할 국제적 의무를 가지게 되었으며, 19세 미만의 모든 어린이와 청소년은 이 조약이 보장하는 권리를 누릴 자격을 갖는다.[28]

---

27) 위의 글, 97쪽.
28) 위의 글, 97-99쪽.

따라서 오늘날 전 세계에 합의된 오늘날의 아동관은 이 조약의 내용을 살펴봄으로써 엿 볼 수 있다고 보아진다.

이 조약이 기반하고 있는 중요한 원칙은 다음과 같다.[29]

① 아이들은 성인과 다름없는 가치를 지닌 인간으로서 권리의 당당한 주체로 인정되어야 한다.
② 아동기는 성인기를 준비하는 단계로서의 의미만 갖는 것이 아니라 그 자체로서 가치를 지닌 시기이다.
③ 행복한 아동기를 향유하기 위해서는 사회로부터 보호와 지원을 받아야 하므로 '아이들'의 최상의 이익이 최우선적으로 고려되어야 한다.
④ 권리의 주체로서 아이들은 자신에게 영향을 미치는 모든 문제에 대해 의견을 표명할 수 있고 성인은 이를 경청·존중해야 한다.

한편, 오늘날 주요 패러다임인 지식사회에서[30] '똑똑이 이데올로기'와 '학력주의의 내면화'로 어린이가 우리사회에서 차지하는 위치에 대한 현실적인 시각을 살펴볼 수 있다.

즉, '똑똑이 이데올로기'는 '지식자본주의 사회'를 지탱하는 지배이데올로기 중의 하나라고 보고 있다. 이러한 '똑똑이 이데올로기'는 오늘날 지식사회에서 불쑥 나타난 새로운 현상이 아니라 동서고금을 막론하고 '우생학적 능력은 사회적 불평등을 합리화하는 훌륭한 방편'이 되었던 신동에 대한 이야기, 이른바 '위인'

---

[29] 위의 글, 99쪽.
[30] 홍성태는 오늘날의 지식사회를 두 가지 관점에서 제시하고 있다. 하나는 '평생학습사회'이고, 다른 하나는 '지식의 자본화'이다. 즉, 교육의 복지를 추구하는 지식사회에서 '평생학습사회'의 보편적 인식은 '요람에서 무덤까지'가 아니라 '뱃속에서 무덤까지'라는 문구로 상징될 만하다. 이제, '공부는 취학연령이 되었을 때부터 시작하는 것이 아니라, 엄마 뱃속에서부터 맹렬히 시작해야 하는 과업이 되었다'는 것이다. 그리고 지식의 자본화에 대해서는 '돈이 되지 않는 지식은 더 이상 지식으로 대접받지 못하는 반면에, 이제까지 지식으로서 대접받지 못했던 지식이라도 돈이 될 수만 있다면 당당히 지식으로 대접받을 수 있다'는 지적이다. 홍성태, 「지식사회와 어린이- '똑똑이' 이데올로기와 학력주의의 내면화」, ≪문화과학≫, 통권21호(2000. 봄), 53-55쪽.

들의 어린 시절이 흔히 일종의 '신동담'으로 전해오는 것과도 맥락이 통한다고 볼 수 있다.

'똑똑이 이데올로기'는 이와 같은 '신동 이데올로기'가 지식사회의 도래를 배경으로 대중화한 것이라고 할 수 있다. 그 핵심은 두 가지로 요약된다.

첫째, 똑똑한 어린이만이 지식사회에서 성공적으로 살아남을 수 있다. 이것은 결국 모든 어린이가 일종의 신동이 되어야만 한다는 것이라 할 수 있다. 물론 우생학적 관점으로 보자면, 이런 일은 당연히 불가능하다. 그러므로 이것만으로는 대중을 사로잡는 지배 이데올로기가 될 수 없다.

둘째, 현명한 부모라면 누구나 자기 자식을 똑똑한 어린이로 키울 수 있다는 자신만만한 선언이 뒤따르게 된다. 물론 이렇게 하기 위해서는 무엇보다 많은 돈이 있어야 하지만 돈만이 대가의 전부는 아니다. 돈을 제대로 쓸 수 있는 지식을 갖춘 현명한 부모가 되어야 하는 것이다.[31]

그리고 학력주의는 사실 현대 대중사회의 보편적인 현상이다. 학력은 능력과 노력에 기초한 근대적 성과지위체계를 구성한다. 이 점에서 학력사회는 전근대의 '골품사회'보다 월등히 평등하고 효율적인 사회라고 할 수 있다. 그러나 여기에도 적지 않은 문제점이 있다. 마치 실증주의 과학에 대한 신념이 또 다른 종교로 변질되어 사람들을 억압하는 것처럼, 학력주의도 능력과 노력이라는 성취 뒤에서 또 다른 세습적 지위를 낳을 가능성을 안고 있다. 학력이 일종의 '카스트'로 구실하여 사실상 학력사회가 '학력 카스트 사회'로 변질되어 버리는 것이다. 그리고 우리 사회는 이미 오래 전부터 이러한 상황에 놓여 있다.[32]

우리의 지식사회에서 어린이들에게 강요되는 학력주의의 실태는 학습지 광고를 통해 살펴볼 수 있다. 학습지 광고는 단순히 특정 지식의 학습을 권유하는 차원을 넘어서 '똑똑해야 살아 남는다'는 지식자본주의 사회의 생존원리를 적극적으로 내면화시키는 구실을 한다.[33]

---

31) 홍성태, 위의 글, 56쪽. 우리 사회의 이러한 '똑똑이 이데올로기'를 가장 잘 보여주는 사례로 '분유 광고'를 들고 있다.
32) 위의 글, 62쪽.
33) 위의 글, 63-64쪽.

따라서, 이러한 우리 사회의 학력중시 풍조는 뱃속에서부터 조기유학 현상[34], 가족해체 현상으로 사회적인 이슈화가 되었으며[35], 또한 교실붕괴 현상과 더불어 공교육이 사교육 시장에 자리를 내준 지 오래되었다.[36] 학력주의 문제는 학교라는 제도가 교육이라는 기능을 독점하는 데서 비롯된다고 볼 수 있다.

2) 아동문학의 지향점

그렇다면 사교육시장이 아닌 방법으로 학부모가 교육에 개입하고 이러한 지식자본주의 사회에서 '똑똑이 이데올로기'와 '학력주의 문제'를 극복할 길은 없을까?

앞서 살펴보았듯이 이러한 문제는 먼저 어린이를 하나의 '인권'을 가진 존재의 주체로서 성인들이 인정해야 한다. 이렇게 할 때 지식자본주의 사회에서 기성세대의 논리로 억압, 강요되는 학습노동을 통한 '똑똑한 어린이'와 '학력 카스트' 현상이 극복될 수 있다. 이러한 '어린이 해방'은 '부모 해방'의 전제 조건이기도 하다. 갈수록 어린 나이에 학력 경쟁이 시작된다는 것은 결국 부모들도 젊어서부터 그런 경쟁에 뛰어들게 된다는 것을 뜻한다.[37]

우리는 흔히 살기 좋은 사회의 모델로 선진 유럽사회를 이야기한다. 그 사회에서는 각 개인의 개성이 존중되고 다양한 가치가 존중되는 사회이며, 교육의 방향도 '대학입시=학력사회'라는 획일적인 방향이 아닌, 다양성과 개성이 존중되는 방향으로 이루어지고 있는 것이다. 우리라고 못할 것은 없지 않은가. 그렇다

---

34) 이전의 '기러기 아빠'는 자녀의 조기 유학을 위해 아빠는 한국에서 돈을 벌고 엄마는 아이들 뒷바라지를 위해 외국으로 함께 유학을 떠나는 현상을 일컬었는데, 최근에는 일명 '신기러기 아빠'로, 임신한 아내는 외국으로 태교 공부하러 떠나고 아빠는 남아서 아내와 태아를 뒷바라지하는 현상을 말한다.
35) '신기러기 아빠'의 트렌드와 발맞추어 사회적으로 문제시되었던 것으로 '원정출산' 문제가 그것이다. 이는 속지주의에 의해 외국에서 태어나면 이중 국적을 취득하게 되어 차후 군 면제는 물론 아이가 자라서 국적을 취득한 외국으로 유학을 가더라도 훨씬 유리한 입장을 가질 수 있다는 논리이다.
36) '교육' 문제를 토론할 어느 방송 프로그램을 소개하는 신문 기사에서 "'무너진 공교육'은 더 이상 뉴스가 되지 않는다. 교사를 고발하는 학부모, 학교를 영영 떠나는 아이들, 학교에선 자고 학원에서 공부하는 학생들…. 대학에 들어가기 위해 쓰는 사교육비가 연간 30조원에 달하는 실정이다. 학교는 점차 그 존재가치를 잃어가고 있다."("[주목! 이 프로] '… 고발한다'", 〈중앙일보〉(2003. 2. 10), 4면)에서 보는 바와 같이 이러한 우리 사회의 교육 현실은 이제 뉴스거리도 되지 않는다.
37) 위의 글, 69쪽.

면 어디서부터 시작되어야 할까. 사회의 가장 근간이며 최소단위인 가정에서부터 변해야 한다. 지식 자본사회에서도 도덕이 통하고 개성이 존중되고 획일화된 가치가 아닌, 다양한 가치가 인정되는 사회를 만들기 위해서는 가정에서부터 그 가치를 존중해야 한다. 학교교육이 본격적인 사회화의 장이라면 최초의 사회화 경험은 가정에서, 특히 어머니 무릎에서부터 시작된다고 볼 수 있다. 우선 부모, 특히 어머니들이 변해야 한다. 이러한 변화의 한 요소로서 아동문학을 부모와 아이들이 함께 공유할 때, 지속적으로 가정에 새로운 수혈이 이루어져 경쟁적인 사회의 습속이 무뎌지리라 본다. 그러나 아동문학도 우리 사회의 상품화된 한 문화코드이므로, 이를 보는 시각을 우선 바로 세워야 한다.

그렇다면 아동문학을 우리들은 어떤 시각에서 보아야 할까?

아동문학이란 아이들을 독자로 상정하고 창작된 문학작품이다. 따라서 독자의 눈높이에 맞추어야 한다.[38] 어른들은 흔히 어린이와 '눈높이'를 맞추려면 항상 어른들이 어린이를 위해 키를 낮추어야 한다고 생각하는 경향이 있다. 때때로 어린이가 어른 머리 꼭대기에서 놀 수 있다는 것을, 그런 어린이의 눈을 자기 눈에 맞추려고 끌어내렸다가는 어린이의 기만 죽일 수도 있다는 것을 모른다. 어린이와 눈높이를 맞춘다는 것은 어린이가 어른보다 '열등하다'는 생각에서 출발하는 것이 아니라 어린이는 어른과 '다르다'는 생각에서 출발해야 한다.[39]

어린이 책은 아이들의 눈과 마음으로 마주친 경험을 담고 있어야 하며, 아이들이 읽고 공감하고 감동할 수 있어야 한다. 더욱이 아이들은 어른과 달리 단일한 묶음으로 묶이지 않는 존재들이다. 끊임없이 성큼성큼 성장하고 있는 존재인 것이다. 초등학교 1학년과 6학년은 한 묶음으로 묶이지 않는 존재들이다. 끊임없이 성큼성큼 성장하고 있는 존재인 것이다.[40]

따라서, 아이들의 경험과 아이들의 성장과정을 알지 못한 채 창작되는 모든 아동문학은 아동문학이 아니다. 그저 책상머리에 앉아 아이들이 이래야 한다거

---

38) 김상욱, 『숲에서 어린이에게 길을 묻다』, 창작과비평사, 2002, 29쪽.
39) 강응천, 「아이들은 어렵고 복잡한 책을 좋아한다」, ≪열린어린이≫, 통권 제2호(2003. 1), 28-29쪽.
40) 위의 책, 29쪽.

나 아이들이 이렇게 느끼지 않을까 하고 쓴 작품들은 아이들을 미숙한 어른으로 여기고 잔뜩 부풀린 교훈만을 전달거나, 이상적인 인간으로 가정하고는 아름답고 어여쁘게 꾸며내는 일에 급급하게 되는 것이다. 어린이는 계몽주의자들이 여기듯 가르쳐야 할 훈육의 대상도 아니며, 그렇다고 낭만주의자들이 생각하듯 '천상에서의 기억을 아직도 간직하고 있는' 찬탄의 대상도 아니다. 아이들도 어른과 다를 바 없이 현실 속에서 살아가는 존재이며, 삶에서 거듭되는 성장과정을 고통으로 때로는 기쁨으로 경험하는 존재이다.[41]

아동문학은 어린이를 주된 독자로 하여 창작된 문학작품이지만, 어른들 역시 아동문학 작품의 독자가 될 수 있다. 아동문학은 아이들의 마음을 담고 있는 것이다. 아동문학은 아이들의 현실을 아이들의 눈으로 보고, 그것을 다시금 상상력의 힘을 빌려 새롭게 구성한 것이다.[42] 따라서 아동문학은 철저히 어린이의 시각에서 창작되고, 어린이의 상상적 사고력을 길러주는 예술로 승화되었을 때 그 힘을 가질 수 있는 것이다.

문학과 예술은 있는 그대로의 삶에서 한 걸음 나아가 있어야 하는 삶의 모습을 꿈꾼다. 그 꿈은 현실을 초월하는 낭만적인 꿈이 아니라, 현실의 현재를 더욱 분명하게 보도록 만들고, 현실의 미래를 앞질러 엿보고자 하는 간절한 바람인 것이다. 따라서 아동문학이 다루는 소재는 아이들을 둘러싼 세계와 삶의 문제를 밝은 면뿐만 아니라 어두운 면이라도 상상력의 힘으로 새롭게 재구성한, 내용에 상응하는 형식이 조화된 예술성이 높은 작품이어야 한다.

물론 아동문학의 교육적 성격 또한 아동문학 작품의 본질적인 특성이다. 이때 교육적 성격의 의미는 '학교교육'이란 말처럼 좁은 개념이 아니라, 한층 폭넓은 개념이다. 가르친다는 의미보다 배운다는 의미가 더욱 부각되어야 하는 교육적 성격이다. 작품이 가르치려 하기보다 독자가 스스로 작품을 통해서 배워나가야 하는 것이다. 문학의 교육적 성격은 작가의 의도가 아닌 독자의 독서행위라는 결과를 통해 의미를 갖는 것이다. 작품을 통해 돈을 벌려고 할 때, 가르치려 할

---

41) 위의 책, 29-30쪽.
42) 위의 책, 35쪽.

때, 이름을 한번 날려보려고 할 때 작품은 사이비 예술품으로 전락하게 된다.[43]

다시 한 번 강조하면, 아동문학의 출발선, 아동문학을 아동문학이게 만드는 유일한 중심축은 독자인 아이들이다. 아이들의 관점으로 아이들의 삶을 깊이 응시하여야 한다는 것이 아동문학의 요체인 것이다.[44] 더 나아가 아무리 예술적으로 잘 형상화되고 교육적인 내용을 담고 있더라도 또 하나의 요소, '재미'가 빠진다면 진정한 아동문학이라 할 수 없다. 재미야 말로 아동문학의 가장 본질적인 요소라 할 수 있다. 그러나 어른의 관점에서 재미와 아이들의 관점에서 재미는 다를 수 있다. 그렇기 때문에 종종 어른들은 자신의 잣대로 아이들이 재미있어 하는 요소를 쉽게 무시해 버린다. 그러나 작품은 좋은데 재미가 없다, 혹은 재미는 있는 데 작품성은 별로다 하는 평가는 어디까지나 어른들의 시각이 개입되었다고 볼 수 있다. 작품성(예술성), 교육성과 재미가 적절히 잘 조화된 작품을 만나기란 쉽지 않다. 따라서 여기에서 꼼꼼한 선정작업이 필요한 것이다. 그러므로 아동문학 작품을 고를 때는 세 가지 관점, 즉 예술성, 교육성, 재미를 함께 따져 보아야 할 것이다.

결론적으로, 오늘날의 아동문학은 어린이를 가장 주체적으로, 어린이 해방을 위한 공간이 될 수 있는 영역이다. 이것마저도 상업적인 이데올로기에 왜곡되어서는 안 될 것이다. 어린이를 아동문학으로 이끌 때는 무엇보다도 위에서 살펴본 아동문학의 본질을 염두에 두고 아이들이 아동문학 세계에서 자신이 스스로 주체적으로 설 수 있고 해방감을 맛 볼 수 있는 기회를 주는 것 이상이 요구되어서는 안 될 것이다. 따라서 독서지도자들은 이러한 점에 유의하여 또 다른 과외 과목이 되지 않는 범위 내에서 아이들을 독서의 세계로 안내해야 할 것이다.

---

43) 위의 책, 52-53쪽.
44) 위의 책, 52쪽.

3) 도서관 교육의 지향점

사교육시장이 아닌 방법으로 학부모가 교육에 개입하고 이러한 지식자본주의 사회에서 '똑똑이 이데올로기'와 '학력주의 문제'를 극복할 또 하나의 방안은 도서관 교육에서 찾을 수 있다.

공교육을 살리자며 교육개혁을 주장하는 사람들은 이런 얘기를 하는 것을 듣게 된다. ① 피교육자의 개성과 창의성이 존중되는 교육을 하자. ② 교과서와 참고서에만 의지하는 교수-학습 방법에서의 탈피하자. ③ 학생들의 자발적인 다양한 자료를 활용한 교수-학습방법 도입하자. 이러한 개념들을 실천하는 교육방법으로 열린교육, 정보화교육, 독서교육, 수행평가 등을 도입하여 학교 현장에서 적용하고 있다.

우리나라 학부모들은 아이들을 어떻게 교육시킬까에 관심이 많다. 그 관심이 과도하여 아이들을 사교육 시장으로 내몰고 있다. 부모가 아이들에게 가르쳐야 할 것은 하나하나의 교과학습이 아니라 좋은 교육환경으로 이끌어 주는 것이다. 숨막히는 사교육 시장으로 아이들을 내몰 것이 아니라 학교와 도서관에서 세상을 이해하고 사랑하게 만들면 공부는 저절로 하게 되는 것임을 알려주는 것이다.[45]

성경에 성전 미문의 앉은뱅이 이야기가 나온다. 성전 미문에 앉아 오고가는 사람들에게 동전을 얻으며 살아온 앉은뱅이는 예수님의 제자들을 만난다. 오고가는 사람들은 이를 불쌍히 여겨 동전 몇 닢을 주려하지만, 제자들은 이를 불쌍히 여겨 그를 일어나 걷게 한다. 아마 앉은뱅이가 이 세상을 살아가려면 동전 몇 닢보다 그를 걷게 하는 것이 문제의 본질을 해결하는 것이기 때문이다.

교육도 마찬가지라고 본다. 학생들에게 지식자체를 전달하기 보다는 지식을 탐구하는 과정을 가르쳐 주는 것이 교육의 본질적인 문제를 해결하는 방법이다. 이러한 교육을 실현하는 공간이 도서관이다. 특히, 학교도서관은 이러한 문제를 해결하는 데 필요한 최적의 공간이다.

---

[45] 이와 관련된 책 2권을 소개한다. 이현, 『기적의 도서관학습법』, 화니북스, 2005. 주영, 『나는 솔직히 미국교육이 좋다』, 미래M&B, 2001.

어린이의 발달단계와 독서교육

제1절 어린이 발달심리에 대한 이해

1. 발달 · 성장 · 성숙의 개념

인간의 출생에서부터 죽음에 이르기까지 나타나는 신체적, 심리적 변화, 즉 연령과 관련된 개체 발생적 행동변화를 연구하는 심리학의 한 분야가 발달심리학이다. 발달심리학에서 말하는 발달의 개념을 살펴보도록 한다.[1]

발달(development)은 크기에 있어서 작은 것에서 큰 것으로 진행하는 양적과정과 기능적인 면에서 미숙하고 늦은 수준에서 성숙되고 높은 수준으로 이행하는 질적과정을 의미한다. 이는 인간에 있어서 신체적 측면에서의 양적 변화를 일컬을 뿐 아니라 심리적 측면에서의 구조적 기능화를 가져오는 질적 변화를 의미한다.

일반적으로 발달이란 신체적 구조와 기능, 그리고 행동의 양상과 같은 심리적 기능면에서의 양적, 질적, 시간적으로 계속되는 변화라고 정의될 수 있다. 경험, 학습 또는 훈련과 같은 외적작용에 의한 연령적 변화와 함께 유전인자에 의한 내적작용에 의한 생리적 변화를 모두 포함한 질적 변화를 뜻한다. 발달은 생명체가 신체적으로나 정신적으로 끊임없이 변화되어 가는 과정이다. 즉, 개체 출

---

1) 김태련 · 장휘숙 저, 『발달심리학』, 박영사, 1987, 5-6쪽.

생으로부터 성숙에 이르기까지 계속되는 적극적이고 진보적인 변화 전체를 말하는 것이다. 인간에게 있어서의 발달은 어린이가 제각기 타고난 소질과 항상 변화하는 생활환경을 상호 연결하면서 눈에 띄게 급속한 변화의 과정을 밟으며 점차로 개성을 뚜렷하게 나타내 가는 모습으로 개체가 가지고 있는 여러 요인들과 환경의 여러 요인들이 서로 작용해서 이루어진다. 따라서 발달은 개체가 그 생명활동에 있어서 그 환경에 적응하여 가는 과정이라 말할 수 있다.

발달과 흔히 함께 사용되는 개념으로 성장(growth)과 성숙(maturation)을 들 수 있다. 성장(growth)이란 발달 개념과 기술적으로 구별할 수 있으나 본질적으로 같은 뜻을 가진 것이다. 구체적으로 성장이란 신장이나 체중이 증가하는 등의 신체적 특징의 양적변화를 의미하나, 지적능력과 사회적 안정성의 증가를 가르키는 개념으로도 받아들여지고 있다. 즉, 성장과 발달은 서로 혼용하여 사용되고 있는 실정이다.

그리고 성숙(maturation)은 내적 유전적 메카니즘에 의해 출현되는 신체적, 심리적 변화를 의미한다. 성장이 신체적인 변화 가운데 양적증가를 의미하는 반면에, 성숙은 기능의 변화를 뜻한다. 인간의 발달은 유전과 환경의 상호작용에 의해 이루어지는 데 반해 성숙은 부모로부터 받은 유전자가 지니고 있는 정보에 따라 나타나는 변화를 말한다. 즉, 2차 성 특징과 폐경기의 출현 등은 성숙의 한 예이다.

따라서 발달은 인간의 수정 순간부터 죽음에 이르기까지 전 생애에 걸쳐 유전과 환경의 상호작용에 의해 일어나는 양적 변화과정과 질적 변화과정이라고 할 수 있다.

위에서 말한 발달, 성장, 성숙에 대한 설명은 어린이 발달에 대한 이론적인 정의라면, 다음의 이야기는 인간의 내면적인 성장을 어떻게 볼 것인가에 대한 깊은 성찰에서 출발하고 있다.

어린이를 위해 오직 한 작품을 써서 영국의 최고 아동문학상인 카네기상을 수상한 바 있는 영국의 C.S. 루이스는 그 수상식에서 인간의 성장에 대해 언급하였는데, 이를 요약하면 다음과 같다.[2]

---

[2] 마쯔이 다다시 지음, 이상금 엮음. 『어린이와 그림책』, 샘터, 1990, 23-24쪽.

인간의 성장에는 두 가지 유형이 있는데, 하나는 진짜로 성장해 가는 유형이고, 다른 하나는 변화해 가는 유형이 있습니다. 유년 시대의 옷을 벗어 던지고, 소년시대란 옷을 입으며, 소년시대의 옷을 벗어 던지고 청년시대란 옷을 입으며, 청년시대의 옷을 벗고 어른의 옷을 입습니다. 이와 같이 하나는 벗어 던지고 다른 하나를 입듯이 말하자면 탈피를 반복하는 유형의 사람이 대부분입니다. 그러나 또 다른 유형의 성장을 하는 사람들은 나무의 나이테처럼, 유년시대 위에 소년시대를, 소년시대 위에 청년시대를, 청년시대 위에 성인시대를 맞이하듯 차곡차곡 자신의 체험을 쌓아 올리는 성장을 합니다. 이 후자야말로 진정한 성장이 아닐까요. 우리는 변화할 것이 아니라 새로운 것을 쌓고 자신의 세계를 자꾸 확대해 가는 그러한 성장을 해야 하지 않을까요. 아동문학은 이러한 문제와 깊이 관련된 일입니다.

2. 인간 발달의 원리와 발달과업

1) 인간발달의 원리

발달과정에서 나타나는 행동의 변화에는 일정한 규칙성이 있다.[3]

① 발달은 일정한 방향을 갖는다. - 발달은 머리쪽에서 다리쪽으로 또는 위에서 아래로 진행된다. 그리고 중추에서 말초로 발달된다. 전체운동에서 특수운동으로 진행된다.(처음은 물건을 잡을 때 몸 전체를 움직이지만 점차 세분화되어 팔을 움직이고, 그 후에 손가락으로 잡을 수 있게 된다.)

② 발달은 계속적이나 속도는 일정하지 않다. - 발달은 신체적 부분이나 기능에 따라 일정하지는 않지만 계속 진행된다.

③ 발달에는 개인차가 있다. - 인간은 모두 일반적이고 보편적인 순서에 따라 발달하지만, 같은 연령이라도 신체적 성장이나 정신기능에서 각 개인은 차이를 나타낸다.

④ 발달은 유전과 환경의 상호작용의 결과로 이루어진다. - 발달은 부모로부터 받은 유전적 정보와 환경의 영향에 의해 결정된다.

---

3) 김경희, 『발달심리학 : 생애발달』, 학문사, 1999, 18-19쪽.

⑤ 발달에는 결정적인 시기가 있다. - 특정한 발달이 이루어지는 데는 최적의 시기가 있다. 예를 들면, 걸음마는 생후 10개월경부터 가능하다든지, 사춘기의 출현 등이 그러한 경우이다.

⑥ 발달은 분화와 통합의 과정을 거친다. - 유아가 물건을 잡으려고 할 때 먼저 몸을 기울이고 운동이 분화되면 팔을 뻗치고, 그 다음 손목을 움직이고, 손가락을 사용할 수 있게 되다가 팔을 뻗치고 손목과 손가락을 사용하는 활동이 통합되어 마침내는 물건을 한 번만에 잡을 수 있게 된다.

2) 발달과업

각 발달 단계는 그 단계에서 반드시 성취해야 할 발달과업이 있다. 발달과업이란 개인이 환경에 적응하기 위하여 요구되는 기술이나 능력을 말한다. 만약 한 단계에서 발달과업의 성취가 만족스럽지 못하면 다음 단계의 발달은 지장을 받게 된다.

Havinghurst가 제시한 각 단계별 발달과업은 다음과 같다.[4]

(1) 영아기와 아동초기(출생에서 5, 6세까지)

① 보행학습
② 고형음식 먹기
③ 말하기
④ 배설통제
⑤ 성 차를 알고 성 예절 학습
⑥ 생리적 안정유지
⑦ 사회적, 물리적 현실에 대한 단순개념 형성
⑧ 부모, 형제, 자매, 다른 사람과의 정서적 관계 맺고 학습
⑨ 옳고 그름 판단, 양심 발달

---

[4] 장휘숙, 『아동발달』, 박영사, 2001, 39-40쪽.

(2) 아동중기(5, 6세에서 12, 13세까지)

　① 보통의 놀이에 필요한 신체적 기술학습
　② 성장하는 유기체로서 자기 자신에 대한 건전한 태도 형성
　③ 동년배 친구와 사귀는 법 학습
　④ 적절한 성 역할 학습
　⑤ 읽기, 쓰기, 셈하기 기본기술 익힘
　⑥ 일상생활에 필요한 개념학습
　⑦ 양심, 도덕, 가치체계 발달
　⑧ 사회집단과 제도에 대한 태도 발달

(3) 청년기(12, 13세에서 20세까지)

　① 자기의 체격 인정, 자신의 성 역할 수용
　② 동성, 이성의 친구와 새로운 관계 형성
　③ 부모와 다른 성인들로부터 정서적 독립
　④ 경제적 독립 필요성 느낌
　⑤ 직업 선택준비
　⑥ 유능한 시민으로서 갖추어야 할 지적기능과 개념획득
　⑦ 사회적으로 책임 있는 행동 원하고 실천
　⑧ 결혼과 가정생활 준비
　⑨ 적절한 과학적 세계관에 맞추어 가치체계 형성

(4) 성인초기(20세에서 35세까지)

　① 배우자 선택
　② 배우자와 함께 생활하는 방법학습
　③ 가정 꾸민다.
　④ 자녀양육
　⑤ 가정관리

⑥ 직업생활 시작
⑦ 시민의무 완수
⑧ 마음 맞는 사람들과 사회적 집단 형성

(5) 성인중기(35세에서 60세까지)

① 시민으로서의 의무와 사회적 의무 완수
② 경제적 표준생활 확립, 유지
③ 10대의 자녀들을 책임 있고 행복한 성인이 되도록 선도
④ 여가시간 활용
⑤ 배우자와의 인간적 관계 유지
⑥ 중년기의 생리적 변화 안정적 적응
⑦ 노년기의 부모에게 적응

(6) 노년기(60세 이후)

① 신체적 힘과 건강이 쇠퇴하는 것에 적응
② 은퇴와 수입감소에 적응
③ 배우자의 사망에 적응
④ 동년배와의 유대관계 재수립
⑤ 사회적, 시민적 의무 수행
⑥ 생활에 적합한 물리적 환경조성

3. 어린이 발달심리

어린이의 사회화 과정을 심리학적으로 이해하는 발달심리학 연구들은 인간의 인지 및 행동에 대한 이해뿐만 아니라 사회문제와 사회변화에도 적극적인 영향을 끼쳤다. 어린이의 발달에 대한 가정과 사회의 영향을 경험적으로 밝혀냄으로써 사회 문화적 환경의 영향을 이해하려는 노력은 부유층 아이들과 빈곤층 아이들의 경험차이가 어린이의 발달에 차별적인 영향을 미칠 수 있다는 연구들을 낳

음과 동시에 1960년대 미국사회에 '빈곤에 대한 전쟁'(War on Poverty)이라는 사회 개조운동의 기반이 되기도 하였고 '헤드 스타트 운동'(Head Start Movement)과 같은 조기교육 프로그램을 유행시키기도 하였다.

이 밖에도 "어린이에 대한 매스 미디어의 영향" 또는 "어린이가 법정 증인이 될 수 있는가", "어린이의 발달단계에 따른 학습 프로그램 개발" 등 사회적인 현안과 어린이 교육에 대한 광범위한 연구결과들을 통해 일상생활에서 일어나는 다양한 인간의 문제를 해결해 주는 도구로서 기능하고 있다.

나름대로 욕구와 판단체계를 가지는 어린이들, 하지만 어른과는 차이를 보이는 어린이들, 아동들의 세계를 알아차릴 수 있도록 도움을 주는 대표적인 이론들을 종합한 발달단계별 발달과제를 소개하면 다음과 같다.

1) 정신분석이론

(1) 프로이드(Freud)의 정신분석이론(psychoanalytic theory)

프로이드는 인류에게 의식의 심층에 기대하고도 영향력 있는 무의식이 자리 잡고 있다는 것을 알려준 정신분석학의 시조이다. 그에게 파악된 어린이는 원초아(id)[5]라는 본능적 행동체계를 벗어나지 않은 채, 쾌락의 원칙에 따라 자신의 안락과 만족에만 흥미를 가지는 시기의 인간이다. 이 본능의 중심에는 입이나 항문 및 성기와 같은 생물학적 성감대가 있고, 인간의 성격이란 연령에 따라 변화되는 성적 욕구의 충족이나 억제에 따라 형성된다. 이런 과정에서 가장 큰 영향을 미치는 요인이 부모가 된다.

아이가 자라면서 본능적 쾌락보다 현실원칙에 따르는 행위를 하게 되며, 현실원리에 지배를 받게 되는 데, 이때 자아(ego)가 형성된다. 자아는 원초아(id)의 본능적 욕구와 양심과 자아이상에 따른 초자아(superego)의 조정기관의 역할을 수행하게 된다.

---

[5] 인간정신의 밑바닥에 있는 원시적·동물적·본능적 요소. 프로이드의 정신분석학 용어로, 쾌락을 추구하는 쾌락 원칙에 지배되며 즉각적인 욕구 충족을 목적으로 한다.

초자아(superego)는 부모가 주로 보상과 벌을 통하여 전달하는 사회적 가치와 도덕이 내면화된 표상(representation)이다. 초자아에는 양심과 자아이상으로 구성되어 있다. 양심은 잘못한 행동에 대하여 처벌이나 비난을 받은 경험에서 생기는 죄책감에서 내면화되며, 자아 이상은 잘한 행위에 대하여 칭찬이나 보상을 받은 경험에서 이상적인 자아상이 형성되는 것으로 알려져 있다.[6]

프로이드는 인간발달을 쾌락의 원리에 따라 성격발달을 설명하고 있다.[7]

가. 구강기(oral stage : 생후 1세까지)

구강기는 주된 성감대인 입, 혀, 입술(구강)을 통하여 젖을 빠는 데에서 쾌감을 느껴서 성적욕구를 충족한다. 각 단계에서 영아는 추구하는 욕구만족을 충분히 얻을 수 있어야만 다음 단계로 발달이 이루어진다. 만약 충분한 만족을 얻지 못해서 욕구불만이 생기거나, 또는 그 만족을 얻는 쾌감에 지나치게 몰두하면 다음 단계로 넘어가지 못한다. 이러한 현상을 고착(fixation)이라고 한다.

구강기 고착현상은 손가락 빨기, 손가락 깨물기, 과식과 과음, 지나친 흡연 등의 행동특성을 나타낸다.

나. 항문기(anal stage : 1세 ~ 약 3세)

이 시기는 배변훈련 시기인데, 배설물을 참고 보유하거나 배출하는 데에서 쾌감을 얻는다. 흔히 엄격한 배변 훈련을 받게 되면 지나치게 깨끗한 것과 완벽한 것을 찾는 결벽성 또는 완벽주의(perfectionism)가 된다. 또한 대변 보유에서 생기는 쾌감에 고착되면 후에 수전노와 같은 인색한 성격의 소유자가 되고, 배설의 쾌감에 고착되면 무절제한 성격의 소유자가 된다.

다. 남근기(phallic stage : 3세 ~ 5세)

이 시기는 아동의 성기에 관심이 많게 되는 시기이다. 이 시기에 중요한 현상은 '오이디푸스 콤플렉스'(Oedipus complex)를 갖는 것이다. 오이디푸스 콤플

---

6) 김경희, 앞의 책, 26-27쪽.
7) 위의 책, 28-30쪽.

스는 아동이 이성부모에 대하여 성적인 애정을 가지고 접근하려는 욕망을 말한다. 즉, 남아는 자기 어머니에게 성적 애착을 느끼고 아버지를 애정의 경쟁자로 생각하여 적대감을 갖게 된다. 한편, 여아는 아버지에 대한 성적애착을 갖게 되는 데, 이를 '엘렉트라 콤플렉스'(Electra complex)라 부른다. 이 시기에 고착되면 남근기적 성격 소유자가 된다. 남근기적 성격은 과시적이고 공격적이다. 특히 남자는 자기애(narcissism)를 가진 것이 특징이다.

라. 잠복기(latent stage : 6세 ~ 11세)

이 시기는 사춘기가 시작되기 이전까지로, 다른 단계에 비하여 '평온한 시기'로 성적욕구가 억압되어서 앞의 세 단계에서 가졌던 충동이나 상상, 욕구 등이 잠재되어 있다.

마. 생식기(genital stage : 약12세 ~)

사춘기가 되면 이성에게서 성적만족을 얻게 된다. 이때를 이성 애착기라고도 하는데, 이 단계까지 고착현상을 보이지 않고 원만한 발달을 이룩한 사람은 이타적이고 성숙한 성격의 소유자가 된다.

(2) 에릭슨(Erikson)의 심리사회적 이론

에릭슨은 인간발달에서 문화적 요인과 교우간의 사회적 접촉에 대한 관심을 발전시켜 개인의 전 생애에 걸쳐 8단계로 나누어 성격이 발달한다고 보고 있으며, 각 단계마다 이루어야 할 심리사회적 발달과제가 있고, 이를 이루지 못하면 위기를 경험한다고 하였다.

또한 위기를 극복하지 못하면 다음 발달단계에도 영향을 미치며 인간적 성숙에도 문제가 생긴다고 보았다. 단계별 발달과제와 위기, 그리고 부모의 역할을 중심으로 8단계까지 살펴보면 다음과 같다.

가. 1단계(출생~1세): 기본적인 신뢰감 대 불신감(basic trust vs mistrust)

이 시기는 아기를 돌봐주는 양육자를 통해 신뢰감이 형성되는 시기이므로 돌보는 사람이 따뜻하고 민감하며 일관성이 있으며, 감정을 풍부하게 표현하고 사랑을 줄 수 있는 상호작용을 보여주어야 신뢰감이 형성된다. 아기는 양육자가 자기를 받아 준다는 믿음과 자기신체의 충동에 차차 익숙해짐으로써 자신에 대한 신뢰를 발달시킨다. 그러므로 사랑을 갖고 양육하는 부모를 통해 기본적인 신뢰감이 형성되므로 어느 시기보다 부모의 역할이 중요한 시기이다.

나. 2단계(약1세~3세): 자율성 대 수치와 회의(autonomy vs shame and doubt)

이 시기의 유아는 신경과 근육의 발달로 혼자서 걸을 수 있고, 의사를 말로 표현할 수 있으며 배변훈련을 받을 수 있는 능력이 생긴다. 유아가 신체적으로나 심리적으로 독립적으로 되면서 부모와의 관계에서 충돌이 일어날 수 있다. 유아는 자기주장을 하고 충동이나 욕구표현이 강해지기 시작하는데 부모는 배변훈련을 포함한 여러가지 습관훈련을 하기 시작하므로 부모와 유아 사이에 충돌이 일어난다.

부모는 유아가 자신감을 잃지 않으면서 자신을 통제할 수 있다는 느낌을 발달시킬 수 있는 지지적인 분위기를 만들어주는 것이 이상적이다. 부모는 한계를 분명하고 일관성 있게 가르치고 충동조절과 자기통제에 대한 격려와 자율성을 존중해주는 양육태도가 필요하다. 자율성이 발달하지 못하면 수치와 회의가 발달하는데, 이는 기본적인 신뢰감이 충분히 발달하지 못했거나, 배변훈련이 너무 빠르거나 너무 심할 때 혹은 과잉 통제하는 부모 때문에 아동의 의지가 손상될 때 나타난다.

다. 3단계(3세~6세): 주도성 대 죄의식(initiative vs guilt)

이 시기는 유아가 부모처럼 크고 힘세고 아름다워 보이고 싶어 해서 부모와 동일시하는 것이 주제이다. 이 시기는 행동양식이 주도적이고 목표를 정하여 추진하고 경쟁하는 것이다. 유아는 신체적인 공격으로 타인의 신체에 침입하고,

공격적인 언사로 타인의 귀와 마음에 들어가고, 격렬한 운동으로 공간으로 들어가고 호기심으로 미지의 세계로 들어간다. 이 주도성은 신체의 민첩성, 언어, 인지, 창조적 상상이 발달함에 따라 뒷받침 된다.

유아는 성적 환상이나 비도덕적인 생각이나 행동 혹은 자신의 계획이나 목표가 이루어지지 못하면 이를 처벌하려는 과도하게 엄격한 양심에 의해 지배되는 주도성과 죄의식에 이르는 선상의 어느 수준에 정착한다. 죄의식 외에도 이 시기의 아동은 가치 있는 인간이 되기 위하여 항상 무엇을 해야 하고 항상 경쟁해야 하는 것 같이 느끼는 위험이 있다.

이 시기는 양심의 역할이 두드러지므로 부모의 부정적인 반응이 많으면 유아는 죄책감을 갖게 되므로 부모는 거절과 승인의 방법에 세심한 주의를 기울여야 한다. 또한 사회적 역할과 문화적 가치를 익히는 시기이므로 적절한 성적 역할의 모델이 필요하고 친구와의 상호작용을 할 수 있는 기회와 배려가 필요하다.

라. 4단계(6세~11세): 근면성 대 열등감(industry vs inferiority)

이 시기는 활동범위가 넓어져서 여러 사람들, 과제, 사건을 접하는 시기이고, 학교에 입학해서 그 사회가 요구하는 기술과 지식을 배우게 된다.

성공적인 경험은 아동에게 능력과 숙달감, 근면감을 느끼게 해준다. 한편 실패는 열등감과 자기는 아무 곳에도 쓸모없다는 느낌을 갖게 한다. 아동은 일을 잘하려고 하고 시작한 것을 완성하려고 한다. 그러므로 생산과 성공의 경험, 지적 자극과 학교교육, 친구와의 상호작용과 친구들의 집단 활동에 참여할 수 있는 적절한 환경자극이 필요한 시기이다.

마. 5단계(12세~18세): 정체감 확립 대 정체성 혼미
    (identity vs identity diffusion)

급격한 신체성장과 생리적 변화는 익숙하지 않은 성적충동과 함께 자기의 신체에 대해 새로운 느낌을 갖게 한다. 이 시기의 청소년은 아동기부터 해온 여러 가지 동일시를 더욱 완전한 하나의 전체로 통합하는 것이다. 만약 청소년이 그의 동일시와 역할 혹은 단편적인 자기 자신에 대한 개념들을 전체적인 하나로 통합할 수가 없으면 그는 정체성 혼미를 맞게 된다.

이 시기의 부모는 융통성을 가진 일관성 있는 기대, 간섭하지 않고 지켜보는 태도와 개별화와 자율화에 대한 존중과 격려를 해줄 수 있는 적절한 환경 자극을 제공해주어야 한다.

바. 6단계(~성인초기): 친밀감 대 소외감(intimacy vs isolation)

직업과 배우자를 선택하는 시기로 배우자나 상대방에게 공유적 정체감(shared identity)을 가지게 된다. 이 단계에서는 타인과의 관계에서 친밀성을 이룩하는 것이 중요한 과업이다. 이 시기에 과업을 달상하지 못한 사람은 자신에 대해서 자신감이 없으므로 타인과의 관계에서도 친밀성을 형성하지 못하게 되고 자신에게만 몰두하여 고립된다.

사. 7단계(~장년기): 생산성 대 침체성(generativity vs stagnation)

이 단계에서는 가정적으로 자녀를 낳아 키우고 교육하며, 사회적으로 다음 세대를 양성하는 데에 관심과 노력을 기울이는 시기이다. 이 단계에서 과업을 달성하지 못하면 타인에 대한 관대함이 결여되고 타인에 대한 관심보다는 자신에 더욱 더 몰두하는 경향을 보인다.

아. 8단계(~노년기): 통정성 대 절망감(integrity vs despair)

신체적 노쇠 및 직업으로부터 은퇴, 친구나 배우자의 사망 등으로 인생에 대하여 무상함과 무력감을 느끼게 된다. 이 시기는 신체적, 사회적 퇴화를 어떻게 받아들이는가가 중요한데, 그 동안 살아온 과정의 결과에 달려 있다. 지금까지 살아온 자신의 삶이 의미있고 보람되었다고 느끼면 인생에 대한 지혜를 터득하게 되어 통정(integration)을 이룰 수 있게 되고, 자신의 삶이 무의미한 것이었다고 느끼면 절망에 빠지게 된다.

2) 인지발달이론

(1) 피아제(Piaget)의 인지발달이론

피아제의 주된 관심은 지능발 달이다. '지능'(intelligence)은 생물적인 적응(adaptation)이 외적 환경과의 상호작용에 따라 여러 가지 형태로 조직화(organization)되는 것이다. 피아제에 따르면, 어린이는 자신의 외부세계에 적응하고 배우려는 선천적인 경향성을 타고나며 새로운 세계를 탐험하듯이 자신의 환경과 상호작용한다.

또한, 여러 신체기관들이 생물학적인 기능을 수행하기 위해 조직화되어 일정한 형태를 갖추는 것처럼, 정신구조 역시 더욱 복잡한 사고를 하기 위해 더욱 강력한 형태로 구성된다고 본다. 특히 이러한 변화들은 단순히 진공상태에서 일어나는 것이 아니라 대상과의 접촉, 조작, 분류나 정리 등과 같은 끊임없이 일어나는 상호작용을 통해 '스키마'(schema)라는 기본적인 정신구조로서 행위와 사고의 틀이 된다.

스키마는 새로운 경험을 동화시키거나 새로운 경험에 직면하며 스키마를 조절하면서 끊임없는 적응과정을 거친다. 예를 들면, 아이가 자신이 넘어지는 상황을 파악하기 위해 그의 발달 과정에서 끊임없이 자신의 행동과 세계에 관한 성숙된 사고를 형성할 필요가 있다는 것이다. 적응의 결과 찾아지는 나름대로의 안정감은 아이가 좀 더 높은 수준의 사고를 할 수 있게 된다는 의미이며, 대상이나 환경과의 상호작용을 통해 아이들은 누가 가르쳐주지 않아도 스스로 환경에 대한 지식을 능동적으로 구성해간다는 것을 의미한다.

가. 감각운동기(sensori-motor period : 출생부터~2세)

유아는 주위환경에 대하여 감각운동으로 대처할 뿐이고 사고는 할 수 없다. 행동이 내면화되어 사고를 형성하기 때문에 감각운동기는 지능 발달 단계에서 매우 중요한 시기이다. 이 단계에서 사물이 감각상으로 존재하지 않아도 이 세상에서 존재하고 있다는 사실을 알게 되는 대상영속성 개념이 형성된다.

이 시기 후반에는 외부세계의 여러 가지 현상을 내적으로 표상화시켜 사고를 할 수 있으며 이에 근거하여 모방이 가능해진다. 이러한 표상화 능력은 다음 단계에서 개념적 사고를 할 수 있는 기초가 된다.

나. 전조작기(preoperational period : 2~7세)

정신적 표상에 의한 사고가 가능해지지만, 아직 개념적 조작 능력이 제대로 발달되지 못했기 때문에 전조작기이다. 즉, 아동은 눈에 보이지 않는 사물이나 행동을 표상하기 위해 상징을 사용하기 시작한다. 초기에는 비언어적 상징행동이 나타나다가, 언어가 발달하는 3세 이후에는 언어적 상징행동이 많이 나타난다.

다. 구체적 조작기(concrete operational period : 6, 7~11세)

내적 표상을 여러 가지 방식으로 조정할 수 있게 되며, 보존개념[8]을 획득하고 자기중심성에서 탈피하고 관계성을 이해하게 된다.

라. 형식적 조작기(formal operational period : 12세 이후~)

구체적 사건에 입각한 사고에서 벗어나 추상적, 논리적으로 사고한다. 상징적 조작과 가설적 논리를 전개할 수 있게 되고, 문제를 해결하는데 포괄적이고 추상적 개념을 사용하여 고차원적 조작을 할 수 있게 된다. 문제 해결을 위한 조합적 사고, 연역적 사고, 삼단논법을 구사하며, 보존개념이 보다 발전되어 더욱 융통성 있게 된다.

---

[8] 7세 정도에 보존개념은 수, 양, 시간개념 등에서 나타난다.

제2절 언어의 발달

독서능력은 언어능력의 발달과 밀접한 관련이 있다. 따라서 독서능력이나 독서흥미를 살펴보기 이전에 언어의 발달에 대해 우선 살펴보고자 한다.[9]

언어발달에는 크게 두 가지로 나눌 수 있다. 하나는 음성언어의 발달이고, 다른 하나는 문자언어의 발달이다.[10]

1. 음성언어의 발달

인간은 태어나면서부터 목소리를 통하여 자신의 의사를 전달하려고 한다. 생후 1년쯤부터 말을 시작하여 유아기 동안 눈부신 발달을 하게 되며, 6·7세가량이면 언어 규칙에 대한 기본적인 이해는 거의 성인과 같게 된다.

이렇게 언어가 발달하는 것은 아기가 사회적 맥락 속에서 언어를 사용하고 경청함으로써 각 언어 구조의 수준에 적용할 수 있는 규칙을 배우기 때문이다.

1) 언어이전 시기(1~8개월)

가. 울음(crying)과 쿠잉(cooing)

울음(crying)은 어머니와의 상호 작용적 연대감의 형성과정에서 울음의 의미가 점차 분화되고 아이가 전달하고자 하는 울음의 의미를 더 잘 파악하게 된다. 유아의 울음은 언어기능이 향상함에 따라 감소한다.

쿠잉(cooing)은 울음과 비슷하나 자세히 들으면 울음과는 구별되는 발성에 해당한다. 쿠잉의 단계에서도 엄마와 영아 간의 상호 발성이 이루어진다. 즉, 약 3개월경 엄마는 영아가 표현했던 쿠잉 중 하나를 소리 내고 기다리면 영아가 이에 응하여 같은 쿠잉으로 반응한다.

---

[9] 조정숙·유향선·김은심 저, 『유아언어 교육의 이론과 실제』, 창지사, 1999, 49-55쪽.
[10] 위의 책, 19-45쪽.

나. 옹알이(babbing)

옹알이(babbing)는 아이가 생후 4개월에서 6개월 사이에 시작하여 생후 10개월에서 12개월쯤 아이들은 그들이 듣고 있는 구체적인 언어에서 더 많은 소리를 취하여 옹알거린다. 부모가 영아의 옹알이에 반응하고 소리내어 말을 건네주는 것은 영아의 언어 발달에 중요한 자극적 요소가 된다.

2) 언어시기(10~48개월)

가. 한 단어기(8~18개월)

옹알이 중에 첫 단어가 나타나기 때문에 옹알이와 구별하기가 용이하지 않다. 첫 단어가 출현한 직후 어휘 발달 속도가 느리나 18개월 정도가 되면 급속히 사물의 이름에 관심을 두면서 어휘가 확장되는 소위 '명명 폭발기'(naming explosion)에 들어간다.

한 단어기에 사용된 단어의 의미는 성인이 사용하는 의미와 달리 사용되는 경우가 많다. 즉 단어의 의미를 과잉확대하거나 과잉축소하는 경우가 나타나기도 한다. 예를 들면, 모든 동물을 '개'라고 부르거나 모든 남성을 '아빠'라고 부르기도 한다.

나. 두 단어기(16~18개월)

유아는 생후 16~18개월 정도에 '엄마 맴매', '아빠 어부바' 등 두 단어를 사용하기 시작하며, 두 단어로 말하기 시작해서 2개월 정도 지나면 세 단어로도 말하기 시작하며, 단어의 조합도 가능해진다.

다. 두 단어 이상의 시기(생후 2년 6개월 이후)

수식어, 접속어 사용이 증가된다. 3~4세가 되면 대명사, 조사, 형용사, 부사를 포함한 복합 문장을 사용하게 되고, 4~5세가 되면 문법적으로 정확한 문장을 사용한다. 대부분의 기본 언어규칙을 쉽게 문장을 구성하여 사용할 수 있게 된다.

2. 문자언어의 발달

문자언어의 발달은 읽기와 쓰기의 발달 단계로 구분하여 설명이 가능하다.

1) 읽기 발달

읽기는 고도로 복잡한 지적 행위이다. 유아가 태어나서 성숙한 독자로 발달해 나가는 데는 상당히 오랜 시간이 걸리며, 몇 가지 특징적 단계를 거치면서 발달해 간다. 그 발달의 세 가지 국면은 다음과 같다.

- 전 초기 읽기 단계(early reading : 0~5세)
- 공식적인 초기 읽기 단계(formal beginning reading : 5~8세)
- 능숙한 읽기 출현 단계(emergent mature reading : 8~11세)

(1) 전 초기 읽기 단계(early reading : 0~5세)

많은 유아들은 가정에서부터 읽기를 배우기 시작한다. 이 단계에서 아이들이 가지는 문식적 경험은 엄마와 함께 그림책을 읽는 것이다. 엄마와 함께 그림책을 되풀이 읽으면서도 매우 즐거워한다.

(2) 공식적인 초기 읽기 단계(formal beginning reading : 5~8세)

어머니, 형, 언니 등과 함께 그림 이야기책을 읽으며, 여러 가지 이유로 가족이나 친구들에게 쪽지, 초청장, 그리고 편지 등을 쓰기도 한다. 이 시기는 텍스트가 전달하고자 하는 의미에 관한 것보다는 대개 단어공부에 초점이 맞춰져 있으며, 이 시기가 끝나갈 무렵부터 텍스트를 소리내어 읽기(음독)도 하고 소리내지 않고 읽기(묵독)도 한다.

(3) 능숙한 읽기 출현 단계(emergent mature reading : 8~11세)

초등학교 4학년 정도가 되면 대부분 아이들은 꽤 유창하게 글을 읽을 수 있게 된다. 이 시기에 다방면의 책을 많이 읽히는 것이 좋으며 교사를 통해 독해에 관한 훈련을 받으면 효과적인 시기이다.

2) 쓰기 발달

유아들은 초기 읽기와 초기 쓰기가 거의 동시에 나타난다. 초기 읽기에 관심이 없는 유아들도 종이 위에 무언가를 멋대로 긁적거리는데 처음에는 글자 모양은 아니다. 이런 경험을 반복적으로 하는 동안 유아들은 차츰 그림과 글자를 혼합하여 쓸 수 있게 되고 나중에는 글자를 쓸 수 있게 된다.

유아들의 글자 쓰기는 대개 2세 말이나 3세 경에 시작되어 그림이나 긁적거리기로 쓰는 흉내를 내기 시작한다. 3세 말이나 4세가 되면 긁적거리기나 그림 글자로 글자처럼 쓰는 일이 자주 나타나며 창안적 글자도 간혹 나타난다. 6.5세 경에 표준철자로 쓰기를 시작한다. 좀 더 구체적으로 쓰기의 발달단계를 나타내면 다음과 같다.

(1) 그림으로 쓰기(writing via drawing)

유아들은 쓰기를 나타내기 위해 그림을 그린다. 그림으로 쓰는 유아들은 자기가 그린 것을 읽을 때 실제 글자를 쓴 것처럼 그 그림을 읽는다.

(2) 긁적거리기로 쓰기(writing via scribbing)

유아들은 긁적거리기를 해 놓고 무엇인가를 썼다고 한다. 어른들이 하는 것처럼 연필을 움직이며 쓰는데, 쓰기 형태를 닮은 긁적거리기로 나타난다.

(3) 글자 비슷한 형태로 쓰기(writing via making letter-like forms)

얼른 보면 유아의 쓰기 형태가 글자모양 같기도 하다. 그렇지만 자세히 관찰해보면 글자와 비슷한 형태일 뿐이다.

(4) 낱글자를 연속해서 늘어놓으며 쓰기(writing via letter strings)

자신의 이름 등에서 익힌 낱글자를 사용한다.

(5) 창안적 글자로 쓰기(writing via invented spelling)

표준 철자법으로 쓰지 못할 때 유아는 단어의 철자를 나름대로 만들어서 쓴다.

(6) 표준 철자법으로 쓰기(writing via conventional spelling)

어른들이 사용하는 방식대로 쓴다.

제3절 언제부터 독서지도를 할 수 있나

 아이들이 그림책이나 동화책을 혼자 읽을 수 있는 시기는 보통 5-7세 정도면 된다. 그러나 아이들이 발달은 개인에 따라 차이가 크기 때문에 아이들에게 책을 읽히게 하기 위해서는 나이를 기준으로 하는 것보다는 아이의 언어력과 이해력이 어느 정도인가를 먼저 관찰한 후 시작하는 것이 더 좋은 방법이다. 아이에게 책을 읽게 해도 되는지 그 능력을 테스트하는 평가표는 다음과 같다.[11]

〈표 2-1〉 독서준비 능력 평가표

독서준비 능력 평가표	Yes	No
1. 간단한 문장을 읽을 수 있다.		
2. 자신의 생각을 4~5단어 이상 사용해서 말할 수 있다.		
예) 엄마! 나 친구하고 나가서 놀게요.(O)엄마! 나 놀아(×)		
3. 그림이나 사진을 보고 그 내용이나 상황을 설명할 수 있다.		
예) 토끼가 쿨쿨 자는데 거북이는 막 가고 있어.(O), 이건, 토끼구, 거북이(×)		
4. 자신이 하고 있는 행동에 대해 질문을 하면 설명할 수 있다.		
예) 수경아, 뭘 하니?응, 놀아.(×), 인형이 말을 안 들어서 혼내는 거야.(O)		
5. 완전한 문장을 구성해서 말할 수 있다.		
예) 엄마, 배고파요, 밥 주세요.(O), 엄마, 밥.(×)		
6. 기쁘다, 슬프다 하는 식의 감정을 이해하고 표현할 수 있다.		
예) 엄마, 강아지가 아픈가봐, 불쌍하다. 그치!(O), 엄마, 강아지 아퍼.(×)		
7. 자신이 상상한 것을 말할 수 있다.		
예) 엄마! 나 얼음 나라 공주 같지!(O)		
8. 자신의 생각을 그림으로 표현할 수 있다.		
9. 어떤 이야기를 들은 후 간단하게 줄거리를 묘사할 수 있다.		
10. 과거, 현재, 미래의 문장을 구성할 수 있다.		
예) 엄마, 어젯밤 꿈에 호랑이 봤다.(과거)(O) 　　엄마, 저기 아빠가 오고 있어.(현재)(O) 　　수경이는 내일 아빠랑 동물원에 갈래.(미래)(O)		

※ 한국심리정보연구소 개발 ('있다' 1점, '없다' 0점)
　 총점수가 4~5점 이상이면 나이에 상관없이 독서교육 개시기

---

[11] 한중경, 『超독서공부법』, 프레스빌, 1996, 73-79쪽.

제4절 독서능력 발달

독서능력(reading ability)이란 '쓰여지거나 인쇄된 기호에 대한 신속 정확한 해석능력'을 말한다.12) 이러한 독서능력은 지능과 밀접한 관련이 있다. 그러나 지능만큼 소질적인 것도 아니고 학력만큼 후천적으로 습득된 것도 아닌 지능과 학력의 중간단계에서 생겨난 인자라고 할 수 있다.

독서능력을 분석해 보면 몇 개의 능력인자로 구성되어 있음을 알 수 있다. 이는 독서 행동분석을 통해 그 인자를 구체적으로 알 수 있다. 독서행동을 분석해 보면, 글의 인지, 글의 이해, 읽기의 반응, 독서전후의 사고융합으로 대별이 가능하다. 이들 개개 독서행동들은 다음과 같은 능력 요소들의 작용에 의해 이루어지고 있음을 알 수 있다.

글의 인지는 독자력(讀字力)이나 어휘력이, 글의 이해에는 문법력이나 문장이해력이, 읽기의 반응이나 독서전후의 사고융합에는 비판력이나 감상력이 움직이게 된다.13) 즉 독서능력이란 ① 안구운동조정력, ② 독자력(讀字力), ③ 어휘력, ④ 문법력, ⑤ 문장이해력, ⑥ 비판력, ⑦ 감상력과 같은 일곱 가지 인자를 중심으로 총체적으로 발달해 나가는 것이다.

1. 독서 레디네스(reading readiness)의 발달

독서능력은 저절로 습득되는 것이 아니며 능력계발에 필요한 교육과 함께 심신의 발달이 수반되어야 한다. 이것이 독서를 위한 심신의 준비단계라고 할 수 있는 독서 레디네스(reading readiness)의 형성이다.

독서 레디네스(reading readiness)는 읽기 학습에 필요한 심신의 성숙, 발달의 상태를 뜻하는 것으로, 독서 전에 생기기도 하고 독서지도과정 중에 생기기도 한다. 독서 레디네스는 지능, 성숙 및 경험의 범위와 밀접한 관련이 있지만 독

---

12) 손정표, 『신독서지도방법론』, 태일사, 2000, 14쪽.
13) 한윤옥, 『어린이 정보자료와 활용』, 아세아문화사, 1997, 36쪽.

서 레디네스 형성과정에 영향을 미치는 요인은 아동의 지적, 생리적, 사회적, 정서적 요인과 함께 영향을 미친다.14)

아래의 요소들의 상호관련성을 무시하게 되면 독서 레디네스를 제대로 파악할 수 없게 된다. 예를 들어 생리적 요인으로 인하여 쉽게 피로하거나 병약하거나 눈이나 귀에 결함이 있으면 지적 적응이나 사회적, 정서적 적응에 심각한 지장을 초래할 수 있다. 정서적 안정성은 학습활동이나 생리적 상태에 영향을 미칠 수 있다. 따라서 아동의 독서 레디네스를 분석하기 위해서는 전인(全人)으로서의 아동을 간과해서는 안 된다는 것을 명심해야 한다.

① 지능 : 지능과 독서능력과는 상호 정비례 관계에 있다. 독서에 필요한 최저 정신연령은 다양한 의견이 있지만 정신연령(지능연령)이 6세에서 6.5세에 이루어진다고 한다. 그러나 6세 이전에도 다양한 형태의 읽기 지도가 성공적으로 이루어지는 경우도 있어, 정신연령과 함께 환경, 지도방법과 독서자료 등에도 영향을 받는 것으로 나타나고 있다.

세계 각국에서 읽기지도를 조직적으로 시작하는 연령을 보면, 일본이나 미국에서는 6세, 스코틀랜드에서는 5세, 스웨덴에서는 7세부터 나타나고 있고, 전 세계의 초등학교 1학년 입학연령은 대부분이 6세로 되어 있는 것을 보면 대체로 6세 정도의 지능이나 정신연령을 가진 아동이라면 독서가 가능하다고 보아야 하겠다.15)

② 생리적 요인 : 시력, 청력, 발성기관, 신체의 건강 등의 건강상태에 이상이 없어야 정상적인 발달을 기대할 수 있다. 시력의 결함이 있으면 기호를 바르게 지각하지 못하기 때문에 독서에 큰 영향을 미친다. 특히 근시, 원시, 난시가 독서와 깊은 관계가 있다.

또한, 어휘력은 말하기와 듣기 능력의 기초가 되기 때문에 청력의 결함은 직접적으로 독서능력에 영향을 미친다. 청력에 결함이 있으면 단어를 바르게 듣지 못하게 되어 읽을 때 발음이 부정확하게 되고, 아동의 경험을 제한시켜 이해의

---

14) 한윤옥, 위의 책, 39쪽. 손정표, 앞의 책, 58-61쪽.
15) 변우열, 『독서교육의 이해』, 조은글터, 2009, 46-48쪽.

폭을 좁게 만들기 때문에 정보를 빈곤하게 만든다. 또한 읽기지도는 음독으로부터 시작되기 때문에 발성기관에 장애가 없어야 한다.

영양상태가 나쁜 아동은 쉽게 피로해지기 때문에 독서활동을 지속할 수 없으며, 휴식이 부족한 아동은 안정감이 부족하여 주의를 집중할 수 없게 되므로 독서가 불가능하게 된다.16) : 사회적 적응과 정서적 적응은 개인 발달의 기본적인 요인이 되는 것으로 이러한 요인에 결함이 있으면 학교생활에 정상적인 적응을 하기가 어려우며 원만한 독서학습도 기대할 수 없게 된다. 특히 정서적 안정이 결여되면 학습활동을 정상적으로 진행할 수 없게 되고, 자율성과 자주성이 결여되면 학교생활에 적응이 곤란하게 되며, 이는 약간의 어려움을 수반하는 독서를 어렵게 만든다. 학교에서의 학습은 거의 집단속에서 이루어지기 때문에 집단활동에 참가하는데 소극적이거나 반항적인 아동은 손해를 보게 되며, 독서학습도 어렵게 된다.

④ 교육적 요인 : 경험적 배경과 언어적 수준이 독서 레디네스에 형성에 영향을 미친다. 이에는 경험(생활경험 포함), 요구와 흥미, 어휘, 형(形)의 지각, 음의 지각과 발음, 말을 듣는 힘(기억과 사고), 문자인지력이 여기에 해당된다.

독서 레디네스 형성에 영향을 미치는 이상의 요소들에 의해 독서 레디네스는 다음의 발달단계를 거쳐 이루어지게 되는데, 독서레디네스의 발달은 대체로 5세에서 7세까지 급속하게 발달하여 8세 정도에 완성된다고 한다.17)

① 그림의 이해 : 신변 생활의 묘사화를 보고 의미를 이해하는 능력으로 4-5세경에 급속히 발달한다. 이는 6세를 지나면서 그 정점에 이르며 8세 이후는 상승곡선이 정지하게 된다. 이 능력은 다른 능력에 비하여 일찍부터 발달한다.

② 도형 변별력 : 서로 같은 도형과 다른 도형을 판별하는 능력은 4세부터 발달하기 시작하여 5-6세 사이에 급속히 상승하며 7세 전후에 정점에 가까워진다.

③ 도형 기억력 : 도형을 순간적으로 기억했다가 재인식하는 능력으로 3세에

---

16) 위의 책, 48-49쪽.
17) 阪本一郎 外, 『新讀書指導事典』, 第一法規, 1981, 118쪽.

서 7세까지 거의 직선적으로 발달하며, 도형변별력보다 반년 앞서 발달하고, 7세 이후에도 발달이 계속된다.

④ 문자 인지력 : 문자를 습득하는 양은 5세까지는 극히 적다. 5세에는 18%, 6세에는 49%, 7세에는 93%로 6-7세 사이가 문자를 깨닫는 절정기가 된다.

⑤ 안구운동 조정력 : 안구운동 조정력은 도형변별력의 발달곡선과 유사하다. 이 능력은 5-6세 사이에 급속히 발달하며 7세에 고원 상태에 이르며 그 이후에도 계속 발달한다.

2. 독서능력의 발달단계

1) 독서능력의 구성인자

독서능력의 구성요소가 되는 능력인자들을 살펴보면 다음과 같다.[18]

① 안구운동 조정력 : 독서할 때의 안구운동 즉, 비약운동, 정류운동, 역행운동, 행간운동을 조정하는 능력을 말한다.

② 독자력(讀字力) : 문자를 인식하는 능력으로 인쇄된 문자기호를 식별하고, 이미 학습한 문자의 기억에 의해서 문자를 인지한다. 나아가 모르는 문자도 추리해서 읽을 수 있는 능력이다.

③ 어휘력(語彙力) : 단어를 인지하는 능력으로 인쇄되어 있는 어형(語形)을 식별하고, 이미 학습한 단어의 기억에 의해서 단어를 인지한다. 나아가 모르는 단어도 추리해서 읽을 수 있는 능력이다.

④ 문법력(文法力) : 문맥을 이해하는 능력으로 배열되어 있는 단어의 상호관계에서 의미의 계열을 이해하고 문장의 의미를 바르게 파악하는 능력이다.

⑤ 문장이해력(文章理解力) : 문장이 전달하는 정보를 정확하게 파악하는 능력으로 자기의 경험을 문장에 따라서 재형성하고 그것을 새로운 경험으로 재인식하는 능력이다.

---

[18] 阪本一郎, 『讀書の心理と指導』, 牧書店, 1960. 29쪽.

⑥ 비판력(批判力) : 문장에서 수용한 의미를 비판하는 능력으로 그것이 객관적인가, 올바른 것인가, 정당한가 또는 이면에 다른 의미가 숨어 있는가 등을 판단하는 능력이다.

⑦ 감상력(鑑賞力) : 문장이 자극하는 정서적 감동을 음미하는 능력으로 문장의 형식미와 함께 내용미를 감상하고 정서적으로 만족하는 능력이다.

2) 독서능력의 발달단계

독서능력은 연령과 학년의 증가에 따라서 점진적으로 발달해 나간다. 독서능력의 발달단계에 대한 견해는 학자에 따라 조금씩 다르지만, 미국의 국립교육연구학회에서 발표한 독서능력 발달은 다음과 같다.[19]

① 전 독서기(prereading stage) : 출생 후부터 초등학교 1학년 정도까지로 이 시기는 책읽기에 필요한 여러 가지 생리적 또는 심리적 요인이 발달되는 시기이다.

② 독서 개시기(beginning reading stage) : 초등학교 1학년 정도까지로 말을 바르게 인지하게 되고, 간단한 문장은 혼자 읽을 수 있게 되며, 혼자서도 책 읽는 흥미를 느낄 수 있는 시기이다.

③ 독립독서 초기(initial stage of independent reading) : 초등학교 2학년 정도까지로 음독, 묵독의 기초적인 기능이나 습관이 완성되어 주의를 집중하여 책을 읽을 수 있고, 바르게 이해하면서 어느 정도 빠른 속도로 읽어 나가게 되는 시기이다.

④ 중등 독서기(intermediate of low-maturity stage) : 초등학교 4학년에서 6학년까지로 이 시기는 개인적인 경험이 증대하며 독서하는 방법에서도 이해력, 속도가 증가하고, 독서기술이 발달되는 시기이다.

⑤ 성숙 독서기(advanced stage of reading) : 중학교 1학년 이후부터로 독서의 흥미가 깊어지면서 독서의 습관도 붙게 되고 태도가 세련되는 시기이다.

---

19) 위의 책, 40쪽.

변우열은 그의 저서에서 독서능력의 발달단계를 초등학교 입학이전, 초등학교 시기, 그리고 중학교 시기, 고등학교 시기로 구분하여 다음과 같이 6단계로 구분하고 있다.[20]

① 전독서기(초등학교 입학이전)
② 독서개시기(초등학교 저학년(1-2학년))
③ 기초독서력 성숙기(초등학교 중학년(3-4학년))
④ 중급독서기(초등학교 고학년5-6학년))
⑤ 고급독서기(중학교 시기)
⑥ 성숙독서기(고등학교 이후)

제5절 독서흥미 발달

독서흥미는 각자가 읽을 자료를 선택하는 과정에서 나타내는 성향을 말한다. 한 개인이 어느 책에 흥미를 느껴 선택하는 과정에 작용하는 영향 요소는 크게 두 가지로 볼 수 있다. 하나는 읽을 자료를 선택하는 개인의 여러 가지 특성이고, 다른 하나는 읽은 자료인 도서의 구성 요소이다.

1. 독서흥미 발달 요인

독서흥미의 유발 요인은 개인의 내면적인 요구와 독서자료가 가지고 있는 특성, 즉 도서의 체제나 선전효과 등의 외적인 요인에 의해서 독서흥미가 발생한다. 독서흥미에 영향을 미치는 내면적 요인과 외면적 요인을 살펴보면 다음과 같다.[21]

---

[20] 변우열, 앞의 책, 67쪽.
[21] 한윤옥, 앞의 책, 42-43쪽.

1) 내면적인 요인

① 욕구의 직접적 충족 : 독서자료가 개인의 어떠한 요구를 직접 충족시켜 주는데 적당하다고 판단될 경우 그 대상에 대한 흥미가 생기고 독서의 동기가 부여된다. 이 경우 개인은 해당 독서자료의 내용에 대해서 어느 정도 경험을 가지고 있어야 한다. 그래야만 도서에 대한 흥미가 유발되어 해당 도서를 읽고자 하는 마음이 생기게 된다.

② 욕구의 간접적 충족 : 어른들로부터 칭찬을 받기 위해서, 숙제로서의 독서를 하는 경우 등과 같이 독서 자체가 직접목적은 아니지만 그것이 다른 욕구를 충족시켜 주는 수단이 될 때 독서흥미를 유발하게 된다.

③ 욕구불만의 보상 : 현실적으로 충족시키지 못하는 욕구가 있을 때 그것을 독서를 통하여 해소하려고 한다. 동물을 좋아하는 어린이가 동물에 관련된 독서자료에 흥미를 느끼게 되는 경우가 그러한 예이다.

④ 현실도피 : 현실적으로 충족시키지 못하는 욕구가 있을 때, 그 고충을 잊고 다른 자유스러운 세계에 도피하기 위하여 읽을 것을 찾는 경우이다.

⑤ 모방 : 타인의 독서행동을 보고 유사한 처지에 있는 사람이 그것을 모방하여 동일한 독서자료에 대하여 흥미를 가지게 되고 독서동기가 부여되는 것을 말한다. 베스트셀러 도서가 생기는 것은 이와 같은 모방심리 때문이다.

2) 외면적인 요인

① 도서체재 : 책의 표지가 여러 색상으로 아름답게 꾸민 것이나, 삽화의 양, 글자의 크기, 책의 부피 등 도서의 외형적 요건들이 책을 읽고 싶게 만든다.

② 독서자료의 입수조건 : 가정, 학교, 사회 등에서 독서자료를 쉽게 입수할 수 있는 환경적인 요인이 독서흥미에 대한 영향을 주게 된다.

③ 교사의 영향 : 교사가 추천하는 도서, 담임교사의 전공 교과목이나 기호에 상당한 영향을 받는다.

④ 영화, 라디오, 텔레비전 등의 매스컴 : 영화, 텔레비전, 라디오 등이 책을 읽도록 유인하는 동기화가 될 수도 있다. 예를 들면, KBS의 'TV, 책을 말하다', MBC의 '느낌표', 문화일보의 '다시 책이다' 등의 프로그램은 독서 흥미유발에 영향을 준 사례들이다.

⑤ 출판물에 대한 선전 : 출판사들이 각종 대중매체를 통하여 출판물을 선전하는 것도 독서동기를 유발시키는 외적 영향 요인이 되고 있다.

2. 독서흥미의 발달단계

1) 독서흥미 발달의 원칙

① 구조가 단순한 것에서 복잡한 것으로 발달하게 된다. - 독서능력이 발달하게 되면 단순한 구조의 내용에서 만족하지 못하게 되고, 표현의 측면에서도 차원이 높은 문학성을 요구하게 된다.

② 개인적인 생활에 관한 것에서 사회적 생활에 관한 것으로 변화한다. : 일상생활에서 경험하고 있는 개인적인 생활을 독서자료 속에서 재편성하는 수준의 것에서 사회생활 속에서 새로운 문제에 도전하는 것으로 흥미가 변화해 간다.

③ 자기중심적인 상상성에서 논리적인 과학성으로 변화한다. - 유년기까지는 과학 이전의 자연관이나 세계관에서 상상을 즐기다가 점차 현실에 맞는 과학적 사고에 흥미를 느끼게 된다.

④ 구체적인 사물이나 행동의 상상에서 추상적인 내면의 생활로 변화한다. - 어린 시절에는 지각되는 외계의 사상이나 인간의 행동을 이해하는 수준에 머물지만 점차 성장함에 따라 추상적인 관념의 세계나 심리과정을 추구하는 것에 흥미를 가지게 된다.

⑤ 희극에서 비극으로 변화하게 된다. - 성장과 더불어 점차 비극에 대하여 흥미를 가지게 된다. 어린 시절에는 유쾌한 것에 대한 정서를 온화하게 자극하는 것을 즐기다가 성장함에 따라 불쾌한 사실이나 사건을 강렬하게 자극하는 것을 좋아하게 된다.

2) 독서흥미의 발달단계

사까모토 이치로(阪本一郎)가 개발한 독서흥미의 발달단계를 바탕으로 변우열이 정리한 독서흥미의 발달단계는 다음과 같다.[22]

(1) 그림기(생후 2개월-2세)

생후 2개월 이후 어린이는 신체적으로는 눈으로 사물을 쫓으며, 두 손을 가지고 놀며, 심리적으로는 어머니에게 반응을 보이고, 보채는 반응을 보이는 시기이다. 생후 2개월부터 명화(名畵)를 보여줄 수 있으며, 생후 6개월 이상이 경과하면 bedside story를 들려줄 수 있다.

(2) 자장이야기기(2-4세)

이 시기는 가정에서 예의범절을 가르치는 시기로서 아동의 사회적 적응이 중심이 된다. 아동 자신이 스스로 할 수 있는 일은 스스로 하고 틀리지 않고 능숙하게 잘 한다. 하지 말라고 하는 일은 하지 않는다. 따라서 이 시기에는 아동이 스스로 할 수 있는 일을 잘 할 수 있는 내용을 담은 자장이야기에 흥미를 가진다. 이 시기에 흥미를 가지는 독서자료는 자장이야기(2-4세)와 그림책(2-6세)에 흥미를 가지는 시기이다.

(3) 옛날이야기기(4-6세)

이 시기는 제1반항기로서 함부로 말하고 행동하여 부모를 곤란하게 만드는 단계로 아동의 개인적 적응문제가 표출되는 시기이다. 하지만 아동의 자기주장을 억지로 억압해서는 안 된다. 이 시기의 아동은 논리적인 사고가 불가능하여 자기중심적인 상상의 세계에 있기 때문에 행동과 표현이 양극단을 나타낸다. 그러므로 선악을 구별시켜 선을 사랑하고 악을 증오하는 심성을 길러주어야 한다.

이 시기에 흥미를 가지는 독서자료는 그림책(2-6세)과 옛날이야기(4-8세)이다.

---

22) 변우열, 앞의 책, 171-178쪽.

(4) 우화기(6-8세)

 홍미의 대상은 아직 신변의 생활환경과 자기중심적인 심성을 벗어나지는 못하지만 현실생활에서 행동의 규범에 관심을 가지게 된다. 이 시기는 생활환경이 가장에서 학교로 넓어져 새롭게 당면하는 사회생활의 장면에 적응하는 것이 중요한 과제가 된다. 이때는 행동의 규범을 따르는 것은 선이 되고 규범에 반하는 것은 악이라고 생각하는 시기이다. 그러나 아직 선악의 판단에는 자신이 없어서 성인의 승인에 의하여 확인하려는 경향이 있는데, 이 시기를 타율적 도덕시기라고 부른다.

 이 시기에 홍미를 가지는 독서자료는 옛날이야기(4-8세), 우화(6-8세), 일화(6-8세) 등이다.

(5) 동화기(8-10세)

 이 시기를 과도기라 부른다. 그 동안 미분화된 자기중심적인 심성에서 벗어나 객관적인 현실을 이해하게 되면서 성인에게 전면적으로 의존해 왔던 태도가 자주적으로 바뀌기 때문이다. 때로는 비밀스러운 행동에 홍미를 가지거나, 악의적인 거짓말을 하거나, 절도행위를 일종의 모험으로 하는 경향이 있어 비행의 싹이 트는 시기이기도 하다. 따라서 이 시기에는 옳고 그름을 올바르게 판단하게 하고, 그 판단에 수반되는 정조(情操, sentiments)를 경험하도록 하여 정의를 존중하는 태도를 길러줄 필요가 있다.

 이 시기에 홍미를 가지는 독서자료는 옛날이야기(4-8세), 우화(6-8세), 일화(6-8세), 창작동화(8-10세), 영웅이야기(8-12세), 가공이야기(9-13세), 초보과학도서(8-10세) 등이다.

(6) 이야기기(10-12세)

 이 시기는 성인에 대한 적응보다는 친구간의 적응이 발달과제의 중심이 되어 우정과 의협심을 중요하게 여긴다. 그러므로 우정이나 사회적 책임을 중시하고 집단행동이나 자치적 활동에 관심이 커진다. 그룹을 만들어 비밀모험을 즐기기도 한다. 과학에 흥미가 증가하여 미지의 세계를 정복하며, 지적 행동반경이 넓어지게 된다. 이때가 가장 다독, 난독하는 시기이다.

이 시기에 흥미를 가지는 독서자료는 영웅이야기(8-12세), 가공이야기(9-13세), 소년소녀이야기(10-13세), 소년문학(11-13세), 모험·추리이야기(11-15세), 스포츠이야기(12-13세), 감상이야기(12-15세), 발명·발견이야기(12-15세) 등이다.

(7) 전기기(12-14세)

이 시기는 사춘기로, 제2의 반항기라 부른다. 사춘기에는 신체가 발달하여 생리적으로 변화가 일어나기 때문에 성적(性的) 수치심이나 혐오감을 가지게 되고, 고독에 빠지기 쉽다. 그리고 주변의 성인에 대하여 반항하거나 적응이상 현상이 나타나고, 자존감정(自尊感情)에 사로잡혀 주위로부터 간섭을 싫어하는 경향이 있다. 이때를 정신적 이유기라고 부르는 것처럼 부모로부터 독립해서 자신만의 세계를 구축하려고 한다. 그래서 성인에 대한 불신을 제거하고 장래에 대한 희망과 사회적 적응에 대한 자신감을 길러줄 수 있도록 객관적인 가치기준을 심어주는 것이 중요한 과제이다.

이 시기에 흥미를 가지는 독서자료는 영웅이야기(8-12세), 가공이야기(9-13세), 소년소녀이야기(10-13세), 소년문학(11-13세), 모험·추리이야기(11-15세), 스포츠이야기(12-13세), 감상이야기(12-15세), 발명·발견이야기(12-15세), 전기(12-15세), 전기문학(傳奇文學, 13세-), 대중문학(13세-), 과학입문서(13세-) 등이다.

(8) 문학기(14세-)

이 시기는 청년 중기에 해당하는 시기로 사회적 관심이 강해져 현실사회에 참가하기를 바라고 있지만 성인층이 그것을 허용하지 않기 때문에 비판적, 반항적 태도를 가지게 된다. 이성에 대하여 이해하고 적응하기 위하여 노력하게 되고 사교그룹의 결성과 활동에 뜻을 두기도 한다.

이 시기에 흥미를 가지는 독서자료는 추리이야기(11-15세), 감상이야기(12-15세), 발명·발견이야기(12-15세), 전기(12-15세), 전기문학(傳奇文學, 13세-), 대중문학(13세-), 순문학(15세-) 등이다.

(9) 사색기(17세-)

기존의 지식에 의문을 가지게 되고, 철학적 사색적으로 이상을 추구하고 스스로의 의견을 제시해 나간다. 또한 종교에 관심을 갖게 되고, 장래 진로에도 관심을 가지게 된다. 이 시기에 문학작품도 이념이나 사상적인 배경을 가진 것이 적절하다.

이 시기에 흥미를 가지는 독서자료는 전기문학(傳奇文學, 13세-), 대중문학(13세-), 순문학(15세-), 사색서(16세-), 종교서(19세-), 학술서(20세-) 등이다.

(10) 장년기, 노년기

장년기는 일반적으로 신체적, 경제적, 심리적으로 안정된 상태라고 할 수 있으나 신체적 매력이 쇠퇴하기 시작하고, 일부에서는 자녀들의 독립, 직업적응, 노화로 인해 생리적, 심리적 변화에 대한 적응 등으로 인하여 중년의 위기현상이 나타난다.

노년기는 신체적으로 노화현상이 나타나고, 정신적으로 약해지기 때문에 자기중심적이며, 외양에 무관심하고, 사회적으로 은둔적이며, 적응을 잘하지 못하는 특성을 나타낸다. 이러한 특성 때문에 노년기를 제2의 아동기라 한다.

장년기와 노년기에는 철학서, 사색서, 종교서 등으로 정신적인 안락과 인생의 참된 의미를 찾도록 하고, 취미서, 오락서 등을 통하여 취미를 개발하고 여가생활을 즐기면서 자기개발을 할 수 있도록 해야 한다.

참고문헌

Adler, Mortimer J. & Charles Van Doren, 독고 앤 역.『생각을 넓혀 주는 독서법』. 멘토, 2000.
Hazard, Paul, 햇살과 나무꾼 옮김.『책 · 어린이 · 어른』. 시공주니어, 1999.
Manguel, Alberto, 정명진 역.『독서의 역사』. 세종서적, 2000.
곽정란.『우리 아이 책읽기 엄마하기 나름이다』. 젠북, 2008.
국립중앙도서관 · 한국도서관협회.『독서지도 길라잡이』. 2001.
국립중앙도서관.『독서지도 기초과정』. 2005.
국립중앙도서관.『어린이 독서지도 전문과정』. 2000.
김경희.『발달심리학 : 생애발달』. 학문사. 1999.
김소희.『참 좋은 엄마의 참 좋은 책읽기』. 화니북스, 2006.
김영희.『책 읽기를 좋아하는 아이로 키우는 부모의 지혜』. 아침나라, 2003.
김은하.『우리 아이, 책날개를 달아 주자』. 현암사, 2000.
김태련 · 장휘숙.『발달심리학』. 박영사, 1987.
김효정 외.『독서교육의 이론과 실제』. 한국도서관협회, 1999.
남미영.『엄마가 어떻게 독서지도를 할까?』. 대교출판, 1997.
마쯔이 다다시 지음, 이상금 엮음.『어린이와 그림책』. 샘터, 1990.
박영숙.『내 아이가 책을 읽는다』. 알마, 2006.
변우열.『독서교육의 이해』. 조은글터, 2009.
손정표.『신독서지도방법론』. 태일사, 2000.
이정춘.『미디어 환경과 독서교육』. 이진출판사, 2000.
조정숙 · 유향선 · 김은심 저.『유아언어 교육의 이론과 실제』. 창지사, 1990.
阪本一郎 外.『新讀書指導事典』. 第一法規, 1981.
阪本一郎 外.『現代讀書指導事典』. 第一法規, 1967.
한윤옥.『독서교육과 자료의 활용』. 한국도서관협회, 2008.
한윤옥.『어린이 정보자료와 활용』. 아세아문화사, 1997.
한중경.『超독서공부법』. 프레스빌, 1996.

어린이 독서지도

제1절 독서지도의 의의

1. 독서의 개념과 변천

독서는 문자나 문장 등을 읽는다는 단순한 개념에서부터 저자의 사상과 감정의 의미 해득이라는 복잡한 개념에 이르기까지 그 폭이 넓을 뿐만 아니라 목적도 다양하다. 독서의 개념은 어느 시각에서 보느냐에 따라, 또 같은 시각이라 하더라도 학자들에 따라 약간씩 입장 차이가 있다.

학자들의 견해를 종합해보면, 독서란 "글쓴이가 기호화하여 전달하고자 하는 의미가 독자의 뇌에 재생되도록 하는데 필요한 세 가지, 즉 읽을 자료, 독자의 지식, 생리적·지적 활동이 서로 상호작용하여 일으키는 과정"이라고 볼 수 있다. 즉 독서라 함은 쓰여지거나 인쇄된 필자의 사상과 감정의 표상(表象)을 독서의 세 가지 기초조건이라고 할 수 있는 읽을 자료, 독자의 지식, 생리적·지적 활동인 독서력의 상호작용에 의하여 독자의 마음속에 깊이 재구성하는 과정이라고 할 수 있다.[1]

---

1) 손정표, 『신독서지도방법론』, 태일사, 2000, 14쪽.

독서의 개념에 대한 변천과정을 살펴보자. 원래 '글을 읽는다'는 말에 해당하는 한자의 「讀」은 상당히 넓은 의미로 사용되어 왔다. 청각을 주로 했던 문자 이전의 시기에는 呼(부르다), 誦(외우다, 말하다), 語(이야기하다), 詠(읊다), 察(보다), 解(풀이하다), 數(헤아리다) 등 음성적, 표현적 의미로 다양하게 사용하였다.

그러던 것이 문자의 출현과 인쇄술의 발달로 시각을 위주로 하는 활자문화시대에 들어서게 되자 「讀」의 의미는 '문자를 읽는다'는 말로 바뀌어 소위 '문자를 인지하여 단어나 글, 문장, 작품을 눈으로 받아들여 그 의미를 이해한다'는 이해적인 성격으로 바뀌어지게 된다.[2]

독서의 개념은 인쇄술의 발달 이전과 이후에 서로 다른 의미로 사용되었다. 전자에서 독서란 선철(先哲)의 도(道)를 배우고 문화를 전수(傳受)받는 엄숙한 행위요, 특권층에 한정하여 지도자로서의 품성을 도야하는 교육수단이었던 데 비하여, 후자에서 독서란 점차 복잡 다양해 가는 커뮤니케이션 사회에서 사회구성원간의 사회통합을 위한 필수적인 방편으로서 모든 사람들에게 열려진 대표적인 정보수용 행위의 수단으로 그 개념이 바뀌게 된다.

독서의 개념은 인지심리학의 발달과 더불어 독서행위의 주체인 독자(讀者)의 측면을 중시하면서 사고과정이란 의미를 덧붙이게 되었다. 즉 독서란 문자에서 의미를 도출해내는 해독(解讀: decode)과정이나 단순한 의미전달에 그치는 것이 아니라 독자가 자신의 경험을 토대로 글을 분석, 종합, 추론, 판단하는 주체적인 사고과정이라는 것이다. 이 사고활동을 통하여 독자는 행간(行間)을 읽을 수 있고 필자의 의도와 목적을 찾아내어 나름대로 판단할 수도 있는 것이다. 그리고 독자의 기존 지식을 활용하여 같은 글이라도 독자마다 다른 해석을 할 수 있는 것이다.

그후 화용론(話用論)이라는 분야가 개발되면서 독서개념은 다시 커뮤니케이션 형태로 조명을 받게 되는데 이를 도표로 나타내 보면 아래 [그림 3-1]과 같다.

---

[2] 위의 책, 같은 면.

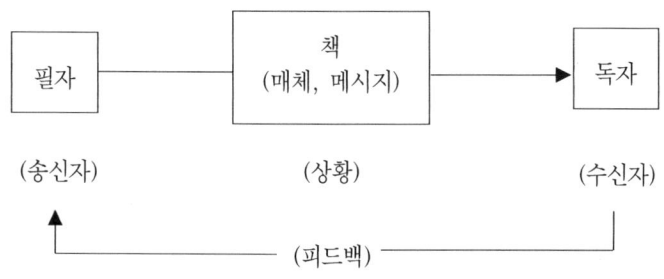

[그림 3-1] 독서커뮤니케이션의 형태

 물론 독서는 음성언어를 포함한 일반 커뮤니케이션과는 다른 특성을 지니고 있다. 독서행위가 본래 비구두적(非口頭的) 표현인 어조, 몸짓 등의 도움을 받지 못한다는 점, 송신자와 수신자간의 상호작용을 통한 피드백(feedback)이 어렵다는 점들이 그 제한점이라면, 반면에 상황의 제약을 덜 받는다는 점, 글 내용을 계속 재확인함으로 구두(口頭) 커뮤니케이션의 즉흥성과 그에 따른 주관적 오해의 소지를 극복하고 어느 정도 객관성을 확보할 수 있다는 특징은 독서의 장점으로 볼 수 있다.3)

2. 독서지도의 정의

 독서지도는 독서교육과 흔히 혼용하여 사용되는 데, 때에 따라서는 독서지도와 독서교육을 구분하여 사용하기도 한다. 독서지도는 독서교육의 구체적 실천 방법을 강조한 것이며, 독서교육은 인간교육의 실현이라는 관점에서 쓰이기도 한다.4)
 독서지도(讀書指導 : reading guidance)란 넓은 뜻으로는 독서에 의한 인간형성이라는 의미로 독서교육과 같은 뜻으로 사용되며, 좁은 뜻으로는 독서교육의 방법론과 그 실천적 접근을 중심으로 해서 인간형성을 위해 독서하는 태도, 지식, 기술, 능력, 흥미, 습관 등의 형성, 개발의 지도를 말한다.

---

3) 신헌재 외,『독서교육의 이론과 방법』, 박이정, 1993, 8-9쪽.
4) 위의 책, 10-11쪽.

독서교육은 광의로는 초보단계의 문자지도와 글의 독해지도로부터 도서의 선택과 효과적인 독서기술지도에 이르기까지 글과 책을 다루는 모든 지도행위를 포함한다. 협의로는 도서의 선택과 활용 및 도서관 이용과 효과적인 독서기술 등의 지도에 한정시키고 있다.

3. 독서의 목적

인간은 왜 책을 읽는가. 대체로 다음의 목적으로 책을 읽는다고 한다.[5]
첫째, 자신의 삶을 풍요롭게 하는 교양을 쌓기 위해서
둘째, 특정분야를 연구하기 위해서
셋째, 일생생활에 필요한 생활정보를 얻기 위해서
넷째, 여가선용과 오락을 위해서
다섯째, 인간의 사고능력 향상을 위해서
여섯째, 시민으로서 자유스런 사회생활을 실현하기 위해서

이를 간단히 요약하면, 인간은 교양(Culture), 정보(Information), 연구(Research), 여가(Recreation), 사고(Inspiration)를 위해서 독서를 하게 된다.

---

5) 김효정 외, 『독서교육의 이론과 실제』, 한국도서관협회, 1997, 9-10쪽.

제2절 독해이론

독서는 글을 읽으며 의미를 파악하는 과정이다. 이 과정을 학자들은 크게 두 가지 기본 가정을 하고 있다. 하나는 우리의 기억 속에는 경험이 축적되면서 형성된 지식이 저장되어 있다는 가정이요, 또 다른 하나는 독서과정에는 종이 위에 쓰여진 문자 기호들을 우리의 기억 속에 저장된 지식과 연결시켜 주는 표상(representation)과정, 즉 언어기호를 번역하여 의미로 표상화 하는 심리적 장치가 요구된다는 가정이다.

이들 두 가정 중 독자의 기억 속에 저장된 지식구조를 강조하는 대표적 이론이 스키마(schema)이론이고, 문자 기호의 번역 및 표상화에 더 큰 관심을 보이는 이론이 텍스트분석(text analysis)이론이다. 전자는 독자에 대한 이론이며, 후자는 글에 대한 이론이다.[6]

1. 텍스트 분석이론

기존의 언어 연구에서는 무의미 철자나 단어 수준의 언어 단위를 대상으로 인간의 언어 이해과정을 규명하였으며, 언어학에서도 분석의 최대단위를 하나의 문장(sentence)으로 보았다. 그러나 텍스트 분석이론에서는 분석의 최대단위를 텍스트로 잡고 있다. 텍스트는 무작위로 나열된 단어나 문장의 집합체가 아니라, 이어진 글(connected discourse) 전체를 말하고 있다.

텍스트를 독해의 기본단위로 잡는 데는 다음과 같은 이점이 있다.

첫째, 텍스트에서는 각 문장 사이의 관계와 글 전체의 구조를 찾아낼 수 있다. 각 문장 사이에 질서 정연한 연계는 독해 후 독자의 기억 속에 남게 되는 의미의 표상 체계로 구조화가 가능하다.

둘째, 독자들은 글을 읽을 때 낱낱의 단어나 문장의 의미를 독해할 뿐만 아니라 전체적인 주제에 비추어 각 의미요소들 사이의 중요도를 구분한다. 흔히 글

---

[6] 신헌재 외, 앞의 책, 26-36쪽.

을 읽을 때 밑줄을 친다든지, 강연을 들으면서 메모를 하는 것은 중요한 것과 중요하지 않은 것을 구별하는 판단의 외적 행위라고 볼 수 있다. 독해과정 속에서는 이 같은 중요성의 결정이 필수적으로 수반되는 데, 이는 분석의 대상이 문장 수준에서 이루어지는 것이 아니고 텍스트 수준에서 이루어지고 있다는 증거이다.

2. 스키마이론

스키마(schema)란 개인이 주위의 환경과 상호작용 할 때 사용하는 일종의 프로그램이나 전략으로서, 어떤 개인이 가지고 있는 지식구조 또는 우리의 기억 속에 저장되어 있는 경험의 총체를 말한다.

앞에서 이야기했듯이 스키마란 우리의 기억 속에 저장되어 있는 모든 경험을 말한다. 즉 우리가 알고 있는 세상에 대한 인식이며 지식을 말한다. 음식점에서는 돈을 내고 음식을 먹어야 하고, 병원에서는 의사의 지시에 따라야 하며, 교실 안에서는 교사에게 허락을 받고 말을 해야 한다는 것도 지식이다. 이러한 모든 종류의 지식이 스키마이다.

이와 같이 스키마는 개인적인 경험의 소산이므로 어떤 단어나 개념에 대한 스키마는 사람마다 다르다. 예를 들어, 개에 대한 글이나 국기에 대한 글을 읽을 때 자신의 경험에 따라 다르게 생각하며 이해하게 되는 것은 각자 가진 스키마가 다르기 때문이다.[7]

앤더슨(Anderson)과 피아트(Pichert)는 다음의 실험을 통하여 스키마가 독서과정에서 하는 일을 증명한 바 있다. 앤더슨과 피아트는 학생들에게 〈집〉이라는 제목이 붙여진 글을 두 집단으로 나누어 읽게 하였다. A, B 두 집단을 각각 다른 교실에 나누어 놓고 각 집단의 소년들에게 집을 구경하는 장면이 자세하게 표현된 글을 읽게 하여 집에 대한 한 가지 정보를 주었다.

A반에 들어가서는 너희들은 이제부터 '나는 복덕방 주인'이라고 생각하면서 이 책을 읽어라. 또 B반에 들어가서는 '나는 도둑'이라고 생각하면서 이 책을 읽

---

[7] 남미영, 『엄마가 어떻게 독서지도를 할까』, 대교출판, 1997, 22-24쪽.

으로고 각각 다른 주문을 하였다. 그리고 학생들이 책을 다 읽었을 때 백지를 주고 책의 내용을 자세히 적으라고 하였다.

그 결과 두 반 학생들의 답안지에서 서로 다른 사실이 발견되었다. A반의 학생들이 써낸 글에는 못이 빠진 마룻장, 깨어진 유리창의 숫자, 갈라진 벽, 물이 새는 천장 등 주로 복덕방 주인이 알고 있어야 할 정보들이 많은 게 특징이었다. 그러나 도둑이 되어 읽은 B반 아이들은 값나가는 시계, 고대의 골동품, 값나가는 은그릇과 수정 그릇들에 대한 정보와 열려있는 뒷문, 정원에 있는 큰 개 등 도둑에게 필요한 정보가 적혀 있었다.

이 실험을 통해 같은 책을 읽고 얻는 게 적은 사람들은 글자나 단어의 독해에 어려움보다는 그 단어가 지칭하는 사물에 대한 사전(事前)지식, 즉 스키마가 부족하기 때문이라는 것을 알 수 있다.

제3절 독서수준과 과정

1. 독서수준의 4단계

독서에는 네 가지 수준이 있다. 여기서 '수준'이란 말을 사용하는 것은 '종류'와 구별하기 위해서이다. 일반적으로 '수준'은 낮은 쪽에서부터 높은 쪽으로 단계적으로 변해 가는 것을 말하지만, '종류'는 서로 다른 것을 가리킨다. 따라서 여기서 말하는 것은 하나씩 쌓아올려 가는 독서법이다.

하나의 수준은 다음 수준에 흡수되어 누적되므로, 마지막 단계인 제4수준에는 앞의 세 개의 수준이 모두 포함되어 있다. 그것을 거쳐야만 비로소 최후의 수준에 도달할 수 있는 것이다.

애들러(M. J. Adler)와 도렌(C. Van Doren)은 독서의 수준을 다음과 같이 네 단계로 구분하고 있다.[8]

---

[8] 모티머 J. 애들러(외) 저, 문병덕 역, 『독서의 기술』, 범우사, 1993, 22-26쪽.

최초의 수준은 초급독서이다. 이 초보적인 읽기, 쓰기를 배우는 제1수준은, 기본독서·기초독서·초보독서라고 이름 붙여도 좋은 것이지만, 보통 초등학교에서 학습하므로 초급독서라고 한다. 초급독서는 읽기·쓰기를 전혀 못하는 어린이가 초보의 읽기·쓰기 기술을 습득하기 위한 것이다. 이 수준의 문제는 '이 문장은 무엇을 말하고 있는가'를 이해하는 것이다.

독서의 제2수준은 점검독서이다. 시간에 중점을 두는 것이 제2수준의 특징이다. 독자는 일정한 시간 안에 할당된 분량을 읽어야만 한다. 점검독서의 목적은 주어진 시간 안에 될 수 있는 대로 내용을 충분히 파악하는 데 있다고 할 수 있다. 점검독서는 골라 읽기, 혹은 예비독서라고 해도 되지만, 그냥 띄엄띄엄 골라 읽는다 하더라도 마음 내키는 대로 겉핥기로 읽는 것을 말하는 것이 아니다. 점검독서는 계통을 세워서 띄엄띄엄 골라 읽는 기술이다. 책의 표면을 점검하고, 그 한도에서 알 수 있는 모든 것을 배우는 일이다. 이것은 매우 힘이 드는 일이다. '이 문장은 무엇을 말하고 있는가' 라는 제1수준의 물음에 대하여, 제2수준의 문제는 '이 책은 무엇에 대하여 쓴 것인가' 라는 물음에 답하는 것이다. 구체적으로, '이 책은 어떻게 구성되어 있는가', '어떠한 부분으로 나뉠 수 있는가', '이 책은 어떤 종류의 책인가'의 물음에 답할 수 있어야 한다.

독서의 제3수준은 분석독서이다. 이것은 제1·2수준보다도 복잡하고 계통적인 독서활동이다. 읽는 책의 어려움에도 좌우되지만, 독자의 상당한 노력이 필요한 독서법이다. 분석독서란 철저하게 읽는 것을 말한다. 독자로서 가능한 한도의 고도의 독서법이다. 점검독서가 시간의 제약이 있는 경우의 독서법이라면, 분석독서는 시간의 제약이 없는 경우의 독서법이라고 할 수 있다. 분석독서는 아주 적극적인 독서로서, 자기가 맞붙은 책을 완전히 자기 것으로 철저히 소화하여 읽어내는 것이다.

"책은 맛보아야 할 책과 삼켜야 할 책이 있다. 또 약간이긴 하지만 잘 씹어서 소화해야 할 책도 있다"고 프란시스 베이컨도 말했지만, 분석적으로 읽는다는 것은 책을 잘 씹어서 소화하는 것을 말한다. 그런데 정보나 오락을 위한 독서에는 분석독서가 필요하지 않다. 분석독서는 무엇보다 우선 이해를 깊이 하기 위한 것이다. 따라서 독서에 의해서 얕은 이해에서 깊은 이해로 정신을 향상시키려면 분석독서의 기술을 터득해야 한다.

마지막 가장 고도의 독서의 제4수준은 신토피칼 독서이다. 이것은 가장 복잡하고 조직적인 독서법이다. 이는 비교독서법이라고도 부를 수 있다. 신토피칼로 읽는다는 것은 한 권뿐만 아니라 하나의 주제에 대하여 몇 권의 책을 서로 관련지어서 읽는 것을 말한다. 그러나 단순히 각 텍스트를 비교하는 것만으로는 신토피칼 독서로서 충분하다 할 수 없다. 숙달된 독자는 읽은 책을 실마리로 하여 그러한 책에 확실히 쓰여있지 않은 주제를 스스로 발견하고 분석할 수 있게 될 것이다. 따라서 신토피칼 독서는 독자에 대한 요구도가 가장 높은 적극적인 독서법이다.

2. 독서의 과정

독서활동은 읽기, 쓰기, 듣기, 말하기, 생각하기 활동이 연계적으로 종합하여 이루어진다. 이 중에서 크게 '읽기 과정'과 '표현하기 과정'으로 나누어 볼 수 있다.

읽기 과정에는 두 가지 과정으로 나눌 수 있다. 글이나 문자 판독, 어떻게 읽어야 할지를 준비과정으로서 '단순읽기 과정'과 읽고 난 후 그 의미나 내용을 생각해보는 과정인 '생각하기 과정'이 그것이다.

또한 표현하기 과정에는 다음과 같이 크게 세 가지 과정으로 나눌 수 있다.

첫째, 내용과 느낌을 다른 사람에게 이야기하는 '이야기하기 과정'

둘째, 동일한 내용을 읽은 사람끼리 토론하는 '토론하기 과정'

셋째, 언어적 표현 과정(첫째, 둘째 과정)을 통해서 다시 자신의 생각을 정리, 종합하여 완성하는 '글쓰기 과정'이 그것이다.[9]

이를 바탕으로 독서의 과정을 도표로 나타내면 [그림3-2]와 같다.

---

[9] 한중경, 『超 독서공부법』, 프레스빌, 1996, 115-121쪽.

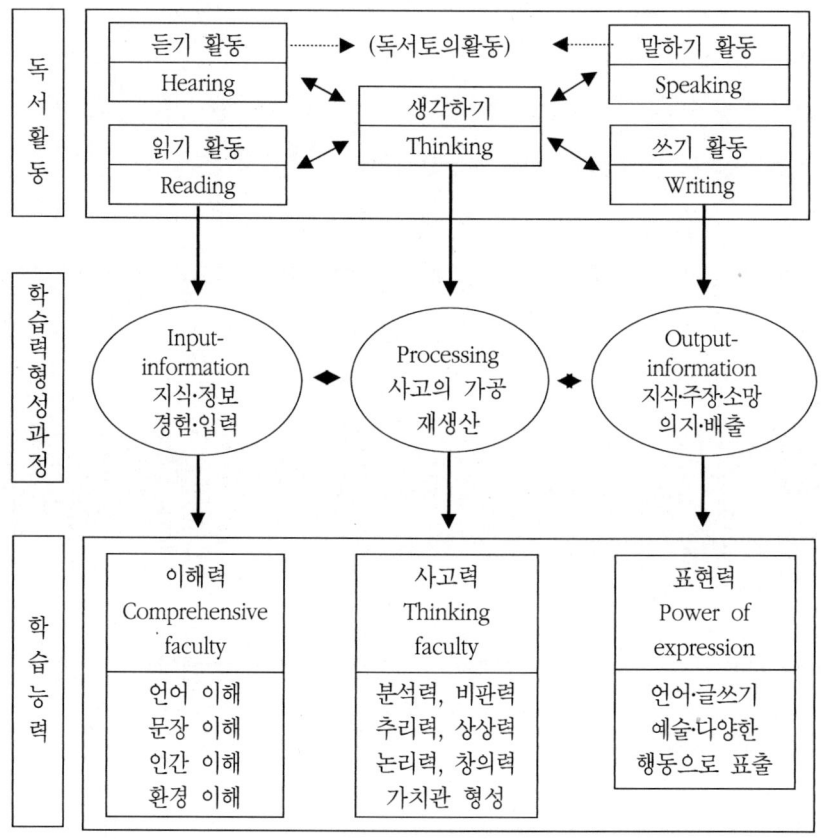

[그림 3-2] 독서의 과정

3. 독서기술의 3단계 과정

완전한 읽기능력을 익히기까지 누구나 독서기술 3단계 과정을 거쳐야 한다. 제1단계는 준비의 단계로 유아기에 시작하여 초등학교 3학년 무렵까지 익혀야 할 과정이다. 제2단계는 독해의 단계로 초등학교 1학년에서 시작하여 6학년까지 익혀야 할 과정이다. 제3단계는 감상의 단계로 초등학교 4학년 무렵부터 시작하여 중·고등학교까지 익혀야 할 과정이다.[10]

---

10) 독서기술 3단계 과정은 남미영, 앞의 책, 57-112쪽에서 발췌하여 싣고 있다. 상세한 훈련과정은 남미영의 책을 참조하면 도움이 된다.

1) 준비의 단계

가. 읽기 준비도

 독서는 인간두뇌의 능동적인 사고과정이므로 책을 앞에 놓고 능동적인 두뇌 활동을 하지 않으면, 눈으로 글자를 쫓지만 내용이 머리와 가슴에 와 닿지 않는다. 능동적 활동이란 독서를 할 수 있는 준비도의 성숙을 말한다. 성숙한 독자란 문화적, 심리적, 환경적, 신체상의 준비도가 함께 성숙된 상태이다.

 ① 문화적 준비도 : 자신이 속한 시대나 사회가 책읽기에 어떤 영향력을 행사하느냐 하는 문제에서부터 자신의 가정과 친구들이 독서를 어떻게 생각하느냐에 영향을 받는다. 예를 들어, 독서에 대한 부정적 분위기, 책보다 다른 가치를 우선시 하는 사회분위기 등에서는 독서 활동이 저항을 받는다.
 ② 심리적 준비도 : 책에 대한 흥미와 호기심의 정도이다. 즉 어떤 책을 손에 들고 빨리 읽고 싶어진다면 심리적 준비도는 성숙되었다고 할 수 있다. 마음을 책에 붙들어 매는 기술을 습득해야 한다.
 ③ 환경적 준비도 : 책을 읽을 때 알맞은 온도, 소음도, 조명과 책과의 거리, 책장에 꽂힌 책들, 몸에 맞는 책상, 안락한 의자 등 주변환경이 영향을 주게 된다.
 ④ 신체상의 준비도 : 독서를 할 때에는 청명한 의식이 필요하다. 그러기 위해서는 무엇보다도 뇌수 내의 혈액이 적당히 유지되어야 한다. 뇌수를 건강하게 하기 위해서는 신선한 야채와 과일을 많이 먹고, 신선한 공기로 방안을 채워야 한다.

나. 음독

 책을 읽을 때, 초기과정은 대체로 단어를 파악하는 문자자각의 단계와 그 단어가 어떤 의미를 가지는가에 대한 의미 이해 단계로 나누어진다. 음독이란 문자자각의 단계에 있는 독자가 거치게 되는 초기독서의 한 형태이다.
 즉, 독자는 문자의 기호를 안다.(문자기호 자각) → 언어를 소리내어 읽을 수 있다.(음성언어 기호) → 자신이 발음한 기호가 어떤 의미인지 안다.(소리와 의미 결부) → 종합적으로 문자의 의미를 이해한다.(문자의 의미파악)를 거쳐 글을 읽어 나간다.

음독은 두 가지 점에서 어린이의 독서 준비도를 높여준다. 하나는 문자판독을 정확히 할 수 있는 독서능력을 향상시켜 주고, 다른 하나는 독서흥미 유발에 효과가 큰 것이다. 보통 초등학교 2학년까지는 음독이 독서속도가 빠르지만, 3학년부터는 묵독을 통해 책을 더욱 빨리 읽게 된다.

다. 묵독

음독단계가 끝나면 눈으로 읽게 된다. 음독이 글자단위의 읽기라면, 묵독은 문장단위의 읽기, 의미 위주의 읽기이다. 묵독은 다음과 같은 효과가 있다.

① 독서속도를 높여준다. - 책을 읽을 때 안구는 비약과 정지, 역행운동과 행간운동을 계속하면서 글의 의미를 파악하게 된다. 이때 초보독자는 안구의 정지시간과 횟수, 역행운동이 많아 독서속도가 느리게 된다. 미숙한 독자는 1행을 읽는데 4-5회 정도 안구가 정지하고, 능숙한 독자는 2-3회 정지한다. 한번 정지할 때 파악하는 문자의 수도 미숙한 독자는 한글 1-2자, 영어 2-3자, 능숙한 독자는 한글 5-6자, 영어 6-7자를 읽게 된다.

초보독자가 안구를 자주 정지하면 자기의 손가락을 통해 독서속도를 증진시키는 훈련을 할 수 있다. 즉, 손가락을 글자 밑에 놓고 손가락을 점점 빨리 움직여 안구의 정지 횟수나 시간을 줄여나갈 수 있다.

② 생각하며 읽게 한다. - 읽기는 언어적 추측게임이다. 우리는 읽으면서 추측한다. 그리고 자신의 추측이 맞았는지를 순간순간 확인하고 판단한다. 이런 행동을 통해 어린이는 독서의 즐거움을 느끼게 된다.

라. 어휘력 기르기

책을 좋아하지 않는 아이들의 대부분은 어휘량이 부족한 경우가 많다. 일반적으로 이런 아이들은 몇 가지 특징을 가지고 있다.

- 말을 유창하게 하지 못한다.
- 말하기를 싫어한다.
- 질문을 하면 대충 대답한다.
- 이야기를 하거나 대화를 할 때 내용에 핵심이 없다.
- 이야기를 할 때 부적절한 어휘를 많이 사용한다.
- 이야기를 재미있게 이끌어 가지 못한다.
- 저학년 때는 성적이 좋을 수도 있으나, 고학년으로 올라갈수록 성적이 점점 떨어진다.
- 대화에 유머나 위트가 부족하다.
- 친구들에게 인기가 없다.

위의 특징들 중에서 4개 이상의 특징을 가진 어린이는 어휘력에 문제가 있는 것으로 볼 수 있다. 이와 같이 독서의 가장 기본적인 기능인 어휘력은 환경의 지배를 받는다. 성별의 차이, 문화의 차이, 부모 직업의 차이에 따라 개인의 어휘력은 영향력을 받는다.

어린이의 어휘력을 기르기 위해서는 다음과 같은 방법이 있다.

첫째, 폭넓은 독서를 하게 한다. 보통 사람은 1분간 3백 단어 정도를 읽을 수 있는데, 하루 평균 15분간의 독서를 한다면 1년이면 150만 단어를 읽을 수 있다.

둘째, 많은 사람과 대화를 하게 한다. 사람들과 반복적으로 사용함으로써 새로 배운 어휘들이 기억되고 습관화되어 자기 것으로 된다.

셋째, 무엇이나 말로 지시를 한다.

넷째, 산책하면서 질문하기이다.

다섯째, 어린이의 불완전한 문장을 완전한 문장으로 바꿔준다.

여섯째, 말놀이 게임을 한다. 예를 들면, 뒷말 이어가기, 같은 자로 끝나는 말, 삼행시 짓기 등을 한다.

일곱째, 국어사전, 백과사전을 애용하게 한다.

2) 독해의 단계

독해는 훈련을 받으면 향상되는 일종의 기능이다. 일반적으로 학력이 높은 사람이 낮은 사람보다 독해력이 높다. 그러나 실험에 의하면 학력이 낮은 사람이라도 독해력 훈련을 받을 경우 학력이 높은 사람을 앞지를 수 있다. 이 독해력은 독서생활만을 좌우하는 것이 아니라, 학교교육의 전반에 영향을 미친다. 독해력의 높고 낮음은 학교성적과 비례한다.

독해력은 몇 단계로 나눌 수 있으며, 각 단계마다 읽는 방법이 다르다.

독자는 모든 책을 똑같은 방법으로 읽지 않는다. 교과서를 읽을 때, 만화책을 읽을 때, 신문을 읽을 때, 참고서를 읽을 때, 시를 읽을 때, 동화책을 읽을 때마다 각각 읽는 법이 다르다. 모든 독자는 의식적으로 혹은 무의식적으로, 독서자료와 목적에 따라 읽는 방법을 달리한다.

가. 줄거리 읽기

초등학교 1학년에게『토끼와 거북이』란 동화책을 읽게 한 후 대강의 줄거리를 물으면 대체로 줄거리를 잘 이해하고 있다. 이는 이야기의 전개과정이 시간 단위로 명확한 줄거리를 가지고 있기 때문이다.

줄거리 읽기란 긴 글을 줄거리의 형태로 간편하게 이해하고 기억하는 독해방법이다. 줄거리 읽기는 책의 내용을 시간적 순서에 따라 재배치하는 것(대과거 - 중과거 - 과거 - 현재)이다. 즉 책의 내용을 시간적 순서에 따라 재배치하는 읽기의 독특한 방법이다. 줄거리 읽기는 주의 집중력이 약한 어린이와 독해력이 낮은 일반 대중에게 필수적인 기능이다.

그림책이나 전래동화, 생활동화 등은 줄거리가 뚜렷한 책이므로 줄거리 읽기 훈련을 쉽게 할 수 있다. 줄거리가 없거나 미숙한 책들은 언제, 어디서, 누가, 무엇을, 어떻게, 왜 했다는 내용으로 줄거리를 재구성하여 읽으면 독해에 도움이 된다.

나. 요점 읽기

줄거리 읽기가 있는 그대로의 줄거리를 순서대로 재배치하는 방법이라면, 요점 읽기는 독자 스스로 중요한 부분을 골라 읽는 방법이다. 이는 초등학교 저학년에서 길러져야 한다. 요점 읽기는 긴 글을 보다 정확하게 읽기 위한 독해의 한 방법이다. 줄거리가 눈에 보이는 사건의 나열이라면, 요점은 눈에 안 보이는 얼마쯤은 숨어 있는 어떤 생각이나 의도일 수도 있다. 요점에는 줄거리, 주제, 인물의 성격도 포함된다.

요점 읽기 능력이 부족하면 오랜 시간 글을 읽어도 글 속에 있는 내용이 머리 속에 정리되지 않는다. 요점 고르는 능력이 부족한 사람은 읽은 글을 이야기해 보라고 하면 중언부언하거나 중요하지 않은 부분을 중요한 부분과 동등하게 말하고, 중요하지 않은 부분을 장황하게 이야기하기도 한다.

글의 요점은 독서자료와 목적에 따라 다를 수도 있다. 즉 교과서와 같은 설명문은 정의나 규칙이 요점이 될 수 있고, 문학 책을 읽을 때는 주제가 요점이 되고, 위인전을 읽을 때는 성장의 동기가 요점이 된다.

요점 읽기는 초등학교 저학년에 길러져야 할 독해의 기본능력이다. 어릴 때부터 짧은 글 속에서 중요하지 않는 낱말과 문장을 찾아내는 훈련이나, 중요한 낱말이나 문장을 찾아 밑줄 긋기, 이를 다른 사람들에게 이야기하기 훈련을 통해 요점 읽기능력을 향상시킬 수 있다.

다. 훑어 읽기

뉴미디어의 발달로 정보수집 능력은 현대인에게 무엇보다 필요한 능력이다. 따라서 정보의 홍수 속에서 현대인들은 짧은 시간 안에 필요한 정보를 많이 얻을 수 있는 능력이 필요하게 되었다. 이러한 능력을 기르는 가장 확실한 방법은 훑어 읽기이다. 정보를 얻는 것은 이미 있는 정보에 새로운 정보를 추가하여 새로운 지식체계를 만드는 것이므로 훑어 읽기는 독자의 지식체계를 넓혀준다. 이 방법에는 목적에 따라 두 가지로 나눌 수 있다.

① 단순 훑어 읽기 : 전체적으로 무엇이 씌어져 있나 살필 때(신문, 잡지 등을 살필 때)

② 목표 훑어 읽기 : 찾고자 하는 어떤 정보를 얻고자 자료를 읽을 때(조사하는 숙제, 보고서 쓸 때, 참고서나 백과사전 등을 읽을 때)

훑어 읽기는 초등학교 1학년에서 성인에 이르기까지 누구나 가지고 있어야 할 독해능력이다.

라. 뭉뚱그리기

글을 이해한다는 것은 글의 내용을 한마디나 몇 개의 문장으로 뭉뚱그릴 수 있다는 말과 같다. 독서란 긴 글을 읽고 한 마디로 뭉뚱그리거나 요약하는 과정이다. 특히 문학 책을 읽거나 교과서를 공부할 때 필요한 기술이라고 할 수 있다. 뭉뚱그리기는 종합적 사고력(나열되거나 대립되어 있는 사물의 개념을 통일시켜 하나의 의미로 정립시키는 능력)을 요구한다.

또한 글의 내용을 핵심 단어나 핵심 문장으로 바꾸어 내는 요약작업이다. 요약은 내용을 유지하면서 길이만 짧게 하는 것으로 글 속의 중요한 요소를 뽑을 수 있어야 한다. 요약이나 뭉뚱그리기 속에는 글을 비판하는 자신의 의견을 넣어서는 안 된다. 뭉뚱그리기는 초등학교 3학년부터 성인에 이르기까지 누구에게나 필요한 능력이다.

마. 분석하며 읽기

독자가 책을 읽을 때 내부에 숨어 있는 골격을 찾아야만 완벽한 독서가 될 수 있다. 이 때 필요한 것이 분석적 독서이다. 우리가 글을 읽는 것은 그 속에 쓰여 있는 주제를 알기 위한 것이다. 주제를 알기 위해서는 글의 부분 부분을 나누어서 알아보아야 한다. 이러한 읽기를 분석적 읽기라고 한다. 분석적으로 읽기 위해서는 다음과 같은 방법들이 있다.

첫째, 글의 아웃 라인(outline)을 알아본다. 이 글은 무엇에 대한 글인가를 알기 위해 제목, 서문 등을 참조한다.

둘째, 글의 짜임을 알아본다. 글의 종류에 따라 서론, 본론, 결론 혹은 기승전결, 혹은 두괄식, 미괄식으로 분석해 볼 수 있다.

셋째, 글의 구성(plot)을 알아본다. 사건의 인과관계나 원인과 결과를 알아내는 것이다.

넷째, 저자의 의도를 알아낸다. 저자가 어떤 말을 자주 사용하며, 어떤 말에 의미를 두는지 살핀다. 핵심 단어나 핵심 문장을 파악한다.

바. 관계 읽기

관계 읽기란 글 속의 아이디어나 중요한 개념들의 의미 관계를 따져 가며 읽는 독해방법이다. 이 읽기 방법은 예시, 분류, 특성, 정의, 유사, 비교, 순서, 인과관계, 이음말 읽기 등을 따져 보며 읽는 것이다.

사. 구조화하기

사람의 생각에는 구조가 있다. 글의 의미를 아는 일은 이 생각의 구조를 이해하는 일이다. 줄거리 읽기가 글의 내용을 시각화하는 것이라면 구조화하기는 내용을 공간화시키는 일이다.

첫째, 문학책은 구조화를 통해 복잡한 주제가 선명하게 드러난다. 문학책은 일반적으로 2항 대립구조(옛이야기, 선과 악, 예 : 흥부와 놀부 등)와 3항 대립구조(예 : 장발장)가 널리 사용된다.

둘째, 지식책은 구조화 작업을 통해서 더 잘 이해할 수 있다. 교과서용 도서의 지식체계는 크게 망구조(그물구조, 예 : 개의 특성), 연계구조(사슬구조, 예 : 개구리의 성장과정), 위계구조(나뭇가지 구조, 예 : 정부조직)의 세 가지 체계로 되어 있다. 책을 읽으면서 이런 구조를 공간화시켜 이해할 수 있으면 아무리 복잡하고 어려운 글이라도 총체적으로 쉽게 파악할 수 있다.

아. 문맥 읽기

글을 구성하고 있는 어휘의 이미지에는 사전적 이미지와 문맥상의 이미지가 있다. 대개 설명문, 논설문 등의 글에는 사전적 이미지가 많이 사용되나 동화나 시 같은 문학적인 글에는 문맥적인 이미지가 많이 쓰인다. 옛글에 '언간(言間)을 읽어라' 라는 말은 바로 문맥 읽기를 강조한 말이다.

문맥 읽기에 서툰 어린이들은 대개 감지력과 상상력이 부족한 아이들이 많으며, 동문서답을 자주 하고, 시 읽기를 고통스러워한다.

자. 빨리 읽기

독해훈련의 궁극적인 목적은 짧은 시간 안에 많은 정보를 정확하게 알아내는 것이다. 그러기 위해서 빨리 읽기훈련이 필요하다. 빨리 읽는다는 것은 눈으로 글자만 빨리 읽는 것이 아니라, 뇌가 빨리 반응한다는 것이다. 아무리 빨리 읽어도 글을 이해하지 못한다면 빨리 읽을 필요가 없다. 대체로 빨리 읽기를 못하는 아이들은 다음과 같은 특징을 가지고 있다.

- 어휘력이 부족한 경우
- 소리내어 읽거나 입술을 달싹거리며 읽는 경우
- 손가락으로 글자를 짚어 가면서 읽는 경우
- 글자를 따라 눈동자만 이동하지 않고 머리까지 이동하며 읽는 경우
- 묵독의 훈련이 안된 경우
- 시력이 나빠 안구 운동이 안 되는 경우
- 사고력이 부족하여 민활한 사고를 할 수 없는 경우
- 심리적 안정이 안돼 집중력이 떨어지는 경우

그러나 초등학교 시절에는 빨리 읽기훈련이 필요하지 않다. 중학교 이상 독자에게 적당하다. 훑어 읽기, 예견하기, 단어 읽기, 문장 읽기, 건너뛰기 등을 하게 되면 1분에 1,800자 정도를 읽을 수 있다.

3) 감상의 단계

독자가 책의 내용을 있는 그대로 받아들이기보다는 스스로 생각하면서 능동적으로 의미를 창조하려는 단계를 감상의 단계라고 한다.

첫째, 감상력은 작품에 따라 다르게 나타난다. 감동적인 작품일수록 감상력이 높게 나타난다. 그러므로 어린이의 감상력을 높이기 위해서는 감동적인 작품을 선택해야 한다.

둘째, 감상력은 언어로 표현할 때 더욱 높아진다. 작품을 읽고 말로 표현하든지 글로 표현하는 일은 감상력을 높이는 결과가 된다.

셋째, 감상은 개성적인 활동이어서 누가 가르쳐 줄 수도, 배울 수도 없다. 그러므로 교사나 부모는 감상을 말하는 어린이 앞에서 독자를 존중하는 발언을 해야 한다.

가. 느끼며 읽기

독서를 지루하게 생각하는 내부분의 사람들의 특징 중 하나는 책의 내용에 몰입하지 못하는 현상이다. 이렇게 몰입하지 못하는 현상은 집중력이 약한 사람에게 자주 일어난다. 존 듀이가 "지식은 느낌의 중개를 거쳐 발생한다"고 한 것처럼 책이란 느낌의 중개없이 감상할 수 없는 독특한 세계이다. 책 속에 몰입하기 위해서는 다음과 같은 느낌의 훈련이 필요하다.

〈느끼며 읽기 훈련〉
- 인물의 심정을 느끼며 읽는다.
- 인물의 행동을 자기의 경험과 결부시켜 읽는다.
- 배경과 장면을 상상하며 읽는다.
- 책 속에 표현된 냄새나 향기를 느끼며 읽는다.

나. 상상하며 읽기

우리가 책을 읽으며 울고불고 하는 것은 상상력에 의한 반응이다. 이는 곧 책

속의 인물과 동일시를 맛보는 과정이기도 하다. 상상하며 읽는 것은 머리 속에, 혹은 가슴속에 어떤 이미지를 떠올리며 읽는 것이다. 이 이미지는 읽는 내용과 관계된 것이지만, 독자의 과거의 경험과 관련되어 나타난다. 즉 책 속의 이미지를 자신의 이미지로 바꾸는 것이다. 이러한 상상하며 읽기는 문학작품을 읽는 데 없어서는 안될 필수적인 능력이다.

〈상상하며 읽기 훈련〉
- 작품 속의 장면, 정경, 분위기를 상상하며 읽는다.
- 인물의 기분, 성격, 얼굴 모양을 상상하며 읽는다.
- 인물의 말투, 표정, 태도, 행동, 옷차림 등을 상상하며 읽는다.
- 빛깔, 모양, 크기, 촉감, 소리, 무게 등을 상상하며 읽는다.
- 장소, 날씨, 거리, 넓이 등을 상상하며 읽는다.
- 그림을 보고 글 속에 없는 것을 상상하며 말한다.
- 이야기가 벌어지기 이전을 상상해 본다.
- 읽으면서 연상되는 것을 말해본다.
- 상상한 것을 그림으로 그려본다.

다. 추리하며 읽기

우리가 살아가면서 누구에게나 끊임없이 필요한 것이 추리력이다. 똑같은 사실을 보고 더 많이 추리할 수 있는 사람은 좋은 생각, 풍부한 생각을 많이 할 수 있는 사람이다. 추리적 사고는 책을 읽는 과정에서 끊임없이 사고할 때 길러지며, 문자화되어 있지 않은 행간의 뜻을 알 수 있게 한다.

〈추리하며 읽기 훈련〉
- 글을 읽으며 왜? 라고 의문을 품어 본다.
- 그래서?, 그 다음에는? 하고 생각하며 읽는다.
- 무엇 때문에? 를 생각하며 읽는다.
- 만약에 나라면? 을 생각하며 읽는다.

- 그와 반대로? 라고 생각하면서 반대 입장을 생각해 본다.
- 거론되어야 할 일이면서 생략되어 있는 것이 무엇인지 알아본다.

라. 비판하며 읽기

비판적 사고란 어떠한 사실이나 상황에 대한 판단이나 평가활동을 하는 뇌의 기능이다. 비판적 사고는 객관성, 정직성, 융통성, 체계성 등을 필요로 한다. 인간에게 비판적 사고력이 부족하면 남의 말에 무조건 따르기만 하는 주관이 없는 사람이 되던가, 아니면 남의 말에 무조건 반대만 하는 편협한 사람이 되어 다른 사람들에게 무시당하거나 따돌림을 당하게 된다.

책을 읽는 다는 것은 저자와 독자와의 대화이다. 비판적 읽기란 글에 대하여 독자가 개성적으로 반응하는 것을 말한다. 글을 비판적으로 읽는다는 것은 단순히 이해하며 읽기와는 달리 그 글의 값어치, 질에 대하여 판단하는 것이므로 특히 비문학적 글인 선전문, 설명문, 광고문 등을 읽을 때 필요하다.

〈비판하며 읽기 훈련〉
- 글의 사실성, 진실성을 비판해 본다.(설명문)
- 사상이나 논리의 타당성을 비판해 본다.(논설문)
- 과장된 표현은 없는지 판단해 본다.(선전문)
- 잘못된 표현이 없나 생각해 본다.(시)
- 각 문단의 놓일 자리가 적당한지 전개의 자연성을 비판해 본다.(산문)
- 결말은 이래야만 했을까? 결말의 타당성을 비판해본다.(산문)
- 글쓴이의 태도가 주관적인가, 객관적인가를 생각해 보고, 비판해 본다.(모든 글)
- 저자의 주장은 타당한가 비판해 본다.

마. 창의적으로 읽기

창의성이란 남들이 생각하지 못하는 새로운 생각을 해내고 새로운 대안을 형성하는 정신 과정으로 누구나 가지고 있지만, 어른보다는 어린이가 더 많이 가지고 있다. 어린이 중에서도 5-10세 시절이 가장 왕성하다. 읽기라는 것은 원래 창조적인 활동이다. 독자가 글을 읽을 때에는 작가가 써 놓은 뜻을 이해하는 동시에 언제나 그 일반적인 뜻을 넘어서 개성적으로 반응하게 된다. 이러한 단계를 감상의 단계라고 한다. 창의적 독자는 읽은 글을 통하여 자신의 사고와 영역을 끝없이 넓혀간다.

〈창의적 읽기 훈련〉
- 글을 읽으며 궁금한 사항을 메모한다.
- 읽으면서 빠진 사항을 발견하고, 그곳을 적당한 말로 보충하며 읽는다.
- 다음 이야기를 생각해 본다.
- 읽고 대안을 생각한다.
- 만약에, 그와 반대로 등 반대상황을 생각하면서 이야기를 전개시켜 본다.
- 그림만 있는 만화를 보고 주인공들의 대화를 써넣어 만화를 완성한다.
- 그림만 있는 포스터, 광고를 보고 제목을 정해본다.

바. 문제 해결하기

독서를 하는 것은 결국 세상을 살아가는 데 필요한 능력인 문제 해결력을 기르기 위한 것이다. 책을 읽고 나서 깊이 생각하면서 거기서 자신의 삶의 길을 찾고 열쇠를 찾게 된다면, 가장 훌륭한 감상력을 가지고 있는 셈이다.

〈문제 해결력 기르기 훈련〉
- 책을 읽으면서 주인공이나 주변 인물을 자신이라고 생각해 본다.
- 나와 주인공과의 공통점과 차이점은 무엇인가?
- 작품 속의 인물은 왜 실패했을까? 실패하게 된 원인을 알아본다. 실패하지 않기 위해서는 어떻게 해야 할까?
- 작품 속의 주인공이 성공한 원인은 무엇일까?
- 성공자와 실패자의 차이는 무엇인지 찾아본다.

참고문헌

Adler, Mortimer J. & Charles Van Doren, 독고 앤 역. 『생각을 넓혀 주는 독서법』. 멘토, 2000.
Adler, Motiner J., 최영호 역. 『자유인을 위한 책 읽기』. 청하, 1988.
Cassagness-Brouwquit, Sophie, 최애리 역. 『세상은 한권의 책이었다』. 마티, 2006.
Irwin, J. W. 저, 천경록·이경화 역. 『독서지도론』. 박이정, 2003.
강행백 외. 『책이 좋은 아이들』. (사)행복한 아침독서, 2007.
김효정 외. 『독서교육의 이론과 실제』. 한국도서관협회, 1999.
남미영. 『엄마가 어떻게 독서지도를 할까』. 대교출판, 1997.
모티머 J.애들러(외) 저, 문병덕 역. 『독서의 기술』. 범우사, 1993.
박영목. 『독서교육론』. 박이정, 2008.
손정표. 『신독서지도방법론』. 태일사, 2000.
신헌재 외 편. 『독서교육의 이론과 방법』. 박이정, 1993.
이만수. 『독서교육론』. 한국학술정보, 2008.
임성관. 『책 좋아하는 아이 만들기 : 독서지도의 이론과 실제』. 시간의 물레, 2008.
장경철. 『책읽기의 즐거운 혁명』. 누란노, 1998.
장미영 외. 『디지털시대의 독서기법』. 글솟대, 2005.
정민. 『책읽는 소리』. 마음산책, 2002.
차봉희 편저. 『독자반응비평』. 고려원, 1993.
한국독서학회. 『21세기 사회와 독서지도』. 박이정, 2006.
한기채. 『삶을 변화시키는 책읽기』. 두란노, 2001.
한윤옥. 『독서교육과 자료의 활용』. 한국도서관협회, 2008.
한중경. 학부모와 어린이를 위한 超독서공부법. 프레빌, 1996.
허재영. 『교양인을 위한 독서기술』. 박이정, 2000.
황정현 외. 『독서지도, 어떻게 할 것인가』. 에피스테메, 2008.

제4장

어린이 독서자료에 대한 이해

　어린이의 전인적 성장 발달을 도모하는 방법에는 여러 가지가 있을 수 있으나, 이들 중 다양한 분야의 어린이 책을 통한 독서는 어린이가 과거, 현재, 미래의 세계를 모두 경험할 수 있는 간접적인 도구로서 가장 효과적이며 경제적이고 체계적인 방법 중의 하나이다. 그러므로 다양한 분야의 어린이 책은 어린이의 삶과 교육에 필수적인 매체라 할 수 있다.[1]

　도서와 어린이의 발달과의 관계를 살펴보면, 어떤 도서를 통해서는 창조의 모태가 되는 상상력을 발달시킬 수 있으며, 또 예술성이 높은 좋은 그림을 삽화로 포함하고 있는 도서를 통해서는 그림을 감상하며 신비감을 발달시킬 수도 있다. 어린이 도서는 훌륭한 총체적 언어교육 자료이므로 개념발달 및 구어와 문어의 발달을 도모할 수 있는 장점을 가지고 있으며, 특히 동화, 동시, 동극 등의 어린이 문학작품을 이해하고 감상하며 그 감동을 자신의 삶에 반영할 수 있게 된다. 이와 같이 다양한 분야의 어린이 도서는 어린이의 인지, 사회, 정서발달을 촉진시킴으로서 어린이가 형식적 비형식적 교육을 통해 받게 되는 교과영역인 언어, 수학, 과학, 사회, 예술 등을 포함한 전인교육에 필수적인 매체라 할 수 있다.[2]

　독서의 영역이 포괄적인 만큼, 독서지도자는 어린이에게 적합한 다양한 책을 선정할 수 있는 능력을 갖추어야 한다. 그러기 위해서는 어린이 도서 전반에 대한 이해를 가지고 있어야 한다.

---

1) 강문희,「우리나라에서 출간된 아동도서의 내용 주제에 따른 출판 경향 분석」,《열린유아교육연구》, 제5권 제1호(2000. 7), 31쪽.
2) 위의 글, 32쪽.

제1절 우리나라 어린이도서의 발달

1. 2000년 이전까지의 어린이도서

우리나라 어린이도서의 발달은 우리나라 근대 어린이문학의 역사와 그 궤를 같이한다고 볼 수 있다. 따라서 우리나라 어린이문학의 발달 과정을 시대별로 살펴봄으로써 어린이도서의 발달과정을 가늠해 보고자 한다.

우리나라 어린이도서 출판의 역사는 비교적 짧은 편이다. 대개 어린이 책은 서구에서도 예절을 가르치는 책이거나 어른으로 사회를 살아가는 데 필요한 딱딱한 교훈을 담고 있는 것이 고작이었다. 우리 역시 예외는 아니어서 목판이나 금속판 활자로 대량으로 책을 찍어내던 조선시대에 어린이가 접할 수 있는 책은 〈천자문〉(千字文)이나 〈훈몽자회〉(訓蒙字會) 등의 기능적 한자학습서나 〈동몽선습〉(童蒙先習), 〈격몽요결〉(擊蒙要訣), 〈소학〉(小學)과 같은 유교적 윤리를 담은 책이 전부였다.

1895년 '신교육령' 공포 후 생긴 근대학교의 교과서 〈소학독본〉(小學讀本)이 순수하게 어린이를 위해 만들어진 책이었다. 지금의 교육부에 해당하는 학부(學部)편집국에서 초등학생용 교과서로 펴낸 것이다.[3]

어린이 출판의 본격적인 서막을 연 잡지는 1906년 최초의 소년잡지 ≪소년한반도≫가 출간된 이래 최남선이 펴낸 ≪소년≫(少年), ≪붉은 저고리≫, ≪새별≫이 나왔다. 특히 본격적인 어린이 종합교양지로 일컬어지는 ≪소년≫의 창간호는 어린이 출판물이 담을 수 있는 모든 시도를 한꺼번에 싣고 있어서 상징적이다. 한국 및 세계역사 · 국내외 위인 · 세계고전 · 문학 · 모험소설 · 백과사전적 지식 등 지금 어린이 출판물의 종류를 한 권의 책에 모아 놓은 듯하다. 그러나 이 책들이 바탕에 깔고 있던 애국계몽적 성격 때문에 대부분의 잡지들은 강제 폐간되었다. 계몽주의적 선각자들과 애국지사들의 사명감과 헌신으로 이

---

3) 이현주,「한국 어린이 출판의 작은 역사」, ≪북페뎀≫, 1호(2002), 139쪽.

루어진 이 시기의 어린이 출판은 교육적 효과를 무엇보다 중시하는 어린이 출판의 전통을 만듦으로써 지금의 출판에까지 영향을 끼치고 있다.

1920년부터 1944년에 이르는 때는 인격적 존재로서의 어린이를 위한 문학책이 나왔다. 어린이 단행본도 이때 처음 출판되었는데, 소파 방정환이 세계명작동화를 번안한 『사랑의 선물』이 그것이다. 이 책은 학습이나 교육적 목적을 전면에 내세우지 않은 첫 책이었다.

1920년대 이래 해방기까지 모두 70여종의 단행본이 나왔는데, 30여년에 걸친 것이니 초라한 양이라 할 수도 있겠다. 하지만 외세의 압박과 성인 출판물 사이에서 피어난 소중한 열매들이다. 외국 번역동화가 주를 이루었지만 차츰 국내 창작동화가 많아지면서 어린이 중심의 마인드를 가진 창작, 편집자 집단도 생겨났다.[4] 이 시기의 출판물로는 「세계일주동화집」(1926), 「사랑의 학교」(1929), 「그림동화」(1925), 「금싸래기」, 「중중 때때중」, 「조선동요 100곡집」(1928), 「해송동화집」(1934), 「열 세 동무」(1934), 「호박꽃초롱」(1941) 등이다.

1945년 해방이후 1959까지는 외국동화와 기획도서로 어린이 출판영역이 다양화되었다. 식민지배를 벗어나면서 꼭 필요한 교과서를 만들어내는 것부터 시작되었다. 어린이 신문을 비롯한 많은 어린이 잡지들이 창간되었고, 「조선동요선집」, 윤석중 동요선집 「굴렁쇠」(1948), 「소파동화독본」(전5권, 1949) 등이 정리되어 출판되었다. 또한 「그림동산시리즈」(1946), 「아협 그림 얘기책」(1948)과 같은 외국 명작동화를 소개하는 번안물들을 생산해내었다. 그러나 한국전쟁을 맞아 다시 어린이도서 출판은 위축되었으며, 경제적 궁핍과 전쟁으로 인한 정신적인 황폐함은 출판시장 또한 위축시켰다. 비극적인 전쟁담이나 반공 이데올로기를 충실하게 반영한 책들이 기획, 출간되면서 어린이도서 출판은 전쟁이라는 극한 상황을 맞아 잠시 얼어붙었다.[5]

1960년부터 1979년까지는 전집물의 대형출판으로 제작기술 향상 및 기반이 마련된 시기였다. 학원사의 「과학대사전」, 「대백과사전」 등이 기획 출간되면서

---

4) 위의 글, 140쪽.
5) 위의 글, 142쪽.

각 출판사의 대형 출판물이 각축을 벌이게 된 것이다. 정부 주도로 초등학교의 학급도서 설치운동이 펼쳐지면서 전집류와 기획출판물의 수요도 늘었다. 이에 따라 해외명작 전집물과 함께 「한국아동문학독본」(전10권, 1962), 「한국아동문학전집」(전12권, 1963), 「소파 아동문학전집」(전6권, 1965), 「강소천 아동문학전집」(전6권, 1964) 등 국내 창작동화전집도 활발하게 나왔다. 1959년 「세계 소년 소녀 문학전집」을 발간한 계몽사 등 기업형 전집 출간도 잇따랐다. 또한 사치품 같았던 책을 가깝게 느끼게 되면서 영업의 영향력이 커지고, 일본어를 중역한 책을 다시 가다듬어 펴냄으로서 제작비를 줄이려는 일도 빈번했다. 이 시기에는 전집 출판이 활성화되어 점차 100권짜리 전집이 나오면서 기획, 편집, 장정, 제책 등의 출판제작 기술이 점차 향상되었다. 출판 영업의 노하우와 제작 기술의 발전은 1980년대 이후 어린이도서 출판의 성장을 위한 밑거름으로 축적되었다.

1980년부터 2000년까지는 어린이도서 출판을 둘러싼 전문집단들이 활약 나타나게 된다. 좋은 어린이 책을 만들기 위한 기본적이 조건들이 충족되자 1980년대부터 어린이도서 출판은 비약적으로 성장하기 시작했다. 일러스트레이션이 혁신적으로 성장하면서 글을 읽을 줄 아는 초등학생 이전으로 그 연령을 낮춰가기 시작했다는 것과 그만큼 어린이도서 출판시장이 거대해졌다는 것이 1980년대 출판계의 가장 큰 특징이기도 하다. 또한 교보문고, 종로서적 등의 대형서점도 출현하였다.

1980년대 중반부터 단행본 어린이도서 출판이 활발해져 일반도서와 다름없이 많은 책이 간행되었으며, 또한 대중적으로 읽히는 책들이 나와 이른바 베스트셀러를 형성하기도 하였다. 이렇게 어린이 대중을 겨냥한 상업출판이 자리잡게 된 것은 대체로 두 가지 이유에서였다. 하나는 아이들을 상대로 한 책들도 서점에서 충분히 잘 팔릴 수 있다는 객관적 상황에 대한 인식이 보편화된 것이고, 다른 하나는 1970년대 이후 민족민주운동이 급속히 성장, 발전하면서 민족민주 출판운동의 맥락에서 어린이 책 출판에 대한 인식이 높아진 점이다.

그러나 이른바 유행출판, 모방출판이 어린이도서 출판계에 고질적인 병폐로 자리잡게 된 것은 1980년대의 일이다. 비슷한 주제와 소재의 책이 많이 간행되는 것은 시대의 조류를 드러내는 것으로 해석될 수 있겠으나, 실상은 한두 종을 제외하고는 급조된 내용을 가지고 독자를 현혹하여 잘 팔리는 도서시장 대열에 끼여 이윤을 취하자는 얄팍한 상혼만을 보여줄 뿐 책으로서 아무런 출판에 의의를 지니지 못하였다.[6]

또한 80, 90년대를 거치면서 어린이 책에는 새로운 용어들이 급격하게 늘어났다. 예를 들면, 유아용 도서에 으레 붙는 천재, 영재 등의 수식어라든가 고학년 아이들을 위한 책에 붙는 명랑동화, 철학동화, 논리동화, 성교육동화 등이다.[7]

1990년대 들어서면서 어린이도서의 수요는 지속적으로 팽창하고 있다. 어린이도서를 내는 출판사들의 수도 점차 늘어나는 추세로 보이며 새롭게 어린이도서 출판시장에 진출한 출판사도 눈에 띈다.

1990년대 두드러진 어린이도서 출판의 경향은 다양화와 테마별, 연령별, 단계별 출판이라고 할 수 있다. 지식의 책 또는 이야기책이라는 개념에서 벗어나 장난감(toy) 또는 놀이(play)적인 도구로까지 확대하여 생각하였다. 그 결과 평면 위에 그려진 화면으로 이루어진 그림책에 한정되지 않고, 그 자체를 변화시키는 입체적인 그림책, 소리나는 책, 움직이는 책 등이 제작되기 시작하였다.

주제면에서도 논리력, 사고력, 관찰력 등 테마별, 영역별, 단계별로 세분화되어 정착되고 있다. 책의 사이즈도 큰 책(big book) 형태에서 어린이 손안에 쉽게 잡히는 핸드 사이즈까지 천차만별이다.[8]

최근 몇 년간 어린이도서 출판 분야에서 가장 활발했던 분야는 저학년 창작동화와 그림책이었다. 고학년 창작동화에 비해 유아용 그림책과 저학년 책들이 매우 부족했기 때문에 출판사들이 일제히 이 분야에 뛰어들었기 때문이다.

그림책을 읽다가 텍스트의 양이 많은 책으로 넘어가기 위한 전 단계에서 비주얼적 요소를 더한 저학년 동화책을 개발하는 붐이 있었는데 이는 최근 자연스럽게 학습교양 만화쪽으로 확산되고 있다. 이런 변화는 표면적으로 2001년에 출간

---

6) 어린이도서연구회 엮음, 『아이들에게 책을 골라 줄 때』, 돌베게, 1991, 42-43쪽.
7) 어린이도서연구회 엮음(1996), 앞의 책, 54-55쪽.
8) 김규연, 앞의 논문. 6쪽.

되어 신화 신드롬 현상까지 일으키며 200만 부 가까이 판매된 가나출판사의 「만화로 보는 그리스 로마신화」의 폭발적인 반응이 그것이다.9)

2. 2000년 이후의 어린이도서

어린이 책을 가꿔온 우리 출판의 역사를 돌아보면 그것은 어린이문화가 커온 역사와 겹쳐진다. 많은 출판사들이 어린이 책에 관심을 갖고 참여하는 것은 반가운 일이지만 수많은 출판사들이 펴내는 그 책들이 과연 어린이들의 삶과 생각을 풍요롭게 가꾸는 역할을 하고 있는 지 진지하게 되물어야 한다. 짧지만 많은 변화를 겪어 온 우리나라 어린이도서 출판이기에 되돌아보며 점검하고 새롭게 정비할 필요가 있다.

2000년을 기점으로 한 최근 우리나라 어린이도서 출판의 경향은 크게 6가지로 꼽을 수 있다.10)

첫째, 어린이들이 꼭 읽고 싶어 할만한 책을 기획하기 위해 다양한 방법론으로 책이 제작되고 있는 것이다. 즉 문자와 이미지를 상생시키는 문학적 상상력과 미술적 상상력의 접목, 소설의 허구성(fiction)과 역사나 지식이 갖는 사실(fact)의 행복한 결합, 교양(정보)적 상상력과 오락적 상상력의 절묘한 만남을 통해 실용성과 재미와 스릴과 서스펜스를 동시에 갖춘 책이 만들어진다는 점이다. 그 예로는 『신기한 스쿨버스』, 김영사의 『'앗' 시리즈』, 『로빈슨 크루소 따라잡기』 등은 바로 그런 노력의 소산들인 것이다.

둘째, 어린이도서의 연령층 세분화와 발달단계를 고려해서 단계별로 책을 기획, 출판하고 있다.

셋째, 팔리는 분야에서의 경쟁이 격화되고 있다. 즉 유아용 그림책과 저학년 창작동화다. 특히 저학년 창작동화시장은 거의 모든 출판사의 주력상품이 되고 있다.

---

9) 한기호, 「왜 아동출판인가」, 《문화예술》, 제34권 제10호(2002. 3), 66쪽.
10) 위의 글, 66-68쪽.

넷째, 그런 출판사들이 주로 번역서를 출판하는 경향이다. 이러한 외국 번역물을 수입하는 이유는 국내 창작물을 만들자니 검증 받은 작가를 발굴하기 어렵고 제작과정 또한 오래 걸려 쉽고 안전한 외국 그림책으로 눈을 돌린다고 볼 수 있다.[11]

다섯째, 세계와 견주어도 손색없는 수준 높은 대형 기획을 시작하였다. 대표적인 경우가 사계절의 『한국생활사박물관』 시리즈이다. 책 한 권에 투여되는 비용이 웬만한 아파트 한 채 값이 들 정도라고 한다.

여섯째, 우리 출판도 해외로 눈을 돌리기 시작했다. 길벗어린이는 『강아지 똥』의 전시회를 미국과 일본에서도 개최해 자사 책들의 판권을 일본 헤이본사에 수출했으며, 이어 『마당을 나온 암탉』도 계약을 체결했다고 한다. 기획력이 돋보이는 『로빈슨 크루소 따라잡기』도 일본과 중국에 수출하였다고 한다.

한편, 디지털 시대에 어린이용 전자책 개발은 교육용 멀티동화의 개발로 압축되고 있다. 멀티동화란 유아들을 겨냥한 전략적 상품으로 움직이는 그림책을 말한다. 동화를 플래시 애니메이션과 구연으로 제작하여 아이들이 온 몸으로 이야기를 감상할 수 있게 만든 것이다.

현재 멀티동화를 서비스하는 인터넷사이트는 「키즈토피아」, 「동화를 사랑하는 모임」(일명 동사모), 「조이넷」, 「인키즈」 등이 대표적이다. 멀티업계는 2002년 들어 전국 초·중·고교가 전자도서관을 구축하기 시작하면서 어린이용 전자책을 비치하고 있어 시장이 크게 확대될 전망이다. 기존의 동화 위주에서 동·식물도감, 과학, 수학 동화 등 멀티동화의 외연을 넓히고 있다.

그러나 출판사 기획자나 동화연구가들은 국내 멀티동화의 경쟁력에 대해 아직은 유보적인 평가를 내리고 있다. 한 출판자의 편집장은 멀티동화가 아직은 종이 책과 구별되는 독자적인 장르로서 자신의 차별성을 확보하지 못하고 있다고 평가한다. 즉 외국의 경우 그림책을 소재로 한 애니메이션을 보면 장르로서의 고유한 가치와 개성을 지닌다. 그에 비하면 플래시를 기반으로 한 멀티동화

---

[11] 「저작권 수입 경쟁이 성장의 과실 유출시킨다」, ≪출판저널≫, 통권 제323호(2002. 5. 5), 15쪽.

는 종이 책에 약간의 움직임을 주고 배경음악과 구연을 넣은 정도로, 아직은 독립적인 장르라고 하기 어렵다는 지적이다.

또한 그림책 연구가들은 멀티동화가 그림책의 고유성을 손상시킬 수도 있다는 우려를 한다. 그림책은 정지된 그림에 일정한 기간 시선을 머무르게 하고, 페이지를 넘기면서 일종의 몽타주 효과를 활용한 장르라고 할 수 있는데, 멀티동화는 저자나 독자의 의도와는 상관없이 일정한 흐름에 따라 시선을 움직이게 강요하는 경향이 있기 때문이라고 한다.[12]

제2절 우리나라 어린이도서의 출판 현황

1. 어린이도서를 둘러싼 환경

우선 어린이도서를 둘러 싼 환경을 살펴보고자 한다. 책은 그 나라의 문화수준이나 경제수준을 그대로 드러낸다고 할 수 있다. 그 중에서도 하위영역으로 어린이도서도 어린이 문화를 반영한다고 볼 수 있다. 책이 독자의 손에 들어가기까지는 여러 단계를 거친다. 일반적으로 출판사에서 책을 내면, 이 책이 서점을 통해 독자의 손에 들어가게 된다. 독서교육의 시작은 무엇보다 좋은 독서환경을 만드는 데 있다. 따라서 어린이에게 좋은 독서환경을 만들어 주기 위해서는 다음의 세 가지가 올바로 서야 할 것이다.[13]

1) 출판환경

좋은 책만을 모든 출판사에서 발행한다면 좋은 책을 읽자는 말은 필요가 없어

---

[12] 「대중성과 전문성의 기로에선 멀티동화 업계」, ≪출판저널≫, 통권 제323호(2002. 5. 5), 17쪽.
[13] 김중철, 「독서문화운동의 흐름과 전망 : 어린이도서연구회 20년 활동을 되돌아보며」, 『21세기 어린이 독서문화의 전망 : 사단법인 어린이도서연구회 창립 20주년 기념 세미나』, 서울 : 어린이도서연구회, 2000, 7-8쪽의 글을 요약 정리하였음.

진다. 그만큼 출판은 독서의 첫 단추라 할 수 있다. 여기서 생각해 볼 점은 좋은 출판환경은 출판사만의 노력으로 해결되지 않는다는 것이다.

출판사가 책을 내려면 학문을 연구하는 사람, 글을 쓰는 작가나 그림을 그리는 화가가 있어야 한다. 이 모든 것은 결국 그 나라의 학문 수준, 문화 수준에 달려 있다. 어린이 책이라고 해서 다른 것은 아니다. 어린이 책은 어른 책에 견주어 수준이 떨어진다고 생각해서 학문을 연구하지 않는다든지, 아무렇게나 글을 써도 되는 것은 아니다. 우리의 좋은 독서환경을 위해서 좋은 출판환경이 만들어져야 한다.

2) 유통환경

좋은 독서환경을 만들기 위해서는 책을 독자 손에 가깝게, 그리고 손쉽게 전달할 수 있어야 한다. 책은 서점에서 산다. 그런 점에서 서점은 독자 손에 가깝게 있어야 한다. 서점에서 어떤 책을 진열해 놓는가에 따라 독자는 책을 고르게 된다. 서점은 책을 독자의 손에 연결해 주는 매우 중요한 유통기관이다.

서점 외에 책을 유통하는 중요한 곳으로 도서관이 있다. 모든 책을 독자가 다 사서 볼 수 없기 때문에 국가나 지방자치단체 등 공공기관에서 이 몫을 담당해 주어야 한다. 좋은 도서관 환경이 독서환경의 한 몫을 차지하는 것 또한 잊어서는 안될 요소이다.

3) 독자운동

좋은 책을 출판하고, 좋은 책이 도서관이나 서점에 비치하고 있어도 독자가 책을 보지 않으면 아무런 소용이 없다. 책을 읽자는 운동이 독서운동인데, 이 운동이 국민운동이고, 시민운동일 수밖에 없는 이유는 독자가 국민이고 시민이기 때문이다.

여기서 어린이 책에 대해 한 가지 생각할 점은 독자가 어린이인데, 어린이가 스스로 책을 사는 주체가 아니라는 점이다. 왜냐하면 경제를 손에 쥐고 있는 어른들이 어린이에게 책을 사주기 때문이다. 이런 점은 유아들을 생각하면 쉽게 이해가 간다. 그림책을 보면, 책을 읽어주는 어른과 이야기를 듣는 아이가 있다. 즉 어린이 책은 어찌 보면 이중 독자를 기본으로 하고 있다. 그래서 어린이 책 독자운동은 크게 보면 학부모 운동과 어린이 운동이 있다고 보아야 한다.

이렇듯 어린이에게 좋은 독서환경을 만들어 주기 위해서는 어린이 책을 둘러싼 다양한 측면이 발전되어야 한다. 이 절에서는 어린이 책 출판환경에 대해 보다 자세히 살펴보고자 한다.

2. 1990년대와 2000년대 어린이도서 환경 변화

1) 출판환경의 변화

출판은 그 사회의 문화적 척도의 하나로, 시대문화를 반영한다고 볼 수 있다. 1990년대 시작된 독서문화운동이 2000년대는 시민독서운동으로 확산되면서 어린이책 출판환경은 확대되었다. 그러다 정보기술과 디지털환경의 급속한 변화로 종이 책 출판이 점차 위축되어 가는 추세이다. 특히 스마트폰의 대중화는 2010년 이후 출판시장과 독서문화를 저변부터 흔들고 있다. 이에 어린이도서 출판도 예외는 아닌 듯하다.

(사)대한출판문화협회의 출판연감에 따른 출판통계[14]에 의하면, 2012년 1년 동안 출협을 통해 납본된 자료를 집계한 결과, 신간 도서의 발행 종수는 총 3만 9,767종(만화 포함)이며, 발행 부수는 8천690만 6,643부로 나타났다. 전년도와 비교해 볼 때 발행 종수는 9.7% 감소하였고, 발행 부수는 20.7% 감소한 수치이다. 이는 국내외 경제상황 악화 및 독서인구의 감소, 제작비 상승 등에 따른 것으로 여겨진다.

그리고 2012년의 신간 발행 종수는 총 3만 9,767종이다. 역사(9.5%), 철학(7.4%), 사회과학(2.9%)분야만 증가하였을 뿐 다른 분야는 모두 감소하였다. 가장 많이 감소한 분야는 학습참고서(-36.1%)와 아동(-21.5%)이다. 이는 EBS수능

---

14) 한국출판문화협회 홈페이지, www.kpa21.or.kr, '출판통계', [2013. 7. 30].

제2절 우리나라 어린이도서의 출판 현황

교육 강화로 학습참고서 발행이 계속 감소하고, OECD국가 중 최하위인 신생아 출산율 저하와 아동인구의 감소로 아동용 대형기획물(전집)의 발행이 위축되었기 때문으로 풀이된다.

학습참고서와 아동의 신간 발행 종수는 감소하였지만, 발행 부수가 가장 많은 분야는 단연 아동으로 2,653만 7,234부가 발행되어 전체 발행 부수의 30.5%를 차지했으며, 다음으로 문학(17.3%), 학습참고서(12.1%), 사회과학(11.3%) 순이었다.

〈표 4-1〉 분야별 신간 발행 종·부수

(단위: 종, 부, %) (기간: 2012. 1. 1-12. 31)

구분	신간 발행 종수				신간 발행 부수			
	2011년	2012년	증감률	점유율	2011년	2012년	증감률	점유율
총류	715	613	-14.3	1.5	1,336,156	1,189,737	-11.0	1.4
철학	1,152	1,237	7.4	3.1	2,153,299	2,162,466	0.4	2.5
종교	1,925	1,889	-1.9	4.8	3,997,136	3,328,421	-16.7	3.8
사회과학	5,919	6,089	2.9	15.3	9,363,704	9,774,026	4.4	11.3
순수과학	647	521	-19.5	1.3	1,113,374	675,499	-39.3	0.8
기술과학	3,628	3,552	-2.1	8.9	4,976,884	4,633,667	-6.9	5.3
예술	1,354	1,329	-1.8	3.3	2,150,832	2,006,525	-6.7	2.3
어학	1,385	1,192	-13.9	3.0	2,720,431	1,871,479	-31.2	2.2
문학	8,184	7,963	-2.7	20.0	15,836,935	14,796,437	-6.6	17.0
역사	989	1,083	9.5	2.7	1,816,338	1,866,219	2.7	2.2
학습참고	2,159	1,379	-36.1	3.5	17,216,632	10,546,642	-38.7	12.1
아동	9,546	7,495	-21.5	18.9	37,705,148	26,537,234	-29.6	30.5
계	37,603	34,342	-8.7		100,386,869	79,388,352	-20.9	
만화	6,433	5,425	-15.7	13.7	9,163,358	7,518,291	-18.0	8.6
총계	44,036	39,767	-9.7	100.0	109,550,227	86,906,643	-20.7	100.00

신간 발행 종수는 독자로 하여금 선택의 폭과 내용의 다양성이 어느 정도인가를 가늠할 수 있는 기초가 된다. 그리고 신간의 발행 부수는 가깝게는 저자나 출판사의 인세에 따른 이윤의 척도가 되며, 멀게는 독자의 수를 살펴 인기도를 알아볼 수 있는 기준이 된다. 위의 〈표 4-1〉에서 알 수 있듯이 어린이도서의 발

행종수는 감소하였지만 여전히 전체 출판 부수를 점유하는 비중은 다른 분야를 능가하고 있음을 알 수 있다.

지금까지 우리나라 출판시장을 활성화시킨 요소들은 시대마다 조금씩 달랐다. 예를 들면 1990년대 이전에는 교육계몽의 일환으로 학교 같은 공적 기구나 뜻있는 개인의 노력에 의해 정부의 지원으로 마을문고운동 등과 같은 독서진흥운동이 출판시장의 활성화에 영향을 미칠만한 주요한 요인이었다. 그러다 1990년대 들어오면서 민간 독서단체들의 독서운동이 활발하게 전개되었다. 1980년대에 서울양서협동조합이 중심이 되어 설립되었던 어린이도서연구회가 1990년대 들어 지역별 '동화읽는어른모임'을 흡수하여 1997년 사단법인으로 재조직되어 양질의 어린이도서 출판과 우리나라 창작동화 출판에 지대한 영향을 미쳤다[15].

또한 1994년 대학입학 전형에 논술이 중심되고, 1996년부터 열린교육을 지향하면서 교과목 이외에 다양한 독서를 권장하게 되면서 어린이와 청소년의 책읽기에 관심이 커져갔다. 또 다른 영향은 세미나와 독서토론에 익숙한 소위 386세대들이 학부모들이 되면서 자녀의 독서교육에 관심을 가지고 공부하고 실천하면서 자녀들과 서점에 직접 가서 책을 고르기도 하고 학급문고, 학교도서관 만들기 등 학교독서환경에도 관심을 가지고, 지역사회 도서관운동에도 참여하는 등 2000년대 시민독서운동의 견인차 역할을 하게 되었다.

2000년대 들어 전국규모의 독서운동 단체들이 많이 생겨났다. 2001년 책읽는사회만들기국민운동(일명 책사회)이 결성되었고, 2003년에는 북스타트운동이 시작되었으며, 정부의 '좋은학교도서관만들기' 사업이 시작되었고, 또한 학교도서관과 독서교육 활성화를 위한 실천운동의 위해 학교도서관 문화운동 네트워크(일명 학도넷)도 같은 해에 결성되어 학교 독서환경을 일구는 데 많은 기여를 하였다.

이러한 독서운동에 언론도 일정한 역할을 하였는데, 특히 MBC '느낌표'의 선풍적인 인기는 급기야 '기적의도서관' 건립 운동으로까지 확산되었다. 기적의도

---

15) 신종락, "어린이책 출판동향에 관한 연구: 출판유통과 마케팅을 중심으로", ≪한국출판연구≫, 제35권 제1호(2009. 6. 15), 218-220쪽.

서관은 어린이 문화가 다소 척박한 지역에 2003년 순천을 시작으로 제천, 진해, 서귀포, 제주, 청주, 울산, 금산, 부평, 정읍, 김해 등 11곳에 설립되어 어린이 독서환경의 질적 고양을 이끌어 내었으며 각 지자체의 어린이전용도서관 건립에도 영향을 미치게 되었다. 따라서 2000년대는 어린이 독서환경이 양적 조성과 질적 고양을 내어온 중대하고 의미있는 시기였다.

2) 유통환경의 변화

1950년대 말에 "대백과사전"의 발간을 계기로 방문판매라는 새로운 제도가 도입되었다. 특히 외국번역물이 다수를 차지했던 아동물은 주로 방문판매를 통해 판매가 이루어졌고 덤핑판매도 이루어졌다. 1980년대까지는 주로 어린이책은 방문판매를 통해 보급되었다. 하지만 1981년 교보문고 설립을 필두로 서점이 대형화되고 중형서점 내에 어린이 도서코너가 생겼으며 또한 어린이 책만 취급하는 어린이전문서점도 생겼다. 또한 대형할인마트가 생기면서 도서코너가 만들어졌고 그중 많은 부분을 어린이책의 전시와 판매를 위해 많은 공간을 할애하였다.

2000년대 들어 도서유통채널은 더욱 다각화 되어 오프라인 서점은 물론 온라인서점, 대형할인마트, 홈쇼핑, 오픈마켓 등을 통한 어린이 책 판매가 이루어졌다. 그러나 이러한 유통채널의 다각화가 모든 업계의 장점으로만 작용한 것은 아니었다. 구체적으로 살펴보면, 어린이전문서점은 수난기를 맞게 되었고, 서점이 위축된 반면 공공도서관과 학교도서관 납품업이 커졌고 납품업자들과 협약을 맺은 학교 도서바자회도 늘어나게 되었다. 이러한 경향들은 서점운영을 더욱 위축시켰고, 대형할인마트에서는 수수료율을 높임에 따라 이들과 거래하는 총판이 어려움을 겪게 되었다. 그리고 인터넷의 발달로 출판사와 독자와의 직거래 비율이 높아질 것으로 예상된다.[16]

또한 1990년대 초반부터 시작한 도서대여점은 급속도로 확장되어서 당시 발전하기 시작한 어린이 책 전문서점에도 악영향을 미쳤다. 도서대여점 수가 7,000여

---

16) 위의 글, 222-223쪽.

개에 달하고 그곳에서는 주로 베스트셀러와 만화 등을 구비하여 대여함으로써 출판사와 서점의 매출을 급감시키는 주요 요인으로 작용하였다. 최근에는 어린이 전문서점 또는 어린이도서관이라는 이름을 건 어린이 도서대여점이 많이 등장하고 있다. 이러한 도서대여점은 주로 연회비를 내고 정해진 권수 이상을 대여할 경우에는 별도의 대여료를 지불하고 있다. 이들 도서대여점은 3천 종에서 1만 여종에 이르는 도서를 구비해 놓고 있다. 어느 도서대여점에서는 각종 비디오와 DVD, 영어책도 구비해 놓고 있다. 이런 도서대여점에서는 어린이 독서프로그램도 진행하고 논술지도도 별도로 하고 있다. 어느 곳은 회원에게 한하여 도서를 10%까지 판매하는 곳도 있다. 이곳은 서점도 겸하고 있고 독서지도 강좌도 열리고 있다. 이와 같은 도서관, 도서대여점을 겸하는 어린이도서대여점은 아파트 단지를 중심으로 확산되어 있다.

그리고 신도시를 중심으로 가정에 직접 책을 대여해 주는 제도도 생겼다. 이러한 도서방문대여는 한 달에 일정한 비용을 지불하고 일주일에서 너 권의 책을 빌려 볼 수 있다. 이러한 종류의 회사는 총 40~50여 개가 되지만 전국규모의 회사는 아이북랜드, 해피북랜드, 아이북스쿨 등을 들 수 있다. 대표적인 업체로는 아이북랜드를 들 수 있다. 이 회사는 수십만 명의 유료회원을 확보하고 있고 3,000여 종의 어린이도서 320만 권을 확보하고 있으며 전국 300여 지사 외 2,000여개의 지점을 두고 있다.17)

3) 독자와 주제의 변화

가. 독자의 변화

1980년대 이전에 어린이 책 구매 패턴은 부모들이 일방적으로 방문판매를 통한 전집류 형태의 구매를 하는 경우가 대부분이었다. 1990년대 이런 상황에 많은 변화가 오게 되었는데 부모가 어린이들과 같이 서점에 가서 책의 내용을 확인하고 낱권으로 구입하는 경우가 늘었고, 2000년대에 들어서는 부모들이 독서

---

17) 위의 글, 227-228쪽.

모임에서 정보를 얻거나 기타 독서관련 기관들에서 제공하는 권장도서목록을 보고 어린이와 함께 책을 사는 경우 많아졌다. 또한 독서지도사가 많이 양성되어 어린이 독서와 책 선정에 영향을 미치고 있고 독서지수를 만들어서 어린이 독서수준에 맞는 맞춤형 독서를 권장하고 있다.

출판사를 보면 1980년대 이전에는 계몽사, 동아출판사, 금성출판사 등 전집류 출판사들이 주종을 이루었고, 1990년대 이후부터 길벗어린이, 보리, 재미마주 등과 같은 어린이 책 전문출판사들이 생겼다. 그리고 일반 단행본 출판사에서도 어린이책을 출판하기에 이르렀다. 2000년대에 들어와서도 어린이 책을 전문으로 출판하는 출판사들이 계속 증가하였는데 낮은산, 도깨비, 계수나무 등이 그것이다.

최근에 어린이 책의 주 독자인 부모들은 출판사 브랜드를 보고 책을 고른다. 단행본 어린이 책이 시장에 진입한지 20여 년이 지난 지금 몇몇 어린이 책 출판사에서 출간되는 책들이 스테디셀러로 자리잡아서 지금도 지속적으로 판매되고 있다. 중견출판사 매출의 40% 이상이 어린이 책의 매출에 의한 것이다. 따라서 적지 않은 종합출판사들이 어린이 책 브랜드를 만들어서 매출증진을 위해 전력투구하고 있다. 하지만 이러한 현상들이 신생출판사의 시장진입을 어렵게 하는 요인이 되기도 한다.

나. 주제의 변화

1990년대 이전에 어린이 책에서 주로 다루어지는 주제는 고전동화, 세계명작동화, 위인전 등으로 매우 획일적이며 고답적인 편이었다. 어린이창작동화가 드물긴 했지만 학교생활을 배경으로 한 조흔파의 『얄개전』은 명랑소설로서 많은 어린이들이 읽었다. 그러나 1990년대 이후에는 그 영역이 다양해졌는데, 예를 들어, 권정생의 『강아지똥』, 황성미의 『나쁜 어린이표』, 김향이의 『달님은 알지요』 등으로 대표되는 창작동화들도 많이 출판되어 기존의 획일적인 주제들에 다양성을 부여하였다. 그 외에도 역사, 경제, 사회 등 다양한 지식 분야의 주제가 다루어졌다.

1990년대 중반까지 국내 그림책은 개념을 설명하는 그림책이 주로 출간되었고 정보를 제공하는 그림책이나 명작동화는 거의 서구와 일본 출판물에 의존하고 있는 실정이었다. 이런 책들이 전집물 형태로 보급되었기 때문에 어린이들에게 도서선택의 기회가 없었고 독서에 부담을 느껴 흥미를 잃어버리는 경우도 있었다. 외서를 번역한 것이 많다 보니 번역의 문제, 가치관의 문제, 지나친 개작으로 원본의 내용을 해치는 문제 등 다양한 문제가 야기되었다.

2000년대에는 어린이 책의 주제가 더욱 다양해져 자연, 생태, 환경, 문화, 과학, 예술, 교양을 주제로 한 책들이 출간되었으며, 흥미와 학습을 겸비한 학습만화도 많이 출간되었다. 특히 『만화로 보는 그리스로마신화』, 『마법천자문』, 『Why?』 시리즈는 최대의 베스트셀러가 되었다. 또 전통문화 등을 주제로 어린이 수준에 맞게 다룬 책이 나와서 어린이들에게 전통문화에 관심을 갖도록 하였다. 특히 사극드라마에서 나온 주제로 책을 펴내는 경우가 빈번해졌는데, 대장금, 장보고 등은 단골주제로 떠올랐다. 또 진경산수화, 민화 등 어린이 눈높이에 맞게 전통그림을 상세하게 해설한 책도 많이 출간되고 있다. 또한 산하출판사의 『곰 아저씨 딱새 육아일기』는 인터넷 블로그에 올린 내용을 이야기로 재구성한 것으로 주변에서 일어나는 자연이야기를 다루고 있다. 실용서와 예술서 등도 어린이 수준에 맞추어서 꾸며졌고 전통문화 등의 주제도 어린이 수준과 흥미에 맞게 맞춘 어린이 책으로 나왔다.

또한 2000년대 이후에는 『어린이를 위한 마시멜로 이야기』, 『어린이를 위한 배려』 등 주로 어른용 베스트셀러를 답습한 책이 많이 출간되었다. 이러한 책들은 주로 처세술 등을 다룬 책이어서 한창 자신의 꿈을 키워야할 어린이들에게 현실에 적응하는 방법만을 제시한다는 부정적인 견해도 나오고 있다.

2004년 『팥죽할멈과 호랑이』, 『지하철은 달려 온다』와 2006년에 『마법에 걸린 병』이 볼로냐 라가치상을 받았고, 2009년에도 『미술관에서 만난 수학』이 같은 상을 받아서 우리나라 어린이 책의 수준을 대외적으로 알릴 수 있는 좋은 기회가 되었다. 지금까지 어린이 책 저작권 수입에 몰두했던 출판사들이 이제는 세계 각국으로 저작권을 수출할 채비를 갖추고 있다.[18]

한편, 아동출판사들은 출판을 할 때 분명한 방향의 변화를 보이고 있다.[19]

첫째, 어린이들이 꼭 읽고 싶어 할만한 책을 기획하기 위해 다양한 방법론을 간구하고 실제로 책 제작에도 활용하고 있다.

둘째, 대부분의 출판사들은 아동도서의 연령층 세분화와 어린이 발달단계를 고려해서 단계별로 구분하여 책을 기획하여 출판한다.

셋째, 철저하게 시장성 위주로 출간하고 있다. 아동출판물은 제작비가 크게 늘어(저작권, 컬러, 그림) 부담이 됨으로 기획 단계부터 시장성을 파악하는 것이 보편화되고 있다.

넷째, 팔리는 분야에서 경쟁이 격화되고 있다. 특히 저학년 창작동화 시장은 거의 모든 출판사의 주력상품이 되고 있다.

다섯째, 빠른 시간 안에, 적은 비용으로, 팔리는 책을 펴내는 출판사들이 주로 번역서로 승부를 보려는 경우가 늘어나고 있다. 외국 아동도서전에서 한국은 세계 출판계의 '봉'으로 인식되고 있는 것은 성장의 일면에 또 다른 문제를 안고 있기에 반성해야 한다.

어린이도서 출판시장의 문제점 중의 하나는 번역도서의 범람을 들 수 있다. 2012년 어린이 책 총 발행종수는 7,495종인데 그중 2,002종이 번역되어 26.7%를 차지한다. 2008년과 비교해 번역된 책의 국적별 분포를 보면 미국(631종), 일본(362종), 영국(290종), 프랑스(264종) 순으로 번역되어 선진국으로 편중되어 있음을 알 수 있다. 어린이 책에서 번역도서는 꾸준히 전체 신간 종수에서 대체로 1/3 정도의 비중을 차지하고 있다.

이렇게 상당한 번역 어린이도서의 출간은 국내 창작동화의 위축을 불러올 수 있다. 이는 국내적으로 세계적 수준의 내용이나 시장이 아직 정착하지 못한 상황이기 때문이다. 그러나 문제는 이들 번역물이 어린이도서 출판의 발전을 위한 버팀목으로 작용하기보다는 오히려 그나마 자생적으로 힘겹게 전전하고 있는 창작물의 발전을 가로막는다는 점이다. 이런 경향은 특히 그림책에서 두드러지

---

18) 위의 글, 220-222쪽.
19) 김중철 앞의 글, 7-8쪽.

게 나타난다. 그림책의 역사가 길지 않은 우리로서는 한 세기가 넘는 장구한 역사를 지닌 외국의 경우와 비교할 때, 아직은 소박한 수준일 따름이다.[20]

여기서 외국의 어린이 책을 수입하는 문제는 좀 더 균형 잡힌 시각을 가져야 한다. 아직 국내에서 개발되고 있지 못한 분야, 예를 들어, 장난감 책이나 지식 책 종류는 외국의 좋은 책을 수입하여 우리 독자들에게 좋은 정보와 즐거움을 제공해 주는 한편, 외국 책과의 교류·경쟁을 통해 우리 책의 대내외적인 경쟁력도 확보할 필요가 있다.[21]

이와 더불어, 번역물의 높은 비중, 외국 베스트셀러의 무분별한 수입을 우려하면서 우리 정서에 맞는 창작물을 펴내고 읽혀야 한다. 자신의 뿌리를 알고 정체성을 세우는 차원에서 우리의 역사와 문화와 현실을 알리는 일의 필요하다. 마찬가지로, 다른 문화와 다른 역사를 이해하고 인류 보편의 가치를 발견하면서 이 세계 안에서 우리의 자리를 객관적으로 돌아보는 일을 가능하게 해 주는 번역물의 중요성 또한 인정해야 한다. 문제의 핵심은, 그것이 창작물인가 번역물인가가 아니라 좋은 책인가 그렇지 않은 책 인가이다. 어린이 책에 대한 전문적인 감식안을 제대로 갖추지 못한 에이전시나 출판사에서 무분별하게 수입한 베스트셀러인지, 새로운 세계관을 깨닫게 해주고 미적, 언어적, 과학적 감수성을 계발시켜주는 베스트 북인지 엄격히 가려내는 일이 어린이 책에 대한 논의의 근간을 이루어야 한다.[22]

번역물의 문제와 함께 또 다른 문제는 어린이도서가 지나치게 상업적으로 기운 나머지 장르 간 불균형이 두드러지다는 점이다. 대중적인 흥미를 자아내는 서사 장르와 독자들의 지적 요구를 충족시키는 지식 책이 주류를 이루고 있을 뿐 다른 장르들, 특히 시 장르는 거의 전무한 형편이다.[23] 다행이 2010년 들어 동시의 약진

---

[20] 김상욱, 「장르 확대와 비평의 활성화로 질적 성장 이끌어 : 2001년 어린이 책 분야의 성과와 과제」, ≪출판저널≫, 통권 제314호(2001. 12. 5), 23쪽.
[21] 「어린이 책도 입체화 고급화 바람」, ≪출판저널≫, 통권 제169호(1995. 5. 5), 15쪽.
[22] 김서정, 「'무엇'뿐만 아니라 '왜' '어떻게'에도 비중 둔 비평 필요해」, ≪출판저널≫, 통권 제301호 (2001. 5. 5), 10쪽.
[23] 김상욱, 앞의 글, 동 면.

이 두드러지고 있다. 최승호의 『말놀이 동시』를 필두로 하여, 문학동네, 창비, 청개구리, 푸른책들이 앞다투어 동시집을 출간하고 있으며, 동시전문지인 《동시마중》이라는 격월간지까지 발행되고 있는 실정이다.[24]

또한 어린이도서 출판의 두드러진 경향으로 어린이 책의 장정과 삽화가 괄목할 만하게 성장하였다. 특히 저학년 문고로 나온 작품들은 글과 그림이 맺고 있는 삽화 고유의 전통적인 관계를 무너뜨릴 정도로 그림의 비중이 커졌으며, 미적 질 또한 더할 나위 없이 높아졌다. 자칫 삽화에 지나치게 심혈을 기울이는 나머지 글의 수준과 무관하게 진행될 우려가 있으며, 과잉포장이라는 비판으로부터 자유롭지 못한 것도 있다.

이상에서 어린이도서 출판의 전반적인 현황을 출판종수와 부수 등 양적인 면에서와 최근의 어린이도서 출판에 대한 경향에 대해서도 살펴보았다.

과열양상이 파국으로 치달을 수도 있다. 아동도서가 잘 팔린다 해서 너도나도 뛰어들었지만 많은 출판사들이 투자에 비해 효율을 얻지 못해 전전긍긍하고 있다. 지금부터라도 한 권 한 권에 모든 정성을 쏟아야 할 것이다. 어릴 때 좋은 책을 읽고 성장한 독자는 평생 책을 읽을 확률이 높다. 그래서 양질의 책으로 어린 독자에게 긍정적 이미지를 획득한 출판사는 그 독자를 평생 독자로 묶어둘 수 있기 때문이다.

---

[24] 김상욱, "우리 아동문학 출판의 현황과 발전 방향", ≪2011년도 국립어린이청소년도서관 연구세미나 : 좋은 어린이 책과 도서관 서비스≫(2011. 12. 2), 15쪽.

제3절 좋은 책 어떻게 고르나

독서자료에는 인쇄자료뿐만 아니라 현대 과학기술에 의하여 A/V자료(시청각자료), TV, 컴퓨터, 전자자료 나아가 온라인 서점까지 모두 포괄된다. 여기서는 도서에 한정하여 설명하고자 한다. 특히, 각종 다양한 형식의 자료가 있지만 아동문학 자료에 한정하여 살펴보고자 한다.

어린이들이 읽는 독서자료는 크게 문학 책과 지식 책으로 나누어 생각할 수 있다. 문학의 장르는 문학작품의 형태, 제재, 양식, 목적 등 문학의 류(類)를 구분할 수 있는 몇 가지 요소에 근거해서 설정한 논리적이고 객관적인 조건에 따라 유형적 통일을 형성하고 있는 작품군을 뜻한다. 그림이야기 책, 옛이야기, 동요·동시, 창작동화 책 등이 대표적인 어린이 문학 책이다.

아동문학은 문학이라는 관점에서 성인문학과 다를 바 없지만, 그것이 지니는 특수성과 복잡성 때문에 문학장르가 성인문학의 그것보다 더 복잡하게 구분된다. 아동문학은 우선 율문과 산문의 2대 형식으로 구분되고, 율문은 다시 동시와 동요로 분류된다. 동시는 다시 자유시와 정형시로 나뉜다. 산문의 영역에는 동화, 아동소설, 아동극 등이 있다.[25]

그리고 지식 책의 경우 최근 어린이도서 출판의 다양화와 독서패턴의 변화로 인해 두드러지게 나타나는 장르이다. 과학, 환경, 역사, 인물, 음악, 미술, 민속, 수학, 경제, 성, 법, 문화, 사회 등으로 아이들에게 바른시각을 갖게 하거나 이해와 지식·정보를 전달하고 이해하기 위해 읽게 되는 책이 여기에 속한다.

문학류의 도서가 아이들에게 상상을 마음껏 하고, 흥미와 함께 변화무쌍한 세상을 지혜롭게 이겨나가기를 바라는 마음으로 만들어진 책이라면, 지식 책은 올바른 지식과 정보를 전해야 하므로 그것을 충분히 이해할 수 있도록 체계적이고 사실적·객관적으로 쓰여진 책이다. 그러므로 좋은 책을 고를 때 여러 가지 요소들을 고려하여 어린이들에게 기쁨과 함께 도움이 되는 책을 권해야 할 것이다.

---

[25] 한윤옥, 『어린이 정보자료와 활용』, 아세아문화사, 1997, 137-138쪽.

1. 내용면에서 고려할 점

내용면에서는 어린이들이 좋아하는 작품과 싫어하는 작품의 내용을 기준으로 삼고자 한다.26)

1) 어린이가 좋아하는 작품

① 소재가 어린이들에 친숙한 것일수록 좋다는 것은, 농촌 아이들은 농촌 얘기를 좋아하고 도시 어린이는 도시 얘기를 좋아한다는 것이다.
② 모든 어린이들이 외래적 혹은 이국적인 세계보다 민화적 세계를 좋아한다.
③ 주제는 어린이들이 그들의 생활에서 절실히 요청되는 문제이거나 모든 사람들이 관심을 가진 문제가 좋다. 그리고 주제가 뚜렷해야 한다.
④ 유머와 재치로써 아이들을 실컷 웃겨줌으로써 그들에게 해방감을 맛보게 하는 작품이다.
⑤ 이야기가 극적으로 짜여져 있고, 줄거리가 단순하고 뚜렷해야 한다.
⑥ 호흡이 짧고 읽기 쉬운 친절한 문장이어야 한다.

2) 어린이가 싫어하는 작품

① 주제가 모호한 작품
② 일반 어린이들에게 거리가 먼 특수한 어린이들이 생활 얘기
③ 일상적인 시시한 얘기
④ 교훈이 노출된 것
⑤ 어린이 세계를 무시한 어른들의 취미만으로 쓴 작품을 어린이들은 알 수 없는 것, 재미 없는 것으로 본다. 이런 작품에는,
  ㉠ 어른들의 상념이나 환상물이 된 것
  ㉡ 현실적인 것을 아이들이 이해할 수 없는 각도에서 그려 보이는 것

---

26) 이오덕, 「아이들은 어떤 동화를 재미있게 읽는가 : 한국 창작 동화가 아동들에게 수용되는 경향에 관한 연구조사」, 『시정신과 유희정신』, 창작과비평사, 1977, 100-102쪽.

ⓒ 어린이들의 귀여움을 그린 유희물
ⓒ 소재 자체가 어린이들에게 친근할 수 없는 것 등이다.
⑥ 심리적인 것의 천착
⑦ 이야기가 없는 것, 수필적인 것
⑧ 리얼리티가 없는 것
⑨ 서술된 문장이 저항감을 주는 것. 즉 너무 미문이거나 성인 중심의 문장 표현이거나 내용 없는 기교로 난삽한 문장으로 되어 있거나 까닭 없이 불투명하게 만들어 독자를 어리둥절하게 하는 따위의 작품들
⑩ 묘사가 지루한 것

2. 형식면에서 고려할 점[27]

1) 저자사항

가. 국내저자

① 어린이에게 관심이 많은가
② 이 분야에서 집필 활동이 많은가
③ 전문분야는 무엇이며 그 분야에 지명도가 높은가
④ 저자의 작품세계는 어떠한가

나. 외국서 원저자

① 위 저자사항의 기준에 준하되, 종교적·인종적 편견은 없는가
② 한 이념에 편중되지 않았는가

다. 번역자

① 국어와 외국어 두 언어에 모두 능통한자
② 원저에 대한 지식(시대적 배경, 지방의 풍토, 관습, 저술의 사상, 문체, 분

---

[27] 김수경, 「어린이도서 선정에 관한 연구」, 석사학위논문(부산대학교 대학원), 1995, 99-101쪽.

위기 따위)이 풍부한가
③ 어린이도서 전문 번역인 인가

2) 출판사항

가. 출판사

① 어린이도서를 전문으로 출판하는 출판사인가
② 전문분야가 있는가

나. 출판년도: 될 수 있는 한 근간(近刊)

3) 책의 구성면

① 서명이 주제의 내용과 맞는가
② 목차가 정확한가
③ 색인이 있는가
④ 저자의 약력, 번역서인 경우 원저자의 국적 등 저자소개가 되어 있는가
⑤ 출판사항(출판지, 출판사, 출판년도, 쇄(刷))이 정확한가
⑥ 책표지에 연령구분이 되었는가

4) 표현면

① 어휘가 어린이 수준에 맞는가
② 문장은 쉬운가, 교과서의 획일화되고 형식적인 말과 특히 번역서인 경우 외국어 투를 그대로 옮겨 놓은 문장은 아닌가
③ 문학적 예술성이 있는가
④ 지루하지 않고 재미있는 문체인가

5) 도서형태

① 책의 표지 : 매력적인 그림과 선명한 색상으로 된 것
② 활자의 크기 : 어린이의 발달에 알맞은 활자 크기, 글씨체도 읽기 쉬운 것
③ 인쇄상태 : 선명한 것
④ 삽화 : 본문 이해에 도움을 주고 본문의 내용과 그림이 맞는 것
⑤ 지질 및 제본 : 지질은 뒷면에 인쇄된 것이 비춰 보이지 않는 것 백지가 좋지만 색이 있는 종이는 연한 빛깔. 제본은 성인용보다 튼튼해야 하며 2중 제본된 것

6) 추천·수상 여부

① 권위있는 기관의 추천도서[28]로서 잘 알려진 도서인가
② 어린이도서에 수여되는 상을 수상[29]하였는가

---

[28] 〈어린이도서연구회 권장도서목록〉, 〈간행물윤리위원회 추천도서목록〉, 〈국립중앙도서관 추천도서목록〉, 〈책따세(책으로 따뜻한 세상을 만드는 교사들)추천목록〉, 〈책교실(책읽는교육사회실천협의회) 청소년 교양도서목록〉, 〈한우리독서운동본부 권장도서목록〉, 〈종로서적이 권하는 도서목록〉, 〈교보문고 선정 계층별 권장도서목록〉 그 외 김수경, 위의 논문. 88-92쪽. 참조할 것.

[29] • 우리나라의 어린이 도서에 대한 상으로는 다음과 같은 것이 있다.
어린이문학상(계몽사), 박홍근문학상(아동문예사), 새벗문학상(월간 새벗), 색동회상(색동회), 소천아동문학상(계몽사), 세종아동문학상(소년한국일보사), 아동문예작가상(아동문예사), 황금도깨비상(민음사), 방정환문학상(아동문학평론사), 마해송문학상, 이주홍문학상, 한국아동문학상(한국아동문학인협회), 한국어린이도서상(대한출판문화협회), 한국문화상(한국 도서·잡지·주간신문 윤리위원회), 문학동네 어린이문학상(문학동네), 아동문학평론상(아동문학평론사), 사계절문학상(사계절출판사), 눈높이 아동문학상((주)대교), 아동문예문학상(아동문예), 서울 일러스트레이션 공모상(문학동네), MBC창작동화대상(MBC), 창비 좋은어린이책 공모(창작과 비평사), 보림 창작그림책 공모전(도서출판 보림), 우리나라좋은동시문학상(한국동시문학회), 은하수동시문학상((주)은하수미디어), 최계락문학상(최계락문학상재단과 국제신문사주관), 한정동아동문문학상 등이 있다.
• 외국의 아동문학상으로는 다음과 같은 것이 있다.
뉴 베리상(미국 도서관협회의 아동 부서의 수상위원, 지난해 미국에서 출판된 아동문학분야에서 가장 공헌한 저자에게 주어지는 상), 칼 데코트상(미국에서 가장 우수한 그림책 삽화가에게 주어지는 상), 한스 크리스찬 안델센상(어린이 문학에 공헌한 현존 작가에게 2년에 1회씩 수상), 카네기상(영국도서관협회, 영국에서 지난해에 출판된 가장 우수한 영어 아동도서에 수상), 로라 잉걸스 와일드상(아동도서서비스협회, 미국에서 출판된 도서 중 아동문학에 기여한 작가나 삽화가에 주어지는 상), 케이트 그리너 위에상(영국도서관협회, 지난해 영국에서 출판된 어린이 책 삽화 중 가장 뛰어난 작가에게 주어지는 상) (장혜순 저, 『아동문학론』, 창지사, 1997. 164-166쪽. 참조)

제4절 장르별 도서 선정기준

독서지도를 효율적으로 수행하기 위해서는 체계적·단계적 지도방법과 아울러 적합한 독서자료를 선택하는 것이 중요하다. 앞에서 살펴본 어린이의 능력별 흥미별 발달단계를 고려하고 아동문학 장르별 구분도 함께 참고하여 그림책, 동요·동시, 옛이야기, 창작동화, 지식정보 책, 신문·잡지, 뉴 미디어자료 등을 중심으로 각 장르별 특성과 좋은 자료 선정방법을 살펴보고자 한다.

1. 그림책

1) 그림책이란 무엇인가

그림책은 문학성을 갖춘 간결한 글과 미술성을 갖춘 그림이 조화를 이룬 하나의 예술작품(시각예술)이다. 그림책은 시각적인 영상을 통해 그림이 담고 있는 의미나 그림의 내용이 전개되는 상황을 알게 해준다. 그림 자체가 이야기의 주제, 줄거리, 작중인물, 장면 등의 문학적 요소를 포함하고 있기 때문이다.

더구나 어른들은 이야기를 읽지만 어린이는 그림을 통해 이야기를 읽고 이야기의 영상을 마음속에 그려나가기 때문에 그림책 속의 그림은 의미가 크다. 글의 많고 적음에 따라 그림만으로 된 것, 글이 조금 실려 있는 것, 글과 그림이 동일한 비율로 실려 있는 것으로 나눌 수 있는데, 글이 중심이 되고 중간 중간 삽화로 삽입되어 그림이 보조역할을 하는 책은 일반적으로 그림책에 포함시키지 않는다.

어린이에게 있어 그림책은 아이가 혼자 보는 책이 아니라, 어른이 글을 읽어주고 어린이는 그림을 보며 무한한 상상을 즐기는 책이다.

2) 그림책의 가치

그림책의 으뜸가는 가치는 즐거움과 기쁨이다. 앞에서 그림책은 읽는 책이라고 하였다. 어린이는 그림책을 귀로는 듣고 눈으로는 그림을 쫓아 그 내용을 이해한다. 그림책의 가치를 최종적으로 결정짓는 사람은 그것을 읽어주는 사람이다. 좋은 그림책을 읽은 이가 공감하고 마음으로부터 즐겁게 읽어주면 한층 더 풍부한 것을 듣는 이에게 전하게 된다. 읽는 이에 따라 그림책의 가치가 달라진다.

그림책 읽어주기는 글을 아직 모르는 어린이들이 문학작품을 경험할 수 있는 가장 좋은 방법이다. 글을 아는 경우라 할지라도 그림책은 그림을 통해 이야기를 읽어내고 그림 속에 빠져들어 상상을 펼치는 데 의의가 있으므로 읽어주기는 반드시 필요하다. 그리고 아이가 책을 보는 것이 즐거운 일임을 깨닫게 하는 가장 좋은 방법이기도 하다.

사람의 목소리는 가장 기본적인 자연의 소리이다. 녹음테이프나 TV 등의 기계음보다 육성(자연의 소리)으로 이야기를 듣는 경험을 해야만 풍부한 언어 체험을 할 수 있다. 한편 인지발달의 측면에서 4-7세는 듣기 능력이 대단히 많이 발달하는 시기이므로 그림책 읽어 주기는 듣기능력(이해능력)을 길러주는 중요한 활동이 된다.

또한 유아의 언어체험은 여러 가지 면이 있으나 대체로 다음과 같은 세 가지로 나뉠 수 있다.

첫째, 일상생활 속에서 부모와 주고받는 생활 언어의 체험
둘째, 텔레비전이나 라디오를 통한 언어체험
셋째, 그림책이나 옛날이야기를 듣는 언어체험

이 중에서 세 번째 언어체험이 매우 중요하다. 그림책에 의한 언어체험에는 언어에 따른 영상이 수반된다. 물론 텔레비전도 영상이 있지만, 많은 경우 그림책에는 그와 다른 보다 높은 질의 뛰어난 예술적 영상이 언어와 함께 제시된다. 이는 문학적인 언어체험이라고 할 수 있다. 문학이란 언어를 치밀하게 구성하는 것이다. 문학은 언어에 의해 연결되고 구성되고 짜여지며, 나아가 세련되게 다듬어져서 이루어진 예술이기 때문에 어릴 때부터 그와 같은 언어의 세계 및 언어의 질에 접한다는 것은 어린이의 언어생활에 크게 도움이 된다.

어린이를 향해 그림책을 읽으면 일상생활에서 도저히 알 수 없는 마음 깊이 잠겨있는 마음의 움직임도 감지할 수 있다. 우리는 자녀와 함께 일상생활을 하고 있지만 정신적으로 함께 살고 있다고 할 수 있을까. 부모가 어린이에게 그림책을 읽어줌으로 신뢰감이 형성되고 마음 속 깊은 교류가 이루어진다고 할 수 있다.

그림책은 아이들이 만나는 최초의 예술작품이라 할 수 있다. 어려서부터 예술작품을 감상할 기회가 많은 환경에서 자라는 아이가 예술적인 감수성도 뛰어날 것이다. 아이에게 그런 환경을 마련해 주려면 부모가 먼저 예술작품에 관심을 가져야 한다. 무엇보다 예술작품을 좋아하는 것이 중요하다.[30] 그림책은 문학성과 미술성이 결합된 격조 높은 예술작품이라 할 수 있다. 부모와 아이가 함께 즐길 수 있는 예술작품이기도 하다. 부모가 먼저 그림책을 읽고 즐기며 아이에게 건네는 것만큼 좋은 예술교육은 없을 것이다.

3) 그림책 읽어주기

그림책 읽어주기에는 정해진 규칙은 없다. 다만 어린이들이 더욱 흥미를 느끼도록 하기 위해 고려할 점 몇 가지를 들자면 다음과 같다.

① 어린이의 흥미와 발달수준을 고려해서 그림책을 선택한다. 특히 읽어주는 사람 자신이 즐거움을 느낄 수 있는 책을 선택해야 한다.
② 어린이에게 책을 읽어주기 전에 교사가 먼저 소리내어 읽어본다.
③ 2-3명의 어린이에게 읽어주는 경우는 읽어주는 사람과 어린이가 같은 방향으로 나란히 앉는 것이 좋으며, 그룹인 경우에는 책을 세워 모든 어린이가 볼 수 있도록 한다.
④ 자연스러운 목소리와 똑똑한 발음으로 읽어주는 것이 좋다. 지나친 기교, 제스츄어, 능란한 구연보다는 읽어주는 사람의 정성이 담긴 목소리와 태도가 아이들에게 친밀감과 신뢰감을 준다.
⑤ 그림을 충분히 볼 수 있도록 천천히 읽어준다.

---

30) 김은하, 『우리아이, 책날개를 달아주자』, 현암사, 2000, 150-151쪽.

⑥ 일방적으로 읽어주기보다는 아이들의 반응을 감지하면서, 흐름이 깨지지 않는 범위 내에서의 상호작용을 해가며 읽어준다.
⑦ 주의집중 시간을 고려하여 문장이 길면 축약하여 읽어주거나 꼭 필요치 않은 문장은 생략해도 좋다.
⑧ 한 작품을 어린이들이 좋아하여 여러 번 듣기를 원할 때는 두 세 번 계속 읽어 주는 것도 좋은 방법이다.
⑨ 이야기 속의 등장인물의 이름을 아이들의 이름으로 대체해서 읽어주면 보다 흥미를 느낀다.
⑩ 그림책의 저자를 알려준다.
⑪ 그림책 읽어주기를 끝낸 후에는 어린이가 상상의 세계에서 감동을 유지할 수 있도록 기다려 주어야 한다. 질문공세를 하지 않는다.
⑫ 간단한 독후활동을 해본다. 이때 결과보다는 과정에 더 의미를 두도록 한다.

4) 그림책 평가기준

그림책은 글과 그림이 하나로 잘 어우러진 것이어야 한다. 어린이들은 그림책을 통해 책의 글과 아름다운 그림을 동시에 경험하게 되므로 그림책 속의 글과 그림은 어느 것이 주(主)고 어느 것이 부(部)도 아니다. 각각 독자적인 영역을 가지면서도 그림과 문장이 조화롭게 일치를 이룰 때 더욱 재미있고 예술성이 돋보인다.

이렇듯 글(이야기)과 그림은 그림책의 큰 구성 요소이다. 그러므로 좋은 그림책인지를 평가하기 위해서는 각 요소별로 나누어 살펴보아야 할 것이다.

이야기에서는 주제, 플롯, 등장인물, 문체 등 아동문학적 요소를, 그림에서는 예술적 요소, 양식, 매개체 등 그림의 예술성을 고려해야 한다. 그리고 그림책은 자라나는 미성숙한 어린이를 대상으로 하는 것이니만큼 내용의 교육성 또한 중요한 선택기준이 된다.

가. 이야기 요소(문학성)

① 주제 : 어린이의 흥미를 지속시키고, 예측하는 것을 즐기게 한다. 그러므로 명확하고 좋 은 주제는 새로운 발견, 이해, 기쁨을 제공해서 등장인물, 사건에 대한 흥미와 새로운 태도나 통찰을 불러일으킨다.

② 구성(Plot) : 이야기 속 줄거리나 여러 사건들을 통일성 있게 짜는 일이나 수법을 말한다. 명확한 시작, 절정, 결말이 있는 이야기의 요구조건을 충족시켜야 한다. 또한 갈등, 움직임, 긴장(suspence), 유머(humor)가 있다면 구성이 탄탄한 좋은 이야기가 된다.

③ 인물 : 그림책 속의 등장인물은 인간이 되기도 하고 동물이 되기도 하며 때로는 식물이나 사물이 주인공이 되기도 한다. 인물이 무엇이 되더라도 어린이의 감정과 어린이다운 성격을 가지고 있어야 좋은 그림책이다. 어린 독자들은 인물을 통해 공감하거나, 감정, 동일시하기 때문이다.

④ 문체 : 좋은 그림책의 문체는 단어 선택에서부터 글자, 구절, 문장이 지니는 리듬감(의성, 의태), 반복에 따른 운이 사용된 것이 좋다. 그림책은 어린이에게 읽어줘야 하는 책이며 어린이가 그림책을 통해 언어 경험을 확장시킬 수 있기 때문이다.

나. 그림 요소(예술성)

예술적 요소에 해당하는 아래 여섯 가지의 요소들과 함께 예술적 양식, 예술적 매개체의 조합이 다양해지게 되고, 그림책 속의 그림들이 독특성을 나타내므로 그림책 평가에 있어 중요한 요소가 된다.

① 선(Line) : 선은 사물의 경계를 나타내며 정서적 반응을 나타낸다. 원이 아늑함, 안정감을 준다면, 날카롭거나 Z자형 선은 흥분과 빠른 운동을 나타내고, 수평선은 침착함과 안정감을, 수 직선은 높이와 거리를 보여준다.

② 공간(Space): 그림 속 화면에 빈공간이 많거나 아니면 빈공간이 매우 적고 온갖 형상 들로 가득 차 있는가에 따라 어린 독자들의 시각이 사물의 중요성이나 매력, 상징이 다르게 느끼게 된다.

③ 모양(Shape) : 정서적 반응을 이끌어 낸다. 부피가 큰 물체가 안정감이나 거북함을 느끼게 해준다면, 반대로 가볍고 섬세한 모양은 운동, 자유를 느끼게 하며, 각이 진 모양은 흥분감을 자아내기도 할 것이다.
④ 색(Color) : 그림이 주는 느낌에 많은 영향을 미친다. 우선 어린이가 항상 밝은색이나 두드러진 색을 원하는 것은 아니라는 사실을 알아야 하며, 색이 지나치게 강조되어 글의 의미를 명확하게 전달하지 못하는 예도 있으므로 사실적으로 사용되는 것이 좋다.
⑤ 질감(Textile) : 화가가 사용하는 도구에 의해 다르게 나타날 수 있다. 물감이 아닌 천, 톱밥 등의 다양한 매체를 어떻게 사용하느냐에 따라 그림의 특성이 부각된다.
⑥ 구도와 전망(Composition & Perspective) : 구도와 전망은 어떤 위치에서 사물이나 사건을 보아야 하는 지를 결정하는 것이므로 사건에 몰입하게도 하며, 지루함을 피하게도 하고, 리듬감을 살리거나, 시선을 달리하여 새로운 관점을 갖게도 한다. 좋은 그림책이라면 이야기의 흐름에 따라 적절한 구도와 조망을 갖고 있어야 한다.

그림의 예술적 요소에 해당하는 또 다른 것들로는 그림의 예술적 양식과 예술적 매개체도 있으므로 그림책을 선택하는 데 있어 고려해야 한다.

예술적 양식은 재현주의, 표현주의, 인상주의, 만화, 민속 그림과 같은 다양한 그림 양식이 있음을 어린이들에게 경험하게 해주어야 한다. 그리고 예술적 매개체는 그림을 무엇을 가지고 그렸는가에 따라 작품이 달라진다는 점이다. 그림물감수법, 필사수법, 몽타주와 꼴라쥬, 사진, 점토인형, 판지 등의 다양한 매개를 통해 그림이 완성되어 진다는 것을 어린이 독자들에게 보여준다.

다. 교육성

유아를 위한 그림책도 유아들을 바람직한 방향으로 성장하는 것을 도와야 한다는 말한다. 책의 내용이 선한 것을 다루어야 한다는 것이며 이것은 교육성을 의미하는 것이지 도덕적인 교훈성을 의미하는 것은 아니다. 교훈을 직접 가르치기 보다는 교육적 영향을 줌으로써 아동의 인격형성에 도움을 주는 것이어야 한다. 어린이 문학의 조건에 교육성이 포함되므로 그림책 또한 교육성을 갖고 있어야 할 것이다. 이를테면 인간 삶의 모험, 경험, 다른 사람의 생각과 모험을 통한 체험할 수 있는 기회제공, 문제해결의 통찰력, 타인의 문제와 어려움 이해, 공통적 윤리가치, 올바른 인격 기초, 흥미와 정서적 안정, 좋은 책에 대한 흥미와 취향 등이다.

라. 그 밖에 평가 요소

사회가 무척 다양해졌다. 이야기를 통해 다양해진 사회를 경험하고 이해할 수 있어야 할 것이다. 그러므로 그림책에서 다루는 사회가 잘못된 인식을 심어주는 것은 아닌지 고려해야 한다. 더불어 사는 사회에서 성역할(남, 여), 장애(비장애인, 장애인), 연령(노인, 어린이, 젊은이), 종교, 사회(이혼) 등 각각의 문화를 반영하고 대변하는 그림이야기 책은 어린이들에게 서로의 문화를 이해하는 기회를 제공해 줄 것이다.

5) 어린이 발달 단계에 따른 그림책 고르기

가. 영아기와 걸음마기(약 1-2세)

연령특성	책의 특성	그림책 예
• 오감을 통한 탐색: 직접 경험에 의한 학습 • 사물의 이름 습득: 사물을 지적하여 말함(명명기) • 단순한 질문 이해 • 한, 두 단어말 등장 • 운율, 리듬, 노래 즐김 *글 대신 그림 읽음	• 촉각, 청각, 시각적 경험으로 직접 참여할 수 있는 것 • 친숙한 사물을 그린 그림이 있는 책 • 자장가, 전래동요, 창작동요.... * 글 없는 그림책	• 부르너 뽀뽀뽀시리즈 • 보리아기 그림책 세밀화 시리즈 1-15 / 보리 • 엄마우리엄마 시리즈/웅진 • 손이 나왔네 / 한림 • 구두구두 걸어라 / 한림 • 싹싹싹 / 한림 • 잘자요 달님/시공사 • 달님안녕 / 한림

나. 유아기(약 2-5세)

연 령 특 성	책의 특성	그림책 예
• 단순한 개념의 발달 • 사물에 대한 호기심 증가 • 초보적 수 세기, 글자 이해 • 이야기감의 발달 • 상상력의 발달 • 유머를 즐김 • 자아개념의 발달 • 언어의 급속한 발달: 발음, 어휘, 문장 • 글 대신 그림을 읽음	• 정보를 주는 책 • 개념 책(수, 색, 모양) • 수 세기 책, 글자 책 • 예측할 수 있는 책 • 단순하고 구조화된 줄거리로 된 책 • 단어, 구, 문장이 반복되는 책(의성어, 의태어) • 환상, 모험을 그린 책 • 유머러스한 내용의 책 • 자아개념을 다룬 책(능력, 자존감, 가치) • 타인(부모, 형제, 조부모, 친구, 교사)과의 관계를 그린 책 • 여러 형태의 문장이 있는 책 • 글 없는 그림책	• 난 북치는 게 좋아 / 비룡소 • 둘이서 둘이서 / 보림 • 꾸러기 곰돌이 시리즈 1-15 / 웅진 • 안녕? 나는 너의 장난꾸러기 야 (안녕 시리즈) / 한샘 • 누구야 누구(파란 토끼 토토시리즈) / 웅진 • 장화가 줄었어요(웅진 꾸러기그림책) / 웅진 • 괴물들이 사는나라 / 시공사 • 곰 사냥을 떠나자 / 시공사 • 아기 곰 라르스시리즈 • 피터의자 / 시공사 • 우리 할아버지 / 시공사 • 나무 / 시공사 • 빨간풍선 / 시공사 • 눈사람아저씨 / 마루벌

다. 초기 아동기(약 5-8세)

연 령 특 성	책의 특성	그림책 예
• 독립적 읽기의 시작 • 과학적 활동과 실험에 관심을 가짐 • 도덕심의 발달: 명확하고 철저한 도덕판단을 요구함 • 자아정체감의 발달 • 정상적인 두려움을 나타냄 • 학교, 사회에 대한 관심 증가	• 다양한 주제의 책 • 혼자 읽을 수 있는 책 • 과학에 대한 논픽션 • 권선징악의 내용을 다룬 책, 옛이야기 • 자아의 중요성 • 장애아에 대한 책 • 타인의 관점에 대한 이해 • 위안을 주는 주제를 다룬 책 • 동료, 선생님, 지역, 사회의 인물을 다룬 책	• 레오니오니 작품들 • 우리나라전통과학시리즈 / 보림 • 깃털없는 거위 보르카 / 비룡소 • 큰 다람쥐와 작은 코뿔소 • 까막나라에서 온 삽사리 / 통나무 • 빨간 모자 / 시공사 • 이야기, 이야기 / 보림 • 제랄다와 거인 / 비룡소 • 팔려가는 당나귀 / 비룡소 • 고사리손요리책 / 길벗어린이 • 엄마가 알을 낳았대 / 보림 • 강아지 똥 / 길벗어린이 • 새야새야 / 길벗어린이 • 산타할아버지 / 비룡소

2. 동요와 동시

1) 동요

가. 동요의 발생

일반문학과 마찬가지로 아동문학도 그 장르를 크게 운문과 산문으로 나누면, 운문에는 동요와 동시로 다시 양분된다. 동요와 동시 둘 중 어느 것이 먼저였는지 살펴보면, 동요가 삼국시대부터 전래동요의 형식으로 한문으로 정착되거나 구전되어 왔다. 이러한 전래동요는 1920년에 신문학의 영향으로 7·5조의 개화기에 유행한 창가의 형태로 연결되어 왔다. 1930년에 접어들면서 시대의 흐름에 맞춰 창작동요의 형식으로 구체화되었다. 이에 대해 박상재는 다음과 같이 말하고 있다.

> 전래동요는 내용이나 표현이 매우 소박하며 동심을 바탕에 깔고 있다. 전래 동요에는 구비되어 오는 구전동요가 있고, 옛문헌에 기록된 정착동요가 있는데, 『삼국유사』에 기록된 「서동요」가 정착동요의 대표적인 예이다.[31]

나. 동요의 형식

동요는 정형시이므로 외형률을 중시한다. 그 형식에는 분절, 대구, 음수율을 말한다. 동요가 분절, 대구를 갖춘 정형시가 된 것은 작곡 동요가 창작된 이후부터로 창작동요의 형식이 되어준 창가가 최남선에 의해 씌여지고 부터이다.

분절은 작곡을 위한 조건으로 동요를 몇 개의 절로 나눈 것을 말한다. 대개 1절을 작곡하여 2절, 3절까지 연결한다. **대구**는 절의 경계선에 기준하여 대칭되는 자리에 같은 글자 수의 낱말이 놓임을 말한다. **음수율**은 4.4조를 바탕으로 한 4.3조, 3.4조 등이 기본 음수율이었다가 육당의 「경부철도가」이후 7.5조가 동요 음수율이 되었다.[32]

---

31) 강정규·박상래, 『아동문학창작론』, 학연사, 1999, 41쪽.
32) 위의 책, 68-69쪽.

다. 동요의 내용

동요는 자유시인 동시보다 노래에 더 가까운 형식이다. 그 형식도 중요하지만, 그 내용 역시 간과할 수 없다. 첫째는 보다 노래에 가까워야 하고, 둘째는 즐거운 내용이어야 되고, 셋째는 활동적이야 되고, 넷째는 내용이 밖으로 발산되는 것이어야 한다.[33]

라. 동요, 어떻게 가르칠 것인가?

동요는 유치원이나 학교에서 음악 시간을 통해 직접적으로 리듬에 맞춰 가사를 따라 부르는 반복 속에서 많이 숙달됐다. 이런 동요를 문학적인 측면에서 어린이들이 더 쉽게 따라 부를 수 있도록 이 동요의 작가, 즉 시인을 소개하거나 이 동요가 만들어진 상황을 자연스럽게 연결해준다면 우리 민족의 저변에 흐르고 있는 정서를 가장 잘 이해할 수 있게 된다. 동요를 음악 시간뿐만 아니라 읽기 시간을 활용해 그 가사의 형식과 내용을 제대로 이해시키는 것이 바람직하다.

2) 동시

동시는 압축된 언어와 리듬감으로 정서를 순화하고 삶과 세상을 간결하게 표현하는 어린이문학의 꽃이라 할 수 있다. 동시는 어린이를 위한 시다. 어린이를 주 독자로 하여 어린이의 생각과 눈높이에 맞는 내용으로 시의 형식에 맞춰 쓴 시이다. 동시는 누가 썼느냐에 따라 두 종류로 구분된다. 어른이 어린이를 위해 쓴 시는 **동시**라고 부르고, 어린이들이 자신의 움직이는 심상을 적은 것은 **아동시** 또는 **어린이시**라고 부른다.

가. 동시의 요소

동요와 마찬가지로 동시 역시 압축된 운문이기 때문에 시가 가지고 있는 형식적인 특성을 지니고있다. 첫째는 박자, 즉 리듬이다. 리듬은 일상적인 생활 주변에서 쉽게 보고 관찰할 수 있는 소리나 모습의 반복에 의해 살아난다. 둘째는

---

33) 위의 책, 70-71쪽.

그림으로서의 요소이다. 시는 시행을 짧게 또는 길게, 적는 위치의 변화를 통해 회화적이고 시각적인 효과를 준다. 셋째는 상징의 요소이다. 동시에서는 이해가 어려운 추상의 세계보다 구상적인 모습, 움직임, 활동으로 제한된다.34)

나. 동시의 형식

동시는 형식적인 측면에서 보면 정형시, 자유시, 산문시로, 내용적인 측면에서 보면 서정시, 서경시, 서사시로 구분된다. 이런 구분과 달리 산문시, 서정시, 서사시, 상징시로도 구분할 수 있다. 이러한 시의 형식에 의해 동시를 구분하여 어린이들에게 시의 종류별로 많이 읽혀 감각을 익히는 것은 좋은 시 지도라고 본다.

다. 아동시(어린이시)를 보는 잣대

어린이가 쓴 시를 좋은 시인지 좋지 않은 시인지 판별한다는 것은 결코 쉬운 일이 아니다. 좋은 시의 조건으로 첫째는 진실성이다. 사물을 대하는 어린이의 진실한 자신의 경험에서 우러나온 감동이 있어야 한다. 둘째는 독창성이다. 내용상으로는 남들이 보지 못한 사물의 생명을 표현하고 형식상으로는 자기만의 생각과 느낌을 자기 말과 자기 목소리로 나타내어야 한다. 셋째는 완결성이다. 시는 문학의 한 장르이기에 그 짜임이 처음, 가운데, 끝부분으로 자연스럽게 완결되어야 한다.35)

라. 동시 지도하기

어린이가 시를 잘 쓰려면 좋은 시를 많이 읽어 풍부한 심상의 흐름을 잘 이해해야 한다. 어린이는 남의 시를 자주 접하여 자신의 생각의 폭을 넓혀, 참신하고 솔직한 자기의 시어로 시를 쓰는 연습이 필요하다. 시 쓰기에 익숙하지 않을 때에는 줄글을 쓴 이후 내용을 제대로 전달할 수 있는 시행으로 바꾸어 보는 것도 괜찮을 것이다. 또한, 초보일 경우에는 자유시의 형식으로 자신의 마음을 풀어내는 서정시가 접하기에 수월할 것이다.

---

34) 유소영, 『아동문학 어떻게 이용할까』, 건국대학교 출판부, 209-210쪽.
35) 박경선, 『열린 교실의 글쓰기』, 지식산업사, 1999, 157-163쪽.

① 시 들려주기

시를 잘 쓰려면 좋은 시를 선택하여 먼저 속으로 읽어 시의 의미를 익힌다. 그다음에는 여러 번 읽어 숨 쉴 곳이나 천천히 읽을 곳을 확인한다. 그다음 시 내용에 맞는 음조를 내어 자연스럽게 읽는다. 그런 후 낱말의 의미를 생각하며 읽는다.

② 여러 시 읽기

다양한 동시와 어린이 시를 골고루 접하여 읽어 다른 이들의 사고력과 관찰력, 창의력을 익힌다. 이때 정형시, 자유시, 산문시, 서정시, 서사시, 서경시 등등으로 구분하여 읽는 것도 효과적이다.

3. 옛이야기, 전설 및 신화

문학이론에서는 옛이야기를 예부터 전승되는 서사적 구조를 지닌 문예의 한 형식으로 보고 있다. 즉, 지은이도 없이 이 사람에서 저 사람으로 전하여 내려오는 동안 민중의 공감을 받지 못한 것은 없어지고 호응을 받은 이야기는 계속 전승되면서 내려오는 문학의 한 형태로서 우화, 전설, 신화, 전래동화, 옛날이야기 등 오래전부터 전해져 오는 이야기뿐 아니라 수수께끼와 우스개 등도 모두 이것에 포함된다.[36]

한국민족문화대백과사전에 의하면, 우화(寓話, fable)는 대개의 경우 보편적인 지혜, 도덕적 명제나 인간행동의 원칙 등을 예시하는 짧은 이야기이다. 우화에는 보통 의인화되어 인간처럼 행동하는 동물이 전형적인 주인공으로 나타나며, 그들의 특성도 전형화되어, 가령 여우는 교활하게, 늑대는 탐욕스럽게, 사자는 용감하고 위엄 있게 그려진다. 따라서 우화라고 하면 대체로 '동물우화'와 같은 개념으로 통하기도 한다. 그러나 동물 주인공이 우화에 필수적인 것은 아니며, 우화에는 그 밖에 나무·바람·냇물·돌 등과 같은 자연물이나 심지어는 추상물까지 등장하고, 나아가 신이나 인간들도 나타난다.

---

36) 한윤옥, 『독서교육과 자료의 활용』, 한국도서관협회, 2008, 163쪽.

전설(傳說, legend)은 구체적인 시대, 장소, 인물, 사전 등을 중심으로 그것들과 얽힌 이상한 체험에 대하여 혹은 신비한 자연물에 대하여 오래전부터 전해 내려오는 이야기이다. 이것은 민화의 일종으로 신화와 구별하기 어렵지만, 전설의 특징은 이야기의 배경이 특정 지역으로 한정되어 있고, 그 지역의 산이나 강, 암석, 나무 등과 얽힌 이야기 혹은 그 지역에서 살고 있던 사람과 사건에 고정되어 있다. 그래서 전설은 그 이야기를 듣는 사람에게 믿음을 주기 위해 많은 경우, 보고 형식을 취하고 있으며 이로 말미암아 민중이 그 이야기를 진실처럼 받아들일 수 있게 된다.

신화(神話, myth)는 신의 의지활동을 중심으로 자연계나 인간계의 모든 현상을 설명한 여러 가지 전설로서 천지창조, 신에 대한 무서움과 신뢰, 자연물을 인격화한 여러 가지 공상들이 고대인의 원시적인 세계관과 인생관에 기초를 두고 탄생한 것으로 상징과 은유로 열거된다. 세계의 각 민족은 자기들이 사는 풍토를 배경으로 그 민족의 미신과 생활의 지혜, 감정 등이 포함된 독특한 신화를 만들어서 전하고 있는데, 이들 신화의 공통점은 민족 특유의 이야기이면서도 시공을 초월한 보편성으로 귀결된다는 것과 소박한 시정 및 인간의 향취를 지니고 있다는 점이다. 서양에는 희랍과 로마의 신화가 언어와 문학에 동화되어 그 전통을 서양의 종교와 사상에서 찾아볼 수 있다. 전 세계적으로 인기를 끌고 있는 〈해리포터〉 시리즈, 〈반지의 제왕〉 역시 신화와 판타지를 절묘하게 조합한 이야기다.

이런 점에서 볼 때 전설과 신화는 옛이야기와 마찬가지로 원형적 소재를 지니고 있으면서도 의식적인 통제를 많이 받고 있다. 그러므로 전설과 신화가 시간이 흐름에 따라 특정한 장소나 특정한 문화와의 연관성의 의미를 상실하게 되면 옛이야기로 변해갈 수 있다.[37]

옛이야기는 권선징악적인 요소가 있어 어린이들의 도덕성 발달에 자연스럽게 도움을 준다. 또한 "옛날 옛날 어느 곳에…"로 시작되어 시공간의 초월적 상상

---

37) 위의 책, 164-165쪽.

력을 제공하며, 주인공의 이름도 구체적이지 않아 어린이가 주인공에 동일시되기에 쉬우며, 기승전결의 논리적인 전개구조와 등장인물들이 같은 행동을 몇 번씩 되풀이하여 간결하고 단순한 구성 속에 이야기가 전개되면서 아름다운 결말로 설정되어 어린이들의 안전에 대한 욕구를 충족시켜 줄 수 있다. 따라서 아이들은 옛이야기로부터 이야기를 재미와 상상적인 자극을 한껏 받을 수 있으며, 신화를 통해서는 민족의 정서와 문화를 수용하고, 전설을 통해서는 지역의 역사적 자취를 탐색하며, 우화를 통해서는 인류의 보편적 지혜를 더욱 쉽게 받아들일 수 있다.

1) 옛이야기의 정의 및 유래

옛이야기란 우리가 흔히 알고 있는 '전래동화'의 우리말이다. 문학이론에서는 옛이야기를 예부터 전승되는 서사적 구조를 지닌 문예의 한 형식으로 보고 있다.

옛이야기는 옛날부터 입에서 입으로 전해 내려온 이야기로서 이야기를 하는 사람과 듣는 사람이 있게 마련이며, 이야기는 시대, 장소와 이야기를 하는 상황에 따라 조금씩 변하면서 오늘날까지 전해지는 구비문학이다. 옛날부터 전해온 것을 전승이라고 한다. 말로 전해 온 것이 말 전승(구비전승)이다. 말 전승에는 옛말(속담), 이야기, 노래 말, 놀이 말 들이 있는데, 이 가운데 문학으로서 가장 온전한 틀을 갖춘 것이 이야기이다.

이야기는 다시 신화, 전설과 민담으로 나눌 수 있는데(이야기를 나누는 데 대한 견해는 여러 가지 있지만, 이것이 가장 흔히 쓰이는 방법이다), 여기에서 우리가 관심을 갖는 것은 민담이다. 왜냐하면 '옛날 옛적에……'로 시작하여 '……잘 살았더란다'로 끝나는 이야기야말로 재미있을 뿐 아니라 우리네 백성들의 삶과 생각이 가장 잘 드러나 있기 때문이다.

옛이야기는 입에서 입으로 전해왔기 때문에 그 모양이 언제나 살아 움직인다. 똑같은 유형(이 말은 '독립된 줄거리를 가진 이야기'라는 뜻으로 쓴다)의 이야기라도 이야기꾼에 따라서, 때와 장소에 따라서, 그 꼴이 달라진다. 이것이 이야기의 생명력이다. 종이 위에 씌어져 움직이지 못하는 것이 글로 쓴 문학(글 문학, 기록문학)이라면, 언제나 새로운 모습으로 살아 움직이는 것이 말로 전해진 문학(말 문학, 구비문학)이다.38)

2) 옛이야기의 가치와 특성

가. 되살려야 할 이야기 문화

누구든지 요즘은 너무 메마르고 각박하여 살맛이 안 난다고 한다. 몇 십 년 전만 해도 지금처럼 이렇지는 않았는데 왜 그럴까? 이른바 현대 문명 이기의 발달로 사람들은 편해졌지만 진정 소중한 것은 잃고 있다.

메시지를 전달하는 대중매체 중 TV나 라디오, 컴퓨터 같은 것은 여럿이 둘러앉아 즐길 수 없다. 혼자서 한쪽 방향만 보고 일하거나 즐겨야 하는 '닫힌문화', '일방문화'이다. 그러나 이야기는 이와 다르다. 이야기는 절대로 혼자서는 할 수 없고 서로 얼굴을 마주보고 온몸으로 서로를 느끼며 나누어야 제 맛이 나며 이야기를 하는 중에 더 보태지기도 하고 빠지기도 하면서 공감대가 형성되어, 한 사람이 일방적으로 만드는 것이 아닌 공동작품이 되는 것이다. 그러므로 이야기 문화는 '열린문화', '대면문화', '공동체문화'이다.39)

옛날 어른들은 아이들에게 옛이야기를 들려주었지, 아이더러 달달 외우게 하지 않았다. 아이들은 재미있는 이야기를 들으면 그 줄거리를 알아두었다가 딴데 가서 하든지 나중에 어른이 되어서 아이들에게 이야기를 들려준다. 그러기에 아이더러 이야기를 해보라고 시키기 전에 어른이 먼저 이야기를 들려주는 것이 옳다. 이야기를 잘하는 법을 가르치기보다 좋은 이야기를 많이 들려주는 것이 옳은 교육이다.40)

옛이야기란 입에서 입으로 전해지는 과정에서 끊임없이 살아 움직이는 생명의 힘을 가지고 있기 때문에, 사람들의 입을 통해서 끊임없이 흐르고 움직일 때

---

38) 서정오, 『옛이야기 들려주기』, 보리, 1995, 30-31쪽.
39) 위의 책, 14-15쪽.
40) 위의 책, 21쪽.

에야 제구실을 다하는 것이다. 옛이야기를 다음 세대에 전하는 일은 선택이 아니라 우리 모두의 의무이다.

나. 옛이야기의 교육적 가치

옛이야기의 교육적 성격과 가치는 여러 가지가 있으나 다음과 같이 종합할 수 있다.[41]

① 상상력을 통하여 현실로부터의 해방감, 보상적인 만족과 창의력을 길러준다.
② 언어능력을 기를 수 있다. 특히 구연을 통해 전달되는 경우에는 말하기, 듣기 능력이 신장된다.
③ 우리 조상들이 겪은 다양한 체험, 사상, 감정, 지혜, 용기, 가치관 등을 통해 민족의 정서와 전통문화를 계승, 발전시키게 한다.
④ 즐거움과 교훈을 준다.
⑤ 어린이의 정신적 성장발달에 자연스럽게 도움을 준다.
⑥ 이야기하는 사람과 듣는 사람간의 인간관계가 깊어진다.

다. 옛이야기의 특성

옛날부터 전해 내려오는 이야기는 신화, 전설, 민담을 포함한 설화가 있다. 옛날이야기는 민담 속에 많이 있다. 신화는 신성시되는 이야기로서 '태초의' '신성한 곳'에서 '신성시되는 인물'에 관한 이야기이다. 전설은 구체적인 때와 지역과 특정 인물에 관한 이야기로 지역성을 내포하고 있다. 반면 민담은 민간에게 전해 내려오는 이야기로 백성들의 삶과 생각이 가장 잘 드러난 이야기이다. 따라서 옛이야기는 민담 속의 이야기가 많이 있다.[42]

① 말로 존재하고 말로 전승되므로 원형대로 보존되는 것은 불가능하고 변화를 내포하여 구전된다.
② 구연하는 것이다. 구연이란 음성적 변화, 표정, 몸짓 등을 사용하여 문학작품을 말로 나타내는 것이다.
③ 공동 창작된 것이다. 이야기되는 과정에서 이야기하는 사람의 의사에 따라

---

41) 최운식·김기창 공저, 『전래동화 교육의 이론과 실제』, 집문당, 1998. 51-52쪽.
42) 위의 책, 34-36쪽.

첨삭, 보완, 윤색 현상이 일어난다.
④ 단순하고 보편적인 것이다.
⑤ 민중적이며, 민족적인 것이다.

옛이야기와 창작동화의 다른 점을 비교해 보면 아래 〈표 4-2〉와 같다.

〈표 4-2〉 창작동화와 옛이야기가 다른 점

구분	옛 이 야 기	창 작 동 화
작가와 때	모름. 옛부터 구비전승	최근 동화작가, 예술적 창작행위
내용	조상의 공통적 가치관과 정서	작가의 상상적 체험, 개인적 정서
표현	줄거리 중심, 사건이 단순, 명쾌 ⇒ 구비문학	정경, 성격묘사 많음, 사건 복잡 ⇒ 기록문학
구성	상상위주, 우연의 일치, 천우신조, 불가사의한 인과관계, 인물, 장소 시간 추상적	상상력 바탕, 리얼리티 가미. 장소, 시간, 인물 설정 구체적
주제	권선징악	폭넓음
대상	어린이, 청소년, 어른	어린이

라. 옛이야기의 형식

옛이야기가 가지는 이야기의 특성을 보면 아래 (표 4-3)과 같다.

〈표 4-3〉 옛이야기의 특성

종류	특징
서두	옛날 옛적, 옛날 옛날에, 옛날 고릿적에
주인공/부주인공	단순: 좋은 인물과 나쁜 인물로 양분
등장인물	바보 또는 바보류에 속하는 인물을 등장시킴
전형적인 모티브	반지, 콩, 바가지, 보자기, 막대기, 동물/3이란 숫자의 사용
구성/진행	행위나 사건 중심/진행속도가 빠르다
주제	권선징악/인과응보

3) 옛이야기 되살리기

옛이야기를 오늘의 정서와 현실에 맞게 되살리기 위해서는 먼저 좋은 이야기를 찾아서, 알맞게 손질하여 아이들에게 재미있게 들려주어야 한다.[43]

---

43) 서정오, 위의 책. 59-120쪽.

가. 이야기 찾고 되살리기

① 이야기를 들려주려면 먼저 이야기를 알아야 한다.
② 남의 이야기를 많이 듣는 것이 가장 좋다.
③ 이야기를 귀로 듣고 머리로 새겨 입으로 전한다.

나. 좋은 이야기 고르기

① 전해오는 옛이야기의 본모습이 온전히 살아 있는 것인가
② 이야기 속에 들어 있는 생각이 백성들의 것인가
③ 아이들의 마음을 다치지 않는 이야기 고르기
④ 재미와 교훈이 잘 조화된 이야기 고르기

다. 이야기 자료 손질하기

① 이야기 글로 옮기기

받아쓰기, 떠올려 쓰기, 다시 쓰기, 고쳐 쓰기, 새로 쓰기(옛날이야기라든가 전래동화라고 나온 책은 거의 다시 쓰거나 고쳐 쓴 것이라고 보아야 한다. 또한, 옛이야기를 고쳐 쓰거나 다시 쓸 때는 반드시 그럴 만한 이유가 있어야 한다. 옛이야기를 함부로 고치거나 마음대로 지어내는 일을 신중해야 한다)

② 이야기 자료 손질하기

이야기를 잘하려면 고른 이야기 자료를 알맞게 손질할 필요가 있다. 이야기를 손질할 때는 내용을 바꾸거나 보태거나 빼거나 해서 줄거리를 약간 고치기도 하고 말투를 자기 편한 대로 고치기도 한다. 글말이 아니라 입말로, 이야기꾼의 개성이 드러나게, 자연스럽고 아기자기한 끝말로, 이야기꾼과 듣는 사람이 평소에 같은 사투리를 함께 쓰는 사이라면 사투리로 이야기해도 좋다. 그리고 이야기의 분위기에 따라 말의 높낮이, 새기, 빠르기가 달라진다면 살아있는 말로 이야기가 손질된 것이다.

라. 옛이야기 재미있게 들려주기

① 살아있는 입말로
② 끊임없이 주고받으며
③ 이야기를 내 것으로 만들어서
④ 듣는 이가 편안하도록
⑤ 긴 이야기는 이어서 들려줄 수도 있다.

바. 좋은 이야기꾼이 되려면

① 글로 써 놓은 이야기를 소리내어 읽는 연습을 많이 한다.

이때 말투는 자기 말투로 바꾸어서 고쳐 읽는다. 소리내어 읽을 때는 큰 소리로 읽고 흉내말과 의태어는 이에 맞게 드러내고, 말의 높낮이와 세기를 바꿔가면서 읽는다.

② 혼자 소리내지 않고 마음속으로 이야기해 본다.
③ 거울을 보면서 자기에게 이야기하는 연습을 해본다.
④ 이야기 속에 푹 빠져 내 이야기를 들려준다고 생각한다.
⑤ 이야기의 합리성에 매달리지 않는다.

4) 대표적인 옛이야기들

가. 우리의 옛이야기

우리의 옛이야기를 수집하여 책으로 펼친 곳은 한국정신문화 연구서이다. 또 『삼국사기』, 『삼국유사』, 『역옹패설』, 『보한집』 등의 역사적인 자료를 통해 우리 민족을 정신을 확인할 수 있다.

나. 외국의 옛이야기

현재 세계적으로 많이 읽히고 있는 동화에는 페로의 동화[44], 그림 형제의 동

---

[44] 샤를르 페로(1628~1703) : 프랑스 동화작가 『교훈을 포함한 옛날이야기 또는 꽁트집』(1697) 출판 - 〈잠자는 숲속의 공주〉, 〈빨간 두건〉, 〈신데렐라〉, 〈푸른 수염〉, 〈장화를 신은 고양이〉 등의 작

화,45) 안델센의 동화46)가 많다. 페로나 그림형제, 안델센은 17세기에서 19세기 동안 자신들이 살고 있던 그 시대 그 당시에 입으로 전해져 내려오는 옛이야기를 수집하여 재정비한 작품을 책으로 만들었다. 페로나 그림형제나 안델센을 통해 우리는 세계 각국의 옛이야기가 유사한 구조한 가지고 있는 것을 알게 되었다.

5) 신화의 정의 및 특징

신화는 국가나 민족 단위의 옛이야기이다. 민간설화의 한 종류인 신화는 어린이를 위하여 따로 만든 것은 아니다. 현대에 와서는 특정작가에 의해 남아 있는 원전을 활용하여 어린이들이 이해하기 쉬운 어휘로 신화를 개작한 것이 더러 있다. 우리나라는 『단군신화』, 『석탈해』, 『김알지』, 『고주몽』, 『박혁거세』, 『김수로왕』 등의 건국 신화가 대부분이다. 어린이들이 이런 신화를 읽으며 자기의 뿌리에 대해 확인도 하게 되고 재미도 느끼게 된다.

신화의 주인공은 신이고 그 증거물은 포괄적이며 자연의 소산물이다. 이 신화는 각 민족 사이에서 전승되어 그 생명력이 길다. 신화는 아무런 의심 없이 그 자체를 신성시하며 그대로를 진실하다고 믿는다. 신화는 각 나라마다 다 존재하며 특히 희랍신화라고 불리는 그리스 로마 신화가 세계적으로 가장 많이 알려졌다. 우리나라는 우리의 신화를 좀 더 학문적으로 연구하여 이를 다른 언어로 번역해야 하는 것이 우리의 과제이다. 우리의 옛이야기가 세계 여러 나라로 수출해서 다른 나라의 신화와 그 어깨를 같이 할 수 있기를 바란다.

품 실림.
45) 그림 형제 : 야곱(1785~1863), 빌헬름(1786~1859) : 독일 동화작가민간설화채집 『어린이와 가정의 옛이야기』(1812) - 일명 그림동화집, 1857년까지 7판을 거듭하여 애독됨. - 〈헨젤과 그레텔〉, 〈브레멘의 음악대〉, 〈백설공주〉, 〈빨간모자〉, 〈이리와 일곱 마리 아기 염소〉.
46) 한스 안델센(1805~1875) : 덴마크 동화작가 『어린이를 위한 동화집1, 2, 3』- 부싯돌 상자, 엄지공주, 인어공주(1835~1837), 『어린이를 위한 새 동화집1, 2, 3』- 들판의 백조, 뮬라토, 올레루게이에(1838~1842), 『새 동화집 1권1, 2, 3』- 미운 오리새끼, 눈속의 여왕, 빨간 구두(1843~1845), 『새 동화집 2권1, 2』- 아하스웰, 성냥팔이 소녀, 어느 어머니의 이야기(47-48쪽), 『새 동화와 이야기모음』(58-72쪽).

6) 우화의 정의 및 종류

가. 우화의 정의와 발생

① 우화의 정의

우화는 인간의 감정과 사상을 지닌 동물을 등장시켜 그들의 행동에서 일어나는 유머로 교훈을 주는 짧은 이야기다. 이 우화는 일종의 설화로 민담에서 주로 유래된 것이 많다. 우화는 신화와 함께 발생한 문학의 한 형태로, 후세의 기록으로 남은 것 중 가장 오래된 우화는 오스트라곤의 〈도기의 조각〉에서 출토된 고대 이집트 우화 〈독수리와 삵쾡이〉이다.

② 발생 및 어원

우화는 제일 먼저 이집트 우화에서 시작되고 그다음은 인도 우화(바벨로니아), 중국우화로, 그 이후 그리스·로마 우화로 발생하였다고 본다. 현존하는 가장 오래되고 많이 개작된 작품은 당연히 〈이솝우화〉이다. 이 우화라는 용어가 지금처럼 사용하게 된 것은 일본의 야마사키가 1592년 에리판의 〈이솝 우화〉를 번역하여 〈이소보 우화집〉이란 책을 출판했는데, 그때 이 책 속에서 처음으로 〈우화〉란 용어를 만들어 쓰게 된 것이 지금까지 아무런 비판 없이 그대로 쓰고 있는 상황이다.

나. 우화의 종류

① 우리의 우화

〈흥부와 놀부〉, 〈장끼전〉, 〈토끼전〉 등

② 이솝 우화

이솝(Aesop)은 아이소포스(Aisopox)의 영어식 표기인데, 헤르도토스에 따르면 BC 6세기 사람으로, 사모스 사람 이아도몬의 노예였다. 그는 곱추에 추남이었으나 대단히 지혜로운 사람으로, 여러 동물을 등장시킨 짧은 이야기를 많이 지었는데 그 이야기 속에는 교훈과 풍자가 들어 있었다. 이 이야기가 이솝 우화다. 대표적인 작품은 〈토끼와 거북이〉, 〈사자와 생쥐〉이다.

③ 라 퐁텐 우화(우화시)

라 퐁텐(Jean de la Fontaine : 1621 ~ 1695)은 프랑스의 시인이자 대표적인 우화 작가로 3권으로 된 우화집을 내었다. 흐름, 발달, 전개, 사건, 지속, 결말, 그리고 그 결말에 도달할 수 있는 수단이 내포되어 있는 하나의 줄거리로 되어 있다. 이것은 라 퐁텐 우화의 장점이다. 제1부는 이솝 우화나 고대 로마시대의 우화를 프랑스어로 번역·개작한 것이고, 제2부는 판차탄트라, 고대 인도의 우화를 개작-철학적인 동물 이야기가 있다. 제3부는 시인 말년 작품으로 17세기 프랑스 루이 14세 궁전과 귀족들의 사치를 풍자하는 내용이다.

④ 자타카스(Jatakas)

인도의 고다마 싯달르타의 생전에 있었던 일들에 관련한 이야기로 고대 인도의 지혜가 동물들의 행위에 나타난다. 〈생선 얻는 방법〉이란 작품이 있다.

4. 창작동화

동화는 크게 전래동화와 창작동화로 나눌 수 있고, 다시 독자의 나이에 따라 유아동화, 유년동화, 소년동화로 나눌 수 있다. 또 창작동화는 제재와 표현양식에 따라 공상동화와 생활동화로 나눌 수 있고, 국적에 따라 우리나라 동화와 외국동화로 나눌 수 있다. 여기서는 국적에 따른 구분을 따라 국내와 국외 창작동화의 특성을 살펴보고자 한다.

1) 우리나라 창작동화

가. 창작동화의 정의

우리나라 창작동화란 우리나라 작가가 자기의 눈으로 세상을 보고 어떻게 살아가야 하는가를 어린이들이 알 수 있는 이야기로 쓴 글을 말한다.[47]

동화는 어느 나라나 그 나라의 시대와 사회를 반영한다. 그리고 역사나 문화적 배경을 바탕으로 하여 그 나라가 지향하는 이상을 담아낸다. 따라서 우리나

---

47) 조월래, 「창작동화란 무엇이고 왜 읽게 해야 하는가」, 어린이도서연구회
홈페이지(http://www.childbook.org)

라 창작동화는 우리의 정서와 감정에 가장 합당한 이야기라고 할 수 있다.

우리나라에서 창작동화라는 용어가 사용된 것은 그리 오래된 것은 아니다. 1923년 마해송이 ≪샛별≫지에 발표한 「바위나리와 아기별」을 시작으로 본격적인 창작동화의 작품이 나오게 되었다. 학자마다 구분하는 분류가 다양한데 유소영[48]은 창작동화와 소년소녀소설을 묶어서 다루고 있고, 한윤옥[49]은 아동소설과는 분류를 달리하며 창작동화는 제재와 표현형식에 따라 공상동화와 생활동화로 나누어 다루고 있다. 따라서 창작동화의 정확한 용어 해석과 분류기준이 필요하다고 생각된다.

나. 우리나라 창작동화의 현실

우리나라의 창작동화가 다른 나라의 작품과 비교하면, 어린이들에게 많이 읽히지 않고 있었다. 그 이유로는 여러 가지를 들 수 있다. 우선 동화 작가들의 작품의 질이 다른 나라의 작가에 비해 떨어진다는 것이었다. 게다가 현실의 제대로 된 반영보다는 재미를 주기 위해 미화시키거나 상황을 왜곡시키는 등 주제가 모호하여 어린이에게 제대로 전달이 안 되고 있다. 이런 우리 창작동화의 현실이 1990년 이후에 변화가 생기기 시작한다. 기성 작가들의 각성과 신인작가의 톡톡 튀는 작품 활동, 그리고 출판업계의 노력으로 어린이의 마음을 사로잡는 창작동화가 새로운 국면을 맞이하게 되었다.

우리의 창작동화는 질적인 많은 변화로 지금은 세계 어느 나라와 비교해도 당당하고 독특하고 창의적인 작품들로, 어린이에게 책 고르는 즐거움을 줄 수 있게 되었다. 아동문학이 일찍부터 생성된 외국에 비하면 우리의 시작은 짧고 얼마 되지 않았지만, 작가와 출판사, 독자의 긴밀한 유대 관계 속에서 우리의 창작동화가 세계에 버금가는 작품으로 쏟아져 나오기를 기대한다. 우리의 동화작가들은 민족관과 역사관이 제대로 표현된 건전하고 창의적인 작품을 만들려고 꾸준한 노력을 해야 할 것이다.

---

[48] 유소영, 앞의 책, 344쪽.
[49] 한윤옥, 앞의 책, 138쪽.

아이들이 우리나라 창작동화를 읽어야 하는 이유는 다음의 두 가지로 들 수 있다. 첫째, 민족적 정서를 심어주기 위해서이다. 서구문화가 밀려오자 서구문화를 쫓아가는 사람들이 많이 있다. 우리만이 지닌 독특한 역사와 문화, 전통을 이어가기 위해서, 또한 서양문화에 대하여 가치를 판단하는 잣대를 세우기 위해서 어린이에게 창작동화를 읽게 하는 것이 필요하다. 둘째, 바른 우리말과 글을 익히기 위해서이다. 말과 글을 통해서 감정을 이어주고 우리의 사상을 전해준다. 영어권, 일어권, 중국어권의 말법이 들어와 우리말이 많이 훼손되었다. 창작동화는 가장 쉽게 우리말을 익히게 할 수 있는 매개물이다.

다. 주요 작가와 작품의 형성과 변천

① 일제시대부터 해방기까지

아동문화 운동시기(1894 ~ 1923 : 형성기)와 아동문학의 형성 및 성장시기(1923-1950 : 성장기)가 이 시기에 속한다.

민중계몽운동과 더불어서 아동문화운동이 전개되어 우리나라에 새로운 문학사의 분기점으로 인정되고 있다. 아동문화활동은 아동문학의 태동이 시작되어 동화, 동요 등 분명한 아동문학의 장르에 해당하는 작품들을 발표하기 시작하였다. 1923년에서 1950년까지 약 30년을 성장시기로 1923년에 소파 방정환(1899~1931)의 본격적인 아동 문학 잡지인 ≪어린이≫(1923.3~1934.7 : 통권 123호) 발간이 우리나라 아동문학에 획기적인 이정표를 세웠을 뿐 아니라, 본격적인 아동문학의 발판이 되었다. ≪어린이≫지는 초창기 아동문학의 청신호로서 우리나라 아동문학의 토대가 되었다.

동화작품으로는 최초의 창작동화인 마해송의 〈바위나리와 아기별〉, 〈해송 동화집〉. 방정환의 〈만년샤쓰〉, 〈느티나무이야기〉, 이주홍은 〈뱀새끼의 무도〉를, 강소천이 〈돌멩이〉, 〈토끼 삼형제〉 박화목, 박홍근, 이재철 등의 아동문학가들이 동요, 동시, 동화작품을 지속적으로 발표하였다.

주요섭의 〈옹칠이의 모험〉(1945), 이주홍의 〈못난 돼지〉, 〈청어뼉다귀〉, 현덕의 〈집을 나간 소년〉, 〈포도와 구슬〉, 〈나비를 잡는 아버지〉, 〈너하고 안놀아〉,

이태준 〈어린 수문장〉, 〈엄마마중〉, 〈꽃장사〉 등의 작품이 있다.

② 아동문학의 팽창 및 발전시기(1950 ~ : 발전기)

이 시기는 6.25 한국전쟁이라는 민족적 비극으로 인하여 아동문학도 내용과 형식면에 커다란 변화를 가져왔다. 전쟁을 배경으로 한 작품들과 함께 마해송, 이원수, 강소천, 김요섭 등의 동화작가의 활동이 활발했다. 마해송은 풍자 문학의 동화세계를, 이원수는 현실 의식 집착으로 또 다른 사상적 패턴을, 강소천은 교육 동화와 꿈의 문학으로서의 이상상을 동화 작품으로 드러냈다. 강소천의 〈꽃신〉(1953), 〈꿈을 찍는 사진관〉(1954), 마해송의 〈떡배 단배〉(1953), 〈모래알 고금〉(1958), 이원수의 〈숲속나라〉(1953), 이주홍의 〈아름다운 고향〉(1954), 강소천의 〈무지개〉(1954), 이원수의 〈파란 구슬〉(1960) 등이 있다.

이후 발전시기에는 이원수 〈도깨비 마을〉, 〈엄마 없는 날〉, 〈잔디숲속의 이쁜이〉, 〈민들레 노래〉, 권정생 〈강아지 똥〉, 〈몽실언니〉, 〈사과나무밭 달님〉, 〈점득이네〉, 〈밥데기 죽데기〉, 이현주 〈육촌형〉, 〈웃음의 총〉, 〈알게 뭐야〉, 윤기현 〈서울로 간 허수아비〉, 〈고무신 한짝〉, 임길택 〈정말 바보일까요〉, 〈명지와 버스비〉 등 우리에게 익숙한 창작동화 작품들이 이 시기에 쏟아졌다.

③ 90년대 이후, 오늘의 동화들

채인선 〈전봇대 아저씨〉, 〈내짝궁 최영대〉, 〈삼촌과 자전거 여행〉, 위기철 〈생명이 들려준 이야기〉, 〈일곱번째의 기적〉, 황선미 〈마당을 나온 암탉〉, 〈샘마을 몽당깨비〉, 〈나쁜 어린이표〉, 김중미 〈괭이부리말 아이들〉, 박기범 〈문제아〉, 노경실 〈아버지와 아들〉, 〈상계동 아이들〉, 이금이 〈도들마루의 깨비〉, 〈너도 하늘말라리아〉, 김옥 〈학교에 간 개돌이〉, 안미란 〈씨앗을 지키는 사람들〉, 김우경 〈수일이와 수일이〉, 임정자 〈당글공주〉, 이림 〈마법에 걸린 산〉, 〈햇빛꽃 소녀〉 등이 있으며, 이 외에도 뛰어난 작가들의 좋은 창작동화들이 계속 나오고 있다.

라. 우리나라 창작동화의 선정기준

내용면에서 우리나라 창작동화는 다음과 같은 점을 고려하여 선정한다.
① 어린이를 삶의 주체로 보는가
② 일하는 삶을 귀하게 여기는가
③ 생명을 귀하게 여기는가
④ 우리의 역사적, 문화적 정서에 맞는가
⑤ 통일을 지향하는가
⑥ 꿈을 심어주는가
⑦ 더불어 사는 삶을 지향하는가
⑧ 정확한 지식을 주는가

위에서 제시한 기준은 현재 우리나라의 당면한 상황에서 보편적으로 견지해야 할 내용성을 제시한 것으로, 오래전부터 어린이도서연구회가 동화를 선정할 때 제시해온 항목들에다 ⑥과 ⑧을 덧붙인 것이다. 대개 우수한 작품들은 독자에게 '이 책의 의미는 이것이다' 하고 집어낼 수 없을 정도로 여러 의미가 중첩되어 깊은 감동을 준다.50)는 것을 고려해야 한다.

마. 창작동화의 구성요소

① 주제

창작동화는 문학의 한 형식이므로 주제, 소재, 구성이며, 이 중 구성 요소는 인물, 배경, 사건으로 이루어진다. 주제는 작품을 통해서 독자에게 보여주려고 하는 작가의 중심사상이다. **주제**는 작품의 중심 사상으로 주제가 불투명하면 작품의 흐름도 모호하여 문학적 감동이 일어나기 어렵다. 창작동화의 주제는 명확해야 한다. 동화에서 가장 빈번하게 사용하는 주제는 사랑이다.

---

50) 김도균, 「동화를 보는 눈과 비평」, 『동화, 이렇게 보세요』, 웅진, 1996, 19쪽.

② 소재

주제를 형상화할 수 있는 것은 **소재**이다. 소재는 이야기를 만드는 데 필요한 모든 재료가 다 해당한다. 작품을 꾸미는 데 필요한 자료 즉 이야깃거리가 소재이다. 가정생활, 먼 곳에서 일어난 사건, 동식물의 세계 등 어떤 것이라도 동화의 소재가 될 수 있다. 연령에 따른 소재의 유형을 보면 유아는 동물 소재가 가장 인기가 있다. 유아들은 친밀한 사물에 흥미를 느낀다. 특히 털 있는 강아지나 토끼. 고양이, 잠자리, 나비 때로는 자동차, 배, 비행기처럼 움직이는 소재 등등. 주의해야 할 것은 죽음이나 이별, 질병, 싸움 등 두려움이나 공포감 주는 소재는 적절하지 않다.

초등 저학년 역시 유아처럼 동물 소재가 인기 있다. 이 단계에서는 사회성이 발달하여 평탄한 구조보다 동물들끼리의 갈등을 통해 정의가 승리하는 이야기 구조를 좋아한다. 여기서는 주인물과 부인물의 대비를 다룬 인물 소재나, 사회생활의 기본 가치관 - 정의, 용기, 협동, 자연 사랑 - 을 형상화하는 사건 소재가 적절하다.

초등 숭학년은 상상력이 초스피드로 발달하기 때문에 소재도 환상적인 내용이 인기가 있다. 상상력과 가능성의 세계는 열어줄 수 있는 환상동화는 그 문학 세계 속에서는 신기한 이야기 속의 현실과 결부되는 주제 의식이 분명히 들어 있어야만 한다.

초등 고학년은 환상보다 현실로 관심이 돌아온다. 현실적인 소재와 사실적인 내용에 더 흥미를 가진다. 인물 소재는 신분이나 직업의 인물 선택에 제한을 받지 않는다. 다만 사회의 음지에 속하는 기생하는 인물에 대한 소재는 자제해야 한다. 사건 소재는 윤리적 금기에 속하지 않는 것이면 다 가능하다. 그 소재를 다룰 때 그 정신은 동심에서 출발해야 하고 이야기 전개에서 상승 모티브가 담겨 있어야 한다. 절망이나 고통 속에서 극복하고 해소되는 방향으로 이야기가 진행되어야 한다.

③ 구성

끝으로 **구성**은 인물과 배경, 사건으로 이루어진다.

먼저 인물은 반드시 학생이어야 한다는 원칙은 없다. 주인공이 천사일 수도, 괴물일 수도 있다. 의인화된 동화에서는 동식물이나 자연의 모든 사물이 인격화되어 학생이 상상력으로 의사소통이 될 수 있기 때문이다. 동화를 쓸 때 어떠한 인물을 어떤 성격으로 그리느냐 하는 문제는 매우 중요하다. 그 이유는 인물은 캐릭터의 성격을 말하는 것으로, 그 성격이 대립되는 다른 성격 또는 환경과의 갈등 때문에 사건이 일어나기 때문이다.

배경은 인물이 벌이는 사건에 시간과 공간을 부여하여, 그 사건이 실제와 같이 느껴지도록 현실감을 살려주는 역할을 한다. 곧 환경을 의미한다. 작품의 배경에는 판타지(Fantasy)와 리얼리티(Reality)의 차이가 있다. 판타지는 시간, 공간을 초월하여 광대한 우주의 어느 곳이든 또는 꿈속에서 이루어지는 사건이든 제약이 없다. 그러나 리얼리티는 어린이들의 생활 주변이 되어야 한다. 여기에서는 판타지와 리얼리티의 조화가 요구된다.

사건은 인물과 인물, 인물과 환경 사이의 갈등 때문에 일어난다. 환경은 주인공이 처한 열악한, 또는 주인공의 의지와 상반되는 환경 조건을 말한다. 즉 사건은 이야기의 전개로 작품의 골격을 갖추는 중대한 의미를 갖는다. 사건 전개를 통해 주인공이 더욱 뚜렷하게 보일 수 있으며 작중 인물에 대한 친밀감과 흥미를 느끼게 한다. 사건은 기·승·전·결의 일반적인 원칙을 중심으로 진행된다.

2) 외국 창작동화

가. 외국 창작동화의 발생

다른 나라의 아동문학 역시 우리와 마찬가지로 전승되어 오던 신화나 전설이 문자로 정착되면서 시작되었다고 볼 수 있다. 단지 차이점이 있다면 우리보다 1세기 내지 2세기 정도 빨랐다는 것이다. 다른 나라의 동화는 루이스 캐롤의 『이상한 나라의 엘리스』(1865)이후에 창작동화가 활발하게 창작되었다. 다른 나라의 창작동화에는 모험동화나 판타지가 많다는 것도 특징이다.

다른 나라 중에서도 영국이나 프랑스, 독일, 덴마크 등의 나라는 아동문학을 발생시키고 그것을 세계화하는데 큰 역할을 했다고 볼 수 있다. 영국의 뉴베리, 프랑스의 페로, 독일의 그림 형제, 덴마크의 안데르센 등이 있다. 다른 나라의 아동문학은 처음부터 어린이를 위한 작품으로 만들어진 것이 아니라 단지 도덕적이고 교훈적인 가르침을 쉽게 하려는 방편으로 활용됐다.

그러던 것이 어른들을 위한 소설이 어린이들이 읽는 동화로 변화되어 지금까지 잘 읽히고 있는 책도 있었다. 그 책으로는 존 번연의 『천로역정』, 다니엘 데포의 『로빈슨 크루소』와 스위프트의 『걸리버 여행기』 등을 들 수 있다.

이와 비슷한 때에 구전되어 오던 민화를 수집하여 책으로 편찬 또는 개작하거나 새롭게 만든 작가가 등장했다. 페로와 그림 형제와 안데르센이다. 이들 중 안데르센은 민화 수집뿐 아니라 순수한 창작작품도 발표하였다. 특히 그는 수집보다 창작에 열정을 쏟아 부었다. 「크라우스와 소 크라우스」, 「들판의 백조」, 「바보 한스」, 「불켜는 상자」 등이 그의 창작동화이다. 이처럼 다른 나라의 창작동화는 안데르센이후 옛이야기를 수집하는데 그치지 않고 자유롭고 창의적인 새로운 모습으로 어린이에게 다가왔다.

나. 외국 창작동화의 성장 및 변화

① 19세기 중엽에 들어 창작동화는 활발하게 창작된다.

영국은 루이스 캐럴의 『이상한 나라의 엘리스』(1865)를 시작으로 여러 나라에서 어린이의 마음을 사로잡는 신기하고 재미있고 무한한 상상을 주는 창작동화들이 발표되었다. 이 창작동화는 아동들에게 순수한 기쁨을 주는 이야기로 교훈주의를 배제한 내용이었는데 1872년에 속편 『거울 나라의 엘리스』가 출간되었다. 아동문학의 발전에 큰 공헌을 한 작품은 스트븐슨의 『보물섬』(1882)으로 『신 아라비안 나이트』와 함께 소개되었다. 이외에도 키플링의 『정글북』(1894), 오스카 와일드의 『행복한 왕자』(1888)가 유행했다.

프랑스는 위고의 『레 미제라블』(1882), 뒤마의 『삼총사』(1844), 『몽테크리스토 백작』(1844), 말로가 쓴 『집없는 아이』(1878), 르나아르의 『홍당무』(1883), 쥘 베르네의 『달나라 여행』(1865), 『해저 2만리』(1870), 『80일간의 세계일주』(1873), 『15소년 표류기』(1888)의 작품이 나왔다.

독일은 그림형제의 『어린이와 가정을 위한 동화집』(1812~1815)이 전 세계 아동들의 고전문학이 됨으로서 유명해졌다. 이외 호프만의 『호두까기 인형』(1821), 『황금항아리』와 사실주의 작가인 스톰의 『꼬마 헤겔만』, 『술독에서의 이야기』『인형 조종사 폴레』가 발표되었다.

미국에서는 스토우 부인의 『톰아저씨의 오두막』(1852), 올코트의 『작은 아씨들』(1868), 마크 트웨인의 『톰소여의 모험』(1876), 『허클베리핀의모험』(1884) 버네트의 『소공자』(1886), 『소공녀』(1888) 등 많은 창작동화들이 나와 세계 어린이들에게 읽혀졌다.

스위스에서는 스피리의 『하이디』(1881), 러시아에서는 문호 톨스토이가 쓴 『바보 이반』(1884)이 이 시기에 나왔다. 이탈리아에서는 콜로디의 『피노키오』(1881), 아미치스의 『쿠오레』(1886)가 나왔다. 19세기를 기점으로 아동문학을 작가의 사상과 혼이 담긴 창작물이 봇물 터지듯 발표되기 시작되었다. 이런 아동 문학은 20세기에 접어들면서 인쇄기술과 과학 기술의 발달로 다양한 작가의 여러 분야의 작품들이 더욱 활발하게 창작되었다.

② 20세기에 들어서면, 영국은 포터의 『토끼 피터』』(1903), 제임스 베리가 쓴 『피터 팬』(1911)과 극작가 앨른 알렉산더 밀른의 『아기 곰 푸우』(1926)가 나와 만화와 애니메이션으로까지 활용되어 다양한 문학의 변형이 가능하였다. 프랑스는 생텍쥐베리의 『어린 왕자』(1943.3)가 발표되었고, 미국은 몽고메리 부인의 『빨강머리 앤』(1907), 바움의 『오즈의 마법사』(1900)가 스웨덴에는 라게를뢰브의 『닐스의 신비한 여행』(1906)이 발표되었다. 20세기에 다른 나라의 창작동화는 어린이를 위한 수준 높은 작품들이 창작되었다.

③ 21세기에 들어서는 영국의 조앤. K. 롤링이 쓴 『해리포터시리즈』가 1999년에 발표된 이후 세계적인 인기를 누리고 있다. 영국은 아동문학의 발생지이며

성장지라는 그 이름이 아깝지 않게 끊임없이 훌륭한 작품을 창작해내고 있다.

다. 세계명작 다시 보기

어린이도서연구회가 매 5년(1981년, 1986년, 1990년, 1995년)마다 실시하는 어린이와 학부모 대상으로 책에 대한 인식 조사 결과를 살펴보면, 어린이가 좋다는 책의 1위부터 10위까지 우리 것은 단 한 권이 있고, 학부모가 좋다는 책엔 두 권이 끼어 있다.

어린이가 좋아하는 외국책을 보면, 『소공녀』, 『소공자』, 『빨간머리 앤』, 『명탐정 홈즈』, 『이솝우화』, 『15소년 표류기』, 『피노키오』, 『보물섬』이다. 어른이 좋아하는 외국 책은 『소공녀』, 『이솝우화』, 『장발장』, 『톰소여의 모험』, 『안데르센동화』, 『빨간머리 앤』, 『왕자와 거지』이다.

이 동화들은 대개가 18~19세기에 쓰여진 것들로 현대동화는 없다. 이런 동화가 나오게 된 외국 아동문학의 배경에 대해 알아보고 이런 동화가 주는 영향은 어떤 것인지에 대해 알아본다.[51]

① 어떻게 세계명작이 되었나

위 책들은 서구의 강대국들이 식민지를 넓혀가던 시기에 쓰여진 작품들로 당시 아이들에게 백인의 우월감을 심어주고, 식민지전쟁을 씩씩한 기상의 표현으로 인식하여 당시의 상황을 옹호하고 발전시키려는 의도를 가지고 있다. 일본도 식민지 전쟁을 준비하던 20세기 전후에 이런 책을 마구 번역하였으며, 일본문학의 영향을 많이 받고 있던 우리나라 문학계에서도 무비판적으로 받아들여 그 영향이 오늘에 이르고 있다.

② 세계명작이 어린이에게 미치는 영향은 무엇인가

서구중심의 사고방식에 젖게 한다, 아이에게 봉건적 사고를 심어준다, 인종에 대한 편견을 갖게 한다, 현실을 외면한 허위의식에 빠지게 된다, 요행을 바라게 된다는 점에 주의해야 한다.

---

51) 이희정, 「서양 아동문학의 흐름」, 어린이도서연구회 엮음, 앞의 책, 102-106쪽.

③ 서양 아동문학의 흐름에서의 몇 가지 교훈

아동문학에 있어서 어린이의 존재를 어떻게 보는가 하는 것은 매우 중요한 문제이다. 서양의 아동문학은 어린이에 대한 인식의 발달과 더불어 성장하였다. 어린이를 미완성된 인간으로 생각했던 때 어른들은 어린이의 입장에서 생각하지 않고 일방적으로 어른의 입장에서 어린이를 이해하고 책을 주었다. 19세기에 들어와서야 어린이는 그들만의 세계를 인정받아 이때부터 어린이가 즐길 수 있는 어린이를 위한 문학이 시작된다.

앞에서 살펴본 어린이 책들은 많은 책 중에 지금까지 살아남아 '고전'으로 불린다. 이 책들은 어떤 요소가 있어 어린이에게 끊임없이 사랑을 받고 있는가. 어린이가 좋아하는 책은 어떤 것인가. '상상력이 풍부한 책, 예술성이 높은 책, 철저하게 동심의 세계에서 쓰여진 작품'이다.

서양명작동화가 아무리 재미와 작품성이 뛰어나더라도 세계명작을 읽은 뒤에 느끼는 감동과 우리나라 창작동화를 읽은 뒤 느끼는 감동은 다르다. 그들과 우리의 정서가 다르고, 역사의 현실이 다르기 때문이다.

서구의 문명을 어떻게 극복할 것인가 하는 문제는 문학에서뿐만 아니라 문화 전반에 걸친 문제이다. 서양 아동문학 작품들은 우리가 겪고 있는 우리의 문제를 다루고 있지 않다. 우리의 문제와 정신은 우리나라 창작동화만이 다룰 수 있다.

④ 세계명작을 비롯하여 외국동화를 제대로 읽기

고전을 읽으려면 원작을 읽어야 한다. 어린이가 서양 고전을 읽을 수 있으려면 초등학교 3~4학년 이상이 되어야 한다. 20세기 이후 세계 각국에서 아동문학이 시작되고, 각 지역의 문화와 특성이 있는 작품들이 많이 출판되고 있다. 따라서 유럽에 편중되어 있는 책에서 벗어나 제3세계의 어린이 책을 다양하게 접할 기회를 얻음으로써 세계화 시대에 여러 문화에 대한 균형감각을 갖게 하는 것이 좋다.

5. 지식정보 책

1) 지식정보 책이란

지식정보 책은 과학이나 역사, 인물이야기, 환경, 미술, 음악, 사회 등과 같은 다양한 주제의 책을 말한다. 지식 책과 동화를 구분하는 데 가끔 혼란스러울 때가 있다. 자연을 소재로 한 동화가 있는가 하면 동화형식을 이용한 과학 책도 있고, 기록문 형식의 소년소설이 있는가 하면 소설처럼 쓴 논픽션도 있기 때문이다.

픽션(fiction)과 논픽션(non-fiction)을 가르는 기준은 작가가 '무엇을 어떤 방법으로 다루었나' 보다는 '무엇을 의도했나'에 있다.[52] 가령 작가가 바다에 사는 동물에 대해 설명하기 위해 책을 만들었다면 이 책은 논픽션(non-fiction), 즉 지식 책에 분류한다. 예를 들어, 조애너 콜과 브루스 디건이 쓴 『신기한 스쿨버스』는 판타지 기법까지 이용하고 있지만 논픽션이지만, 『라몬의 바다』, 『푸른 돌고래』는 픽션에 해당된다. 작가가 바다를 설명하기 위해 쓰지 않은 게 분명하기 때문이다.

좋은 지식정보 책이란 다음의 요건을 갖추어야 한다.[53]

첫째 기본요건은 정확성이다.
둘째, 어떤 사물에 대하여 명료한 사실이야기를 하여야 한다.
셋째, 지식 책은 시의성이 있어야 한다. 과거의 지식뿐만 아니라 최신의 연구 결과와 현재의 경험이 중요하다.
넷째, 어린이용은 어린이가 이해하기 쉽게 단순화하고 풀어쓴 책이어야 한다.

여러 분야에 대해 지식과 정보를 전달하고자 다루고 있는 책들을 세분화할 수 있지만 여기서는 크게 역사·인물, 과학·환경으로 나누어 살펴본다.

---

[52] 이성실, 「지식책 어떻게 볼까 : 과학 환경책을 중심으로」, 어린이도서연구회홈페이지(http://www.childbook.org)
[53] 위의 글, 동면.

2) 역사도서와 인물이야기

역사도서와 인물이야기 책은 역사적인 배경을 알아야 하므로 함께 읽어 가는 것이 좋다.54) 특히, 인물을 이해하기 위해서는 그가 남긴 업적도 중요하겠지만, 그보다도 어떠한 사회·문화적 배경에서 어려움을 극복하며 성장하였는가 하는 것이 더 중요하다. 인물을 다루고 있는 책이 어린이를 비롯한 독자들에게 전달하는 메시지가 바로 여기에 있기 때문이다. 그러므로 역사의 흐름과 함께 그 시대를 살았던 인물이야기를 어린 독자들이 함께 읽는다면 독서 효과가 배가 된다. 인물이야기 책은 예전에 위인전기로 부르던 것이었다. 하지만, 요즈음에는 인물이야기로 바꾸어 부르고 있다.

가. 역사도서

역사적 지식과 문화 전통을 이해·계승시키는데 효과적이다. 과거에 대한 성찰과 미래를 설계하는 정신적 능력을 배양할 수 있는 것이 좋다. 그리고 역사도서는 사실에 기인하므로 집필자나 편집자의 상상력이나 주관이 개입되지 않은 것이어야 한다.

① 역사도서의 범위

역사도서는 역사동화, 역사소설, 역사전문서를 포괄하고 있다. 일반 독서관련 자료에서 구분한 그대로를 활용하나 이러한 구분 기준이 아직 확실한 것은 아니다. 초등학교 어린이가 쉽게 접할 수 있는 책은 역사동화라고 본다. 이 역사동화는 산문의 형식으로 일반동화로 출판된 것도 많지만, 시중에 만화책의 형식으로도 출판된 것을 쉽게 볼 수 있다.

② 역사동화 및 역사소설

역사동화와 역사소설은 그 차이가 분명하지 않다. 굳이 구분을 하자면 그 분량의 차이, 읽는 독자의 연령 차이, 그 내용의 깊이 정도의 차이라고 본다. 초등학

---
54) 위의 논문. 97-98쪽.

교 저학년이라면 장편이 아닌, 활자 크기가 12포인트 정도는 되어야 하고 역사를 이해하지 못하는 난해한 용어나 인물과 구성이 복잡하지 않은 것이 적합하다. 결국 작가가 특정 계층은 위한 단계별 역사동화 내지 역사소설을 창작해야 한다.

㉮ 구성

역사동화는 어떤 인물이나 시대를 구분하여 설정하여 역사적 사실을 배경으로 사건 전개된다. 그래서 이야기 전개는 실제의 역사적 인물이나 사건으로 전개되어 있어서 작가의 사상, 감정, 역사관, 가치관 등이 작품 속에 숨어 있다. 등장인물은 실명 혹은 가명으로 사용하여 누구나 쉽게 읽고 이해가 될 수 있도록 줄거리가 엮어져 있다. 여기서 중요한 것은 역사동화나 역사소설의 제재가 우리의 역사나 다른 나라의 역사를 다루되 반드시 역사적 사실에 근거한 자료를 활용해야 한다는 것이다.

㉯ 필요성

어린이들이 역사동화를 읽어야 하는 필요성은 조상들의 문화전통을 이해하여 계승하게 하고, 올바른 역사관을 세우게 하고, 민족적 주체적 정신 고양시켜 주인의식을 갖게 하는데 있다.

㉰ 유의점

다른 종류의 책과 마찬가지로 역사가 들어간 동화라고 해서 다 읽을 만한 것은 아니다. 이러한 역사동화를 독자는 역사적 사건이나 왕조의 암기를 위해 읽는 책이 아니라 하나의 소설로 읽어야 한다. 또한 책 선정시 반드시 가치 판단의 기준이 되는 책을 고르고 집필자나 편집자의 상상력이나 주관 개입이 되지 않은 것인지 확인이 필요하다.

나. 인물이야기

어린이에게 모방심리를 자극하는 효과가 크며, 한 인물의 삶과 그 시대의 역사적 사실과 밀접히 관련된 것이다. 인물이야기 자료는 또 다르게 위인전, 전기, 인물전, 인물이야기 등으로 사용되고 있다. 초등학교 3학년, 4학년이 되면 우리나라와 외국의 인물들을 고르게 접하게 해주어야 한다.

① 인물이야기를 다룬 도서의 역사

인물 이야기가 어린이들에게 읽히기 위해 나오게 된 것은 외국의 경우 17~19세기에 청교도의 교훈적 주제인 종교적 훈련이나 효를 강조하기 위한 전기서가 나오면서부터이다. 1640년에 처음 등장한 전기는 그 이전에는 백성들이 귀감으로 삼거나 혹은 어떤 인물의 영광을 칭송하기 위한 목적으로 성인들과 왕들의 이야기가 주로 다뤄졌다. 특히, 가장 중요한 것은 주인공이 다른 평범한 사람들과는 얼마나 다르고 특별한 존재인가를 부각시키는 것이었다.

아동에 대한 사회적 태도에 영향을 많이 받아온 초기에는 아동 전기를 종교적, 정치적, 사회적 교육 수단이라고 여겨 전기는 사회적 훈육이라는 이름으로 생략과 왜곡으로 인물의 중요한 업적만을 강조하고 부각시켰다. 또한 아동이 주인공에 대한 감정 이입을 더욱 쉽게 하려고 인물의 어린 시절에 초점을 맞추고자 했다. 그러나 점점 몇몇 문학 비평가와 교육자, 전기 작가들에 의해 전기에서의 주인공의 이상화는 역사의 왜곡과 함께 발전도 저해한다는 주장이 제기되었다.

20세기 이후 아동심리학의 발달로 인물이야기는 변화가 일어나게 된다. 아동 전기 지난날의 결점을 극복하기 위해서는 유명하지는 않지만 중요한 인물, 평범한 인물, 심지어 반영웅까지도 포함해서 인물을 다양하게 선정해야 할 뿐만 아니라, 그 인물을 더욱 충실하고 정직하게 다루어야 한다.

② 인물이야기 도서 선정
 - 역사적 사실과 맞는가?
 - 위인은 어릴 때부터 다르다는 인식을 주는 과장된 표현은 없는가?
 - 위인은 이미 예정되어 있었다는 숙명론적 예정론이 아닌 것
 - 평범 속의 비범을 배우도록 하는 내용, 역사적 사실과 맞는가?
 - 등장인물·때·장소의 묘사가 사실처럼 생생한가?
 - 이야기 자체가 흥미롭고 재미있는가?
 - 역사적 사실이나 문제가 오늘의 문제를 이해하고 해결하는 데 도움이 되는가?
하는 점을 고려해야 한다.

또한, 다루고 있는 인물에 대해 고려해야 하는 것으로는,

㉠ 인물이 읽을 만한 가치가 있어야 한다는 점이다.

전기 작가가 신중한 조사와 저술에 충분한 시간을 투자할 만한 인물이어야 하듯 독자에게도 시간과 비용을 투자해서 읽을 만한 가치를 지닌 사람이어야 한다. 이것은 역사상 두드러진 업적을 남긴 인물이나, 잘 알려진 유명한 인물만을 다루어야 한다는 것을 의미하지는 않는다. 전기의 주인공은 항상 똑똑하거나 잘난 인물일 필요도 없고, 늘 성공만을 해온 인생의 승리자일 필요도 없다. 오히려 이런 인물은 인물을 읽는 독자로 하여금 동일시 대상으로부터 멀어지게 해서 인물에 대한 감정 이입을 저해하는 요소로 작용하여 전기를 읽는 재미를 반감시킬 수 있다.

㉡ 인물이 다면적인 캐릭터를 가진 인물인가?

유명한 인물이든, 유명하지 않든 간에 전기에서 다루는 인물은 실패와 좌절을 딛고 일어선 의지의 인물, 덜 알려진 인물이라 할지라도 특정한 분야에 치중한 인물, 유명하진 않지만 배울만한 가치가 있다고 여겨지는 인물 등을 다루어야 한다. 왜냐하면 '위인'이라는 틀에 가려 그 사람의 본 모습을 제대로 보지 못하는 실수를 저지르지 않고, 한 사람의 '인물'을 우리와 같은 사람으로서 객관적으로 볼 수 있도록 해야 하기 때문이다.

내용면에서도 고려되어야 할 요소들이 있다. 글에 적합한 그림의 정확성과 정직성이 요구된다. 그 주제는 수집한 자료가 확실한 주제야만 된다. 문체는 상투적인 표현이나 미사여구는 금물이고 사실에 대한 정확한 전달을 하는 문장이어야 한다. 문학적 가치는 단순한 사실에 보고서 형식의 지식전달을 문학작품으로서의 수준으로 표현되어야 한다.

③ 위인전집 분석 자료

항목	대조
남성:여성	69 : 3
한국인:외국인	37 : 35
국적 분포	미국 11 영국 6 프랑스 5 이탈리아 3 독일 3 중국 2 인도 2
직업분포	장군 16 왕(수상/대통령)12 과학자 10 종교인 7 학자 (유학/철학) 7 우국선열 6작가 4 기업인2 음악인 2 운동선수 1 교육자 1 의 순서로 분포

3) 과학・환경도서

국내에서는 어린이용 과학 책이라고 하면 대개는 '과학동화'를 떠올릴 만큼 과학동화 책이 그동안 활발하게 출간되었다. 과학동화는 과학적인 내용을 설명하기 위해 쓴 동화로서 지식 책의 범주에 포함된다. 과학동화는 과학을 설명하고자 하는 목적과 동화로서의 완성도가 함께 필요한 책이다.

과학・환경도서도 우리 자연을 소재로 우리의 관점에서 풀어낸 책을 우선하여 읽을 필요가 있다. 보리출판사에서 10여 년의 과정을 통해 출간한 동물도감과 식물도감, 보림출판사의 전통과학시리즈인 『배무이』, 『옷감짜기』, 『집짓기』, 『고기잡기』 등도 우리의 관점에서 풀어낸 책들이다.

과학・환경도서는 어린이에게 새로운 지식, 창의력을 개발할 수 있게 해주고 미래에 대한 꿈과 희망을 심어 주는 지식 계발 목적의 도서라 할 수 있다.

가. 과학・환경도서의 범위

과학・환경도서는 과학동화 및 환경동화, 과학학습서(과학도서)를 포함한다. 과학동화 및 환경동화는 과학소설과 구분이 모호하다. 이에 대한 학자들의 깊이 있는 연구 노력이 필요하다.

과학도서란 사전, 백과사전을 포함한 각종 학습백과사전으로서 과학 기술책과 자료를 합친 명칭이다. 과학동화가 생소한 과학지식을 습득하기 수월하게 적절히 이야기로 펼쳐져 있다면, 과학도서는 과학자들이 발견하고 연구한 이론이나 상식, 지식을 그대로 기록한 것을 말한다. 과학도서는 학년별로 꼭 알아야 할 것을 자료로 찾아 익힌다면 학습에 상당한 도움이 된다. 특히 동물도감이나 식물도감은 그 원산지나 생활상, 서식지 등이 잘 명시되어 있다.

□ 과학·환경동화의 내용

동화는 과학적 사실에 기초하여 줄거리가 전개되어야 하고, 그 내용은 과학적 사실과 비과학적인 구상으로 독자에게 흥미를 유발시켜 과학의 신비에 대한 탐구를 하게 하여, 독자로 하여금 공상과 상상의 세계를 펼칠 수 있게 해주어야 한다.

나. 과학·환경동화의 필요성

어린이들이 과학·환경동화를 읽어야 하는 이유는 첫째로 어린이에게 새로운 과학의 지식을 전달하게 하고, 둘째로 독서 후 어린이의 창의력을 신장시키고, 셋째로 어린이들의 미래에 대한 꿈과 희망 고취시키기 위해서이다.

과학동화는 과학이 쉽고 우리 주변의 생활 속에 과학의 원리가 스며들어 있다는 것을 깨닫게 해주는 중요한 매체이다. 특히 과학동화는 시리즈로 주로 출판되어 있다. 일상생활의 궁금한 내용들이 체계적으로 다양하게 구성되어 있어서 어린이의 호기심을 충족시키고 있다. 다만 읽는 시기와 책 선정에 관한 것을 잘 고려해야 할 것이다.

대학입시 논술에서 수리논술이 지정됨으로 수학이나 과학에 관련한 도서에 대한 관심이 커지고 있다. 물론 다양한 과학 관련 책을 많이 읽는 것도 중요하지만, 그 이론이나 지식을 자기 것으로 만들지 않으면 결국 책을 읽은 것으로 끝날 수 있다. 혹 알게 된 과학원리에 대해 정확하게 제대로 알고 싶다면 실험이나 관찰로 그 결과에 대한 것까지 확인해 보는 것도 한 방법일 수 있다.

과학은 "실험을 통해서 그 개념을 파악하는 것이 습관화되어야 한다"라고 전문가들은 주장한다. 초등 과학의 경우에는 서술형 평가는 학습 내용의 이해 정도와 관찰 사실을 기술할 수 있어야 한다. 논술형에서는 관찰한 현상과 사실에 대한 학생의 견해를 설명해야 한다. 이를 위한 효과적인 학습 방법은 강낭콩 기르기나 토끼 키우기 등 실습과 관찰로 과학적 관찰력을 높일 수 있다.

다. 과학 · 환경도서 선정 기준

- 과학에 대한 지식이 단계별로 이해 가능한 어휘로 설명되어야 한다.
- 과학지식에 대한 설명이 그림으로 좀 더 구체화된 것이어야 한다.
- 작가, 그림, 사진, 감수, 추천, 엮음에 대한 정확하게 표시되어야 한다.
- 전달하려고 한 내용이 이야기로 잘 펼쳐져 있어야 한다.
- 과학에 대한 맹목적 추종이 배제된 것이어야 한다.
- 유명인사의 감수, 추천이라는 이름이 붙어 있지 않은 것으로 지은이가 명시된 도서이어야 한다.
- 환경 · 과학도서는 무엇보다 여러 사람의 노력과 시간이 많이 들어간 것이 내용면에서 알차다.(예, 파브르 곤충기)
- 어린이의 어휘 수준에 맞지 않는 학술용어를 그대로 쓰고 있지 않는가를 살펴본다.
- 글로만 설명할 수 없는 경우가 많으므로, 그림으로 자세하게 설명된 것이 좋다.

6. 신문 · 잡지

1) 신문

신문은 가장 전형적이며 오래된 매스 커뮤니케이션 중 그 한 형태이자 현상이다. 신문은 시사성, 공공성, 주기성 등과 같은 속성을 갖는 것이 특징이다. 새로운 소식을 제때 빨리 전해주는 것이 시사적인 특징이고, 대중을 위한 공공의 일을 누구나 알 수 있도록 독자 일반에게 보도하는 것이 공공적 특성이며, 일정한 시간적 간격을 두고 그때그때 주기적으로 발간되는 것이 주기적인 특성인 것이다.[55]

오늘날은 정보의 범람시대라고 일컬을 만큼 방대한 양의 정보가 다양한 매체를 통해 매 순간마다 양산되고 있다. 이러한 방대한 양의 정보로부터 정보를 취

---

[55] 강상현 · 채백 엮음, 『대중 매체의 이해와 활용』, 한나래, 1993. 59쪽.

사선택하여, 그 정보로부터 무엇을 얻을 수 있는지 정보의 질을 가늠할 수 있는 안목을 요구한다. 또한 주어진 정보를 가공, 활용하여 새로운 가치를 창출해야 하는 과제를 안고 있다. 이에 최신성, 시사적인 정보를 오늘날 가장 적절하게 취할 수 있는 매체가 신문이라고 할 수 있을 것이다.

가. 신문의 기능

신문이 가지는 그 본래의 기능은 네 가지다.

첫째, 보도 기능으로 우리가 살고 있는 주변 환경에서 일어나는 여러 일들을 알리는 것이다.

둘째, 지도 기능으로 보도된 사실이나 현상에 대해 입장이나 견해, 태도를 표명하여 독자들을 설득하고 계도하여, 독자들이 취해야 할 방향을 일러 주는 것이다.

셋째, 오락 기능으로 스포츠, 연예, 소설, 만화, 취미 기사 등을 통해 독자들에게 즐거움을 주는 것이다.

넷째, 광고 기능으로 광고를 통해 상품과 시장에 관한 지식과 정보를 독자들에게 제공하여 주는 것이다.

이러한 신문이 갖는 기능에 따라 읽는 시각도 다양하다. 먼저, 새로운 소식을 접하게 되는 전매체로 읽기이다. 다음은 지식·정보의 전달과 더불어 해설에 따른 교육 자료로 읽기이다. 끝으로 기사를 읽는다는 직접 체험을 놀이 개념으로 읽기이다.

이외에 신문은 어린이에게 교육적 기능을 가지고 있다. 영상매체가 인기를 누리는 21세기에도 신문은 교육적 차원에서 논리적이고 창의적인 사고력 향상의 자료로 활용이 되고 있다. 사설, 만화, 만평, 뉴스, 정치, 경제, 사회, 문화면, 인터뷰, 광고, 독자 투고, 기타 르포, 특집 기획, 설문 조사 등으로 이루어지는 지면 구성은 독자에게 총체적이고 다양한, 삶의 모습이나 지식 또는 정보를 손쉽게 접하도록 해준다.

신문이 가지는 교육적 기능은,
- 다양하고 현실적이며, 저비용의 보조교육 자료제공
- 일상적인 역사적 기록 및 정보의 접촉
- 실용적 어휘력과 문장력의 증진
- 학생들에 대한 개인적, 사회적 교육 추구
- 신문에 대한 미디어로서의 이해촉진
- 신문제작과정의 이해

따라서 신문이 교육자료로 활용되는 신문활용교육(Newspaper In Education = NIE)은 이제 교육 현장에서 일반화된 현상이라고도 할 수 있다. 우리나라에서는 중앙일보를 시작으로 조선일보, 뒤를 이어 동아일보 등 유수의 신문사들이 신문활용교육(NIE) 연구와 보급에 참여하고 있다.

나. 신문의 역사

문자에 의한 신문 유사물의 자료는 로마시대까지 거슬러 올라가 볼 수 있다. 유럽의 경우 최초 일간 인쇄물은 1666년 독일의 라이프치이에서 발간된 ≪라이프치거 차이퉁≫(Leipiziger Zwitung)이고, 이어 1702년 영국에서 ≪데일리 쿠란트≫(Daily Courant)가 두 번째로 나와서 라이프치거 차이퉁이 일간에서 주간으로 바뀌는 동안 굳건히 일간지로 자리매김을 하여 그 후 다른 일간지가 발간되는데 지대한 영향을 끼친다.

우리나라의 경우 신문 유사물의 자료는 조선시대까지 거슬러 올라가지만 최초의 근대적 신문은 1883년 10월 31일에 박문국에서 발행한 ≪한성순보≫이다. 이 신문은 일본을 다녀온 박영호가 국민계몽을 위해 창간하였는데 문자는 순국문으로 되어있고, 그 내용은 외국 사정과 개화사상에 관한 것이다. 1884년 갑신정변으로 폐간한 ≪한성순보≫를 대신하여 ≪한성주보≫가 1888년까지 그 명맥을 이어오다가 결국 경영난으로 폐간한다. 그 자리를 1896년 서재필에 의해 창간된 ≪독립신문≫이 민간지로서는 최초의 신문이다. 최초의 일간지는 1898년에 창간된 ≪매일신문≫이다.

한국의 신문은 다른 어떤 나라와의 신문과도 다른 특징적 위치를 차지한다. 신문이 발간되는 시기도 다른 나라보다 늦었지만 신문이 발간되어 확고한 위치를 잡기도 전에 일제강점기라는 시련으로 제대로 꽃을 피우지 못하게 된다.[56]

다. 어린이 신문의 역사

우리나라에서 어린이에게 관심을 가지고 어린이를 한 인격체로 제대로 대우하기 시작한 것은 그리 오래되지 않았다. 어린이의 문화를 활성화하는 교육적인 매체로 신문이 그 길잡이 역할을 할 수 있다. 최초의 어린이신문은 1913년에 ≪붉은 저고리≫가 창간되었으나 활성화되지는 못하였다.

주요 4대 일간지의 자매지 중에서 가장 오래된 어린이신문은 1997년에 창간 60주년을 맞은 ≪소년조선일보≫이다. 이것은 일본강점기에 내일의 주인공인 어린이들에게 꿈과 희망을 심어주고 새로운 지식을 전해주기 위하여 조선일보사가 발간한 것이다. 조선일보는 매주 1면씩 ≪소년조선일보≫를 편집하다가 1937년 1월 10일 "조선의 어린이들이 굳세고 슬기롭게 자라도록 이끌고 새로운 것을 익히려는 어린이들의 지식 욕구를 채워주기 위해 매주 일요일마다 4쪽씩 소년조선일보를 펴냅니다."라는 기사를 내보냄으로써 이것의 탄생을 전국에 알렸다. 초기 소년조선일보는 주 1회 타블로이드판 4면으로 발행되었는데 1면은 주로 화보로 꾸몄고 역사와 과학, 학습, 동화, 동시, 동요가 나머지 3면에 실렸다.[57]

어린이신문에 대하여 한윤옥은 다음과 같이 서술하고 있다.[58]

일본강점기에는 어린이들에게 독립 정신을 일깨워 애국애족의 정신을 불어넣는 데 힘을 썼으며, 1950년대 이후에는 어린이를 위한 교육과 문화에 관심을 기울인다. 1980년대 들어서 어린이 신문사상 최초로 50만 부를 발행하는 기록도 세우고 1996년부터는 홈페이지를 만들어 인터넷에 올리고 전 세계에 기사를 소개하기도 한다. 또한, 1988년 9월 1일에는 우리나라 유일의 중학생 대상지인

---

56) 이정춘 편저, 『언론학 원론』, 이진출판사, 2002, 82-83쪽.
57) 조선일보, 1997. 1. 10일 자.
58) 한윤옥, 『어린이 정보자료활용』, 아세아문화사, 1997, 203쪽.

≪중학생조선일보≫까지 창간한다. ≪소년동아일보≫는 동아일보사에서 1955년 1월 1일부터 문화면의 일부에 '소년동아'란을 꾸미다가 1959년 2월 22일부터 타블로이드판 4면의 ≪소년동아일보≫를 주 1회 발행하다 잠시 중단하다가 1965년 4월 1일 창간 45주년을 기념하여 ≪일간소년동아일보≫를 발간한다. ≪소년한국일보≫는 1960년 7월 17일 우리나라 최초의 어린이 일간신문으로 창간되며, ≪소년전북일보≫는 1990년 3월 전북 지역 내에서 독자적으로 창간한 어린이신문이다.

어린이신문은 더 발전하여 다양한 어린이 문학과 생활 등 어린이 문화를 측정할 수 있는 수준으로 올려져야 한다. 현재로 어린이신문이 소수에 머문 상태이고 발간 부수 및 판매 부수 역시 일반신문에 견줄 수가 없다. 이러한 어린이신문이 그래도 일반신문의 유형을 본떠 비슷한 구조로 바뀌게 된 것은 그나마 다행한 일이다. 어린이들이 어린이신문을 제대로 읽어오다가 일반신문을 쉽게 받아들일 수 있기를 바란다. 물론 어린이신문이 가지고 있는 문제점 - 만화나 광고의 과다한 사용, 학습용 지면 - 이 있으므로 그것을 고려하여 읽고, 또 개선을 위해 노력해야 한다.

라. 어린이 신문 종류와 평가

우리나라의 경우 인터넷으로 볼 수 있는 어린이 신문은 총 6종으로 주요 일간지에서 발간되는 ≪소년동아일보≫[59], ≪소년조선일보≫[60], ≪소년한국일보≫[61]와 국내 유일의 어린이 영자신문인 ≪키즈헤럴드≫[62]와 지방지로서는 ≪경남어린이신문≫[63]과 ≪어린이강원≫[64], 전문 어린이 신문으로는 ≪송알송알≫[65]과

---

[59] 동아일보에서 발간되는 어린이신문으로서, 어린이 뉴스, 창작 글모음, 만화, 소설연재, 학습자료, 과학상식 등이 담겨있다.(http://kids.donga.com/).
[60] 디지틀 조선일보 어린이신문으로서, 어린이 뉴스, 한글, 영어, 컴퓨터, 동화 학습, 만화, 게임, 놀이, 학부모, 교사 교육 자료 등으로 구성되어 있다.(http://kid.chosun.com/)
[61] 한국일보 어린이신문으로, NIE, 영어학습, 낱말퀴즈, 만화연재, 부모 교육자료 등이 실려 있다. (http://www.hankooki.com/kid/kid.htm).
[62] 코리아헤럴드 어린이 영어신문으로서 영어 기사, 신문활용교육, 캠프 안내 등을 하고 있다. (http://www.kidsherald.co.kr/).
[63] 어린이 기자들이 쓴 기사로 발행되는 경상남도 지역의 어린이 신문이다. (http://www.i-report.co.kr/).
[64] 강원일보에서 발간하는 것으로, 동시, 산문 등 어린이 글 소개, DDR, RBJOY 설치 방법, 만화, 컴퓨터, 한자, 영어, 논술, 별자리 학습, 요리, 쪽지, 온라인카드 보내기 등으로 구성되어 있다.

≪어린이 경제신문≫[66] 등이 있다.

또한 국립중앙도서관에 등록된 어린이신문은 다음과 같다.

즉 일간지 3종으로 ≪소년한국일보≫, ≪소년조선일보≫, ≪소년동아일보≫, 월간지 1종으로 ≪(월간)고양어린이≫, 주간지는 7종으로 ≪어린이서울경제≫, ≪어린이저널≫, ≪(수원)새어린이신문≫, ≪(한국교회)어린이신문≫, ≪굴렁쇠≫, ≪(21세기)어린이신문≫, ≪(서울21세기)어린이신문≫이 있으며, 그 외 격월간인 ≪글사임당≫, 격주간인 ≪(지구촌)어린이신문≫, 주 3간인 ≪21세기어린이신문≫이 있으며, 간기가 불명확한 ≪한국어린이≫와 ≪(광명)어린이신문≫이 있다.

공식적으로 발간되는 어린이신문은 비록 소수이지만 어린이 사랑에 대한 인식을 심어준다거나 한국 어린이문학과 만화의 발전에 끼친 영향 혹은 어린이문화 형성에는 큰 기여를 한 매체이다. 현재 발행되고 있는 어린이신문은 성인신문과 비슷한 구조로 되어 있어, 성인신문을 접하게 될 때 쉽게 적응할 수 있다고 예상된다. 또한, 전국에 있는 각 학교들의 소식을 제공함으로써 이들이 결속을 강화하는 데에도 한 몫을 담당하고 있다. 그러나 광고와 만화가 차지하는 비중이 너무 크고 학습 문제들이나 스포츠 기사가 대부분이라는 것도 다양하고 객관적인 정보를 제공해야 한다는 신문의 기능을 생각할 때 내용상의 문제로 지적될 수 있다.[67]

2) 잡지

우리 주변에서 쉽게 접하면서도 신문이나 방송, 영화처럼 사람들에게 주목을 받지 못하는 인쇄매체는 잡지이다. 잡지는 호를 거듭하여 정기적으로 간행되는 출판물을 뜻한다. 매거진(Magazine)은 잡지란 말의 영어로 '창고', 즉 '지식의 창고'를 의미한다. 잡지는 특정영역에 관한 집필자의 사상, 주장, 연구, 경험, 보고, 기록, 창작 등을 문자, 사진, 도화 등의 형식으로 구체화하여 그의 내용을 편집,

---

(http://www.kidkangwon.co.kr/).
65) 독후감, 영어일기, 초등논술, 신문만들기, 기행문, 편지 등이 수록되어 있다.
(http://www.koreakidnews.org/).
66) 신문을 이용한 학습법 NIE를 소개한다. (http://www.econoi.co.kr/).
67) 위의 책, 204쪽.

정리, 배열하는 과정을 거쳐 발행자가 독자들에게 알리고자 하는 내용을 종합적으로 표현하여 제책한 것을 동일한 제호 아래 정기적으로 발행하는 것이다.

가. 잡지의 기능

잡지의 특성으로는 인쇄매체로서의 기록성, 정기적인 발행기간에 따른 정기성, 의견이나 주장이 다른 것도 전달하려는 지도성, 오락적 기능의 오락성 등을 들 수 있고, 주된 기능으로는 역시 보도기능과 교육기능, 오락기능을 들 수 있다.[68]

나. 어린이 잡지의 역사

어린이를 위하여 최초로 발간된 우리 어린이 잡지는 1908년 육당 최남선이 발행한 ≪소년≫지로 국판 84면의 본문과 3장의 화보로 엮어졌다. 이 잡지는 창간호에서 간행취지를 "우리 대한으로 하여금 소년의 나라로 하라. 그리하면 능히 이 책임을 감당하도록 그를 교도하여라"라고 밝혔다. ≪소년≫지는 1908년 11월부터 1911년 5월까지 4년에 걸쳐 통권 23호까지 발간되었으며 그동안 육당의 신체시 〈해에서 소년에게〉를 비롯하여 번안작품인 〈거인국 표류기〉, 〈이솝이야기〉, 〈로빈슨 무인절도 표류기〉 등을 실어 아동문학의 싹이 트는데 큰 공을 세웠다.

소파 방정환은 1923년 우리나라 최초의 아동문예지인 ≪어린이≫지를 창간하였다. 이 잡지는 처음으로 '어린이' 라는 호칭을 사용했으며 1934년 12년 동안 통권 122호까지 발행되었는데 동요, 동화, 동화극본 등 다양한 문학장르로 구분하여 작품을 실었다. 이로 인해 어린이들이 다양한 장르의 문학에 대한 감상 능력이 길러지게 되었다.

이외에도 1930년대와 40년대에 많은 잡지들이 계속 발간되었지만 일본의 탄압아래 폐간되는 일이 되풀이 되었으며, 1950년대에는 전쟁 때문에 창간된 몇 개의 잡지가 폐간되는 비운을 겪는다. 1960년대 이후부터 아동문학 전문지로서 ≪아동문학≫(1962), ≪아동문학사상≫(1970) 등이 발간되어 아동문학의 이론정립에 공헌하였으며, 현재까지 아동문학에 대한 평론이 부족하다는 지적 속에서도 ≪아동문예≫, ≪아동문학 평론≫, ≪아동문학연구≫, ≪한국아동문학≫, ≪현대아동문학≫ 등이 꾸준히 나오고 있다.

최초 근대 어린이 잡지인 ≪소년≫을 시작으로 소파 방정환이 주축이 된 ≪어

---
68) 위의 책, 204쪽.

린이≫를 비롯한 수많은 어린이 잡지가 발간과 폐간을 거듭했다.69) 이후에도 〈표 4-4〉와 같이 32종의 어린이 잡지가 발행되고 있다.

〈표 4-4〉 국내 전문 어린이 잡지 발행 현황

제호	발 행 처	간별	창간 년도
과학소년	교원	월간	1991
과학쟁이	웅진닷컴	월간	2000
꽁뜨드빼	(주)무크하우스	월간	2002
놀이놀이	(주)삼성출판사	격월간	2001
동시와 동화나라	글사랑책사랑	계간	1999
사이언스메거진	드림웍스21	월간	2001
새벗	성서원	월간	1978
색동문화	색동회	연2회	2000
생각이 저요저요	어린이문화진흥회	계간	1992
생각쟁이	웅진닷컴	월간	1998
소년	천주교서울대교구유지재단	월간	1964
소년문학	산하출판사	월간	1990
스카우트	한국보이스카우트연맹	월간	1969
시와 동화	시와동화사	계간	1977
아동문예	아동문예사	월간	1976
아동문학	아동문학사	월간	1988
아동문학시대	한국문예교육연구원	계간월간	1999
아동문학평론	아동문학평론사	계간	1976
아이앤맘	아이앤맘	월간	2001
아침햇살	아침햇살	계간	1995
어린이동산	농민신문사	월간	1984
어린이문예	부산문화방송(주)	격월간	2000
어린이문학	어린이문학협의회	월간	1998
어린이세계	극동문화	월간	1964
어린이와문화	문예출판사	월간	1997
열린아동문학	세손출판사	계간	1999
열린어린이	오픈키드(주)	월간	2002
와와일공구	와와일공구	월간	2001
위즈키즈	교원	월간	2000
유아	월간 유아	월간	1983
재미상자	(주)모음커뮤니케이션	월간	2002
티비유치원하나둘셋	한국방송출판(주)	월간	1991

---

69) 어린이도서연구회 엮음(1991), 앞의 책, 52쪽.

다. 어린이 잡지의 종류와 평가

표에서 소개되고 있는 어린이잡지가 32종이지만 실제 어린이들이 즐겨 읽는 잡지는 거의 없다고 볼 수 있다. 또한, 어린이 잡지는 구독 정도에 따라 창간과 폐간이 계속 이루어지고 있어 변화가 많다.

위 목록에 있는 32종의 잡지 중에 이후 적지 않은 잡지가 폐간되었고, ≪꼬망세≫월간 / 한국교육출판사, ≪굴렁쇠어린이≫월간 / 불지사, ≪어린이과학동화≫격주간 / 동아사이언스, ≪개똥이네 놀이터≫월간 / 보리, ≪고래가 그랬어≫월간 / 야간비행, ≪예수님이 좋아요≫월간 / 두란노, ≪어린이 좋은생각≫월간 / 좋은생각, ≪시사통≫월간 / 한솔교육미디어, ≪초등독서평설≫월간 / 지학사 등의 잡지가 창간되었다.

최근들어 어린이를 대상으로 한 잡지가 크게 늘고 있으나, 논술·과학 등 특정(特定) 분야에 한정된 경향을 나타내고 있다. 통합 논술이 강조되는 사회 분위기에 따른 불가피한 현상이라고는 해도, 어린이 눈높이에 맞춘 순수 아동지는 여전히 드물어 아쉬움을 준다.

2005년 말 현재 한국잡지협회에 등록된 어린이 잡지는 20종 남짓이었으나, 올해 들어 32종으로 크게 늘었다. 아직 협회에 등록되어 있지 않은 것까지 합하면 40종을 훌쩍 넘을 것으로 보인다. 숫자로는 2년 전에 비해 2배가 늘어난 셈이다.

≪어린이 동산≫, ≪소년≫과 같이 어린이 종합교양을 내세운 순수 어린이잡지는 창간 대열에서 제외되어 있다. 최근 선보인 잡지 대부분이 논술과 과학을 내세우고 있다. 기존에 국내외 유명 인물중심으로 발행되던 잡지도 어린이 논술 및 인물 중심으로 방향을 틀었다. 과학잡지를 표방하고 창간된 것도 있다. 이 책 대부분이 각 서점 잡지 코너의 맨 앞을 차지, 초등학생들을 손짓하고 있다. 하지만, 일부는 구성이 빈약하고, 청소년 80%가 결혼에 반대한다는 것과 같이 내용이 초등학생과 어울리지 않는 등의 문제점을 드러내고 있다.

창의력과 사고력을 높여 준다는 본래 취지를 무색하게 하고 있는 것도 있다. 어린이과학잡지 역시 내용이 빈약한 데다, 독자 확보를 위한 부록 경쟁에 치중하고 있어 별책 부록을 끼워서 팔고 있는 식이다. 출판사들이 홍보 및 마케팅 전략으로 창간한 잡지들도 적지 않다. 이 가운데는 학습, 교양, 오락을 표방하고 있으나, 자사가 출판한 동화나 동시로 채우거나, 흥미위주의 만화로 지면 대부분을 채우고 있는 것들도 있다.

어린이 잡지이지만, 잡지의 고유한 기능과 독자 대상인 어린이의 요구에 부응한 잡지 또한 드물다고 볼 수 있다. 어린이 스스로 구독할 수 있는 경제력이 없기 때문에 전적으로 부모에게 의존할 수밖에 없는데, 부모는 이러한 어린이잡지에 대한 이해가 부족하다. 어린이잡지가 많이 나오고 있지만 순수 아동잡지라고 할 만한 것은 거의 없어 아쉽다.

잡지를 고를 때는 어린이 특성을 고려하고 있는지, 수준에 맞는지를 꼼꼼히 확인해 봐야 한다. 어린이잡지는 어른 문화의 축소판으로서 문화 예속이 아니라 잘못된 어른 문화의 위압에 굴하지 않고, 어린이 스스로의 것이 될 수 있는 문화창조를 위한 것이어야 한다. 그렇게 되기 위해서는 잡지 편집인뿐만 아니라 교사, 학부모들이 올바른 시각을 갖고 어린이 잡지를 판단·평가하고 구독하는 것이 필요하다.

7. 뉴 미디어 자료

1) 뉴 미디어의 등장

인류는 인쇄매체를 통해 지식을 도서형태에 담아 손쉽게 전달하고 이용해왔다. 그러나 인쇄매체는 소리(audio)와 동영상(video) 등 순간에 지나가는 정보나 지식을 축적할 수 없다는 단점이 있다.

이러한 문제를 해결하기 위해 생겨난 매체가 뉴 미디어다. 이들 뉴 미디어들은 시각기능과 청각기능의 활용, 그리고 정보통신 기술이 결합한 형태로 발달하여 교육, 문화, 오락 등 다양한 방면에서 활용되고 있다.

현재 활용되고 있는 어린이를 위한 인쇄매체로 각종 그림책, 동화책, 동요책, 어린이신문과 어린이잡지 등이 있다. 이들 인쇄매체에 담긴 내용들이 컴퓨터와 정보통신 기술과 결합하여 새로운 매체인 뉴 미디어를 탄생시키고 있다.

이들 뉴 미디어에는 시청각자료, 전자자료 등이 있다. 시청각자료에는 음성만을 전달해 주는 청각자료, 영상만을 제공하는 영상자료, 음성과 영상이 결합된 시청각자료가 있다. 청각자료는 테이프나 컴팩트디스크(Compact Disc)를 들 수 있으며, 영상자료는 슬라이드 등이 있으며, 시청각자료는 비디오 테이프, 영화, DVD 등이 있다.

시청각자료에다 컴퓨터와 정보통신 기술의 결합은 새로운 매체를 탄생시켰다. 이에 해당하는 대표적인 매체가 CD-ROM, PC통신, Internet을 들 수 있다.

이러한 전자문헌형태의 뉴 미디어는 on-disc형태와 on-line형태가 있다. on-disc형태의 대표적인 매체가 CD-ROM(Compact Disc Read-Only Memory)이고, on-line형태의 대표적인 매체가 PC통신과 Internet이다.

CD-ROM은 대용량과 고속엑세스의 특징을 가지고 있다. on-line매체에 비하여 통신비용이 들지 않고, 전문적인 지식이 없어도 이용할 수 있다는 장점이 있다. 용량은 CD 1장에 540MB - 680MB 정도 수록이 가능하다. 이를 인쇄 매체와 비교해보면 500페이지 분량의 책 300권에 해당되고, A4용지 30만 장에 해당되는 용량이다. 그러나 CD-ROM은 현시성이 필요한 분야에 정보제공에 한계가 있어 백과사전, 각종 서지류, 오락용, 교육 및 학습용으로 많이 사용되고 있다.

이에 비하여 현시성이 필요한 정보는 on-line매체를 활용하고 있다. 예를 들어, 신문사나 방송국에서 인터넷의 쌍방형의 장점을 살려 기존의 신문기사나 텔레비전 방송의 일방형이 지닌 단점을 최대한 극복해 나가고 있다.

뉴 미디어는 정보전달이나 교육의 도구로 사용할 때 인쇄매체보다도 효과적일지 모른다. 그러나 사고력과 창의력을 기르는 데는 한계가 있다. 창의력과 사고력 진작과 관련된 실험을 한 한윤옥 교수는 다음과 같은 사실을 보고하고 있다. 초등학교 어린이 25명에게 동화를 들려주고, 대학생 11명에게 영화를 보여주었는데, 동화와 영화 속에는 세상에 존재하지 않는 '자동차'와 '야수'가 각각 나름대로 표현되어 있었다고 한다. 실험은 이들의 모습을 참여자에게 자유롭게 그리도록 하는 것이었다. 결과적으로 동화 속에 나타난 자동차의 모습은 영화 속에서 그려진 야수의 모습보다 훨씬 더 다양하며 자유롭고 창의적으로 표현되었으며, 이러한 경향은 대학생들의 경우보다 초등학교 학생들에게 훨씬 더 강하게 나타났다. 이것은 사람들이 비디오나 영화보다는 독서를 통해 보다 다양한 상상력을 발휘할 수 있다는 것과 연령이 어릴수록 그런 점에서 더 유리하다는 것을 뜻하고 있다.

2) 하이테크 그림책

입체 그림책, 소리나는 그림책의 단계를 넘어 보다 적극적인 하이테크 기술을 도입시킨 것으로 오디오, 비디오 그림책이 있다. 더 나아가 멀티미디어 기술의 개발로 디지털 영상으로 그림책이 선보이고 있다. 이러한 그림책들을 여기서는 하이테크 그림책으로 통칭한다.

일반 그림책의 독서법은 그림과 텍스트를 눈으로 읽은 후, 자기 자신의 감정을 통하여 내용 또는 분위기를 이해하는 상상력을 주로 사용하게 된다. 이에 비하여 하이테크 그림책의 경우, 정해진 화면과 시뮬레이션으로 스토리를 들려주므로 제작자의 의도에 의한 스토리의 이해도는 훨씬 높은 반면, 독자의 상상에 의한 이해도는 떨어진다. 그러므로 어린이 나름대로의 사고와 행동을 시간적으로 제한하는 결과를 낳는다고 할 수 있다.

그림책의 가장 대표적인 특성은 페이지를 넘기는 행위, 즉 글을 읽는 시간의 조건이 독자의 손에 의해 조절되는 것인데 반해, 오디오, 비디오 그림책의 경우 이 과정이 생략된다. 또한, 비디오, 오디오 그림책은 기계적으로 편집된 시간에 의해 스토리가 전개되므로 어린이의 취향은 좋고, 싫음의 선택을 무시당한 채 일방적으로 끌려가는 견해에 놓이기도 한다. 이러한 단점을 어느 정도 보완한 것으로 컴퓨터 그림책이 있다.

컴퓨터 그림책은 장면을 일일이 어린이 손으로 열어 가는 '대화식 그림책'이라고 할 수 있으며, 장비를 갖춰야 하는 높은 경비와 어린이가 컴퓨터를 다룰 수 있어야 한다는 제한점이 있다. 기계적 제약이 많으면 많을수록 독자의 자유는 구속되며, 어린이가 이와 같은 시스템에 머무는 시간이 길면 길수록 구속의 생활이 어린이의 습관으로 체질화된다는 것을 고려해야 한다.

하이테크 그림책이 위에서 보았듯이 단점만 있는 것은 아니다. 비디오, 오디오 그림책은 감정의 표현에서 더욱 박력 있고 속도감의 표현이 가능하다. 오디오 그림책은 비디오 그림책과 컴퓨터 그림책의 급속한 발전으로 말미암아 일시적인 퇴조의 경향도 강하지만, 비디오, 컴퓨터 등의 첨단기술 활용의 기본이 되어 많은 가능성이 제시되고 있다.

8. 그 밖에 자료

1) 만화

커뮤니케이션 학자이며 만화가인 해리슨(R. P. Harrison)의 견해에 따르면, 만화는 원시시대의 동굴 벽화로부터 비롯되었다고 한다. 그 후 인쇄술의 급속한 보급으로 근대화의 길을 걷게 된 만화는 다시 20세기에 접어들어 영화와 TV의 출현으로 더욱 광범위하게 배포되고 있다.

또한 최근 컴퓨터의 등장과 발전으로 만화가 한층 새로운 차원으로 탈바꿈될 것으로 예측되며, 실제 그렇게 전개되고 있다. 본질적으로 만화는 문학적, 미술적 요소를 동시에 갖춘 중간 형태의 표현 양식이다. 즉 그림, 배경, 언어라는 세 가지 기본 구성 요소들로 이루어지는 커뮤니케이션 양식이다. 특히 만화에 있어서 그림은 문자 언어에 익숙하지 않은 어린이들은 물론, 해당 부문에 대해 초보적인 수준의 성인에게도 쉽고 친근하게 내용을 전달해 준다.[70]

만화는 1960년대 이후 계속적인 지탄을 받으면서도 1960년대 만화를 읽던 어린이들이 40대를 넘기는 2000년대에 접어들게 되었다. 그리고 지금은 젊은 세대만이 아니라 모든 연령층을 망라하여 읽는 매체가 되었다. 이에 따라 만화산업 육성을 위해 국가차원의 만화영상문화지원정책이 수립되어 문화컨텐츠산업에 많은 예산을 투입하고 있다.

---

70) 허병두, 『문제는 창조적 사고다』, 한겨레신문사, 1996, 82-83쪽.

대학에도 만화 및 에니메이션 관련학과가 생기는가 하면 고등학교 수준까지 전문가를 양성하는 에니메이션 학교가 생기고 있다. 따라서 오늘날 만화산업은 「YMCA 청소년보호위원회」 등에서 우려하는 불량만화의 범주를 넘어 문예만화 라는 이름을 붙여도 손색없는 만화들이 간행되고 있다.

가. 만화의 정의

만화라는 용어는 한자조어로서 일본에서 표기한 것이 그 어원이 되었으며 18 세기에 처음 등장하였다. 우리나라에서는 처음에 삽화, 이야기 그림, 그림이야 기 등으로 부르다가 1923년에 비로소 동아일보에서 「독자만화」라는 말을 처음 사용하면서 만화라는 용어가 정착되었다.

그러면 만화란 무엇인가? 우선 만화에 대한 사전적 정의를 살펴보면, 『동아새 국어사전』에는 '풍자나 우스갯거리 등을 주로 선화로써 경쾌하고 익살스럽게 그 린 그림', '어떤 줄거리가 있는 이야기를 연속된 그림과 대화로 엮은 것' 등을 일 컫는 것이라고 하고 있다.

『한국민족문화대백과사전』에서는 '어떤 사물의 형태나 사건의 성격을 과장된 표현 또는 생략된 표현으로 웃음의 소재나 풍자의 대상으로 삼은 회화'라고 정 의를 내리고 있다.

『세계미술용어사전』에서는 '대상의 성격을 과장하거나 변형하여 우스꽝스럽 고 명료하게 인생이나 사회를 풍자 비판하는 회화의 한 형식'이라고 정의를 내 리고 있다.

이를 종합해 보면, 만화의 표현적 특징으로는 어떤 대상을 '과장, 왜곡, 생략' 등 으로 희화한 그림이며, 내용적 특징으로는 '풍자, 비판, 익살'로 설명할 수 있다.[71]

나. 만화의 특성

만화란 글과 그림을 도구로 하되 과장법과 생략법을 사용하여 원래의 상을 변 형시키고, 전하려는 사상을 단순하게 만들어 명료하게 제시하는 인쇄매체이다.

---

[71] 한윤옥, 앞의 책, 190쪽.

이에 만화의 정보자료로서의 특성을 살펴본다.[72]

첫째, 만화는 글과 그림을 도구로 한다. 그림만을 전달도구로 사용할 때 전달이 곤란한 경우가 얼마든지 있다. 반대로 문자만을 전달도구로 사용할 때도 또한 한계가 있다. 주소만 가지고 집을 찾는 사람과 그 집의 위치를 눈으로 확인할 수 있는 지도를 가지고 찾는 사람의 차이를 생각해보면 그림인 지도의 정보전달 효과의 우수함을 잘 알 수 있다.

둘째, 만화는 과장법과 생략법을 사용한다. 이 두 가지 기법의 사용은 만화를 놀라운 전달매체로 만드는 요인이 되고 있다. 메시지의 핵심부분은 과장하고 중요하지 않은 부분은 생략하는 기법을 사용하고 있어 독자들에게 쉽게 이해되고 잘 기억되게 하는 특징이 있는 매체이다.

다. 만화의 출판과 도서관 자료로서의 가치

한국출판연감에 의하면 2000년도 만화를 제외한 출판물 총수는 68,407,991부지만 만화는 44,537,041부가 출판되었다.[73] 우리나라에서 출판된 모든 인쇄물의 40% 정도가 만화라는 뜻이다. 만화의 신간 출판량은 1992년에는 540만 부였던 것이 꾸준히 상승하여 2000년에는 4천450만 부로 8배나 증가하였다. 만화출판의 성장세는 IMF의 국가적 경제위기를 겪으면서도 줄기차게 지속하였다.

이처럼 쏟아지는 만화들은 전국 1만 2천여 개소의 도서대여점에서 소장하고 있는 자료 중 가장 많은 비중을 차지하고 있는 것으로 나타나고 있다.[74] 그러나 우리나라 대부분의 도서관에서는 만화를 도서관 자료로 수집하기에는 다소 거부감을 가지고 있다.

한편, 일본에서는 1980년대만 하더라도 학교도서관에 만화를 수집하는 것이 시비의 대상이 되었지만, 1990년대에 들어서면서 만화의 선정기준에 대하여 논의하면서 만화는 도서관자료의 한 중요한 분야로 자리 잡게 된다.

---

72) 유소영, 「도서관의 만화자료 수집에 관한 연구」, ≪한국도서관·정보학회지≫, 제34권 제1호(2003. 3), 177-179쪽.
73) 대한출판문화협회, 『한국출판연감』, 동 협회, 2001.
74) 위의 글, 180쪽.

라. 좋은 만화란

한국 YMCA에서 1994년 6월에 펴낸 「청소년 만화 구독 실태와 내용 분석 보고서」를 보면, 한 달에 만화·잡지를 1-5권을 보는 학생이 64.9%에 달하고, 30권 이상 보는 학생도 12.5%나 된다고 한다.

〈표 4-5〉 좋은 만화와 나쁜 만화의 기준

구분	좋은 만화	나쁜 만화
내용	① 어린이의 상상력과 창의력을 길러 줄 수 있는 것 ② 재미있으면서도 감동과 교훈을 주는 것 ③ 올바른 눈으로 본 올바른 사람의 삶을 그려낸 것 ④ 어린이의 눈과 마음으로 사물을 보는 것 ⑤ 스스로 무엇인가를 하려는 생각이 뚜렷하게 나타나고 주제를 자연스럽게 풀어 가는 것	① 올바르지 않은 생활 태도를 당연한 듯이 다룬 것(사치 풍조 조장, 정의와 불의가 뚜렷하게 구분되지 않은 것) ② 무조건 흥미를 불러일으키기 위한 허무맹랑한 내용, 바보 같은 주인공, 중상모략, 아첨, 억지웃음을 강조하는 따위의 내용이 자주 나오는 것 ③ 건강한 정신에 어긋나는 것을 거르지 않고 다룬 작품(복수, 돈벌이를 위해 운동하는 것, 지나친 경쟁의식 강조, 구단주의 횡포) ④ 시대의 유행을 지나치게 쫓아가는 소재의 작품 ⑤ 외래 문명을 지나치게 따라가는 작품
말	① 맞춤법을 지키고 표준어를 사용한 것 ② 바른 어법을 써서 실제 생활에서도 쓸 수 있게 도와주는 것 ③ 글자는 정자체로 쓰고 정확하고 간단한 문장 ④ 어린이 세계에 알맞으면서 유행에 따르지 않은 말을 쓴 것	① 유행어, 속어, 비어를 남발하거나 저속하고 품위를 잃은 말을 쓰는 경우 ② 남을 공격하는 말을 자주 쓰는 경우 ③ 어른에게 불손한 말을 쓰는 경우 ④ 외래어를 많이 쓰는 경우 ⑤ 어려운 한자 숙어나 전문 용어를 풀이하지 않고 그냥 쓰는 경우
그림	① 작가의 개성이 살아나면서도 보는 이를 편안하게 하는 그림 ② 안정감 있고 밝은 분위기 ③ 복잡하거나 크게 부풀리지 않은 간결한 그림 ④ 사람의 모습이 우리 겨레의 얼굴 모양을 한 것	① 불쾌감, 공포감, 혐오감, 긴장감, 살벌함이 지나치게 표현된 그림 ② 국내외 작가의 작품 속에 나오는 사람을 흉내내거나 그대로 옮긴 그림

어린이뿐 아니라 청소년들도 이렇게 많이 보는 만화의 내용을 보면 어린이들의 말초 신경을 건드리는 저질스럽고 상스러우며, 천하고, 까닭 없이 때리고 치고 받는 내용이 많다고 한다.[75]

하지만, 나쁜 만화를 가리는 작업과 함께 좋은 만화를 찾아서 본래 만화가 가지고 있는 환상과 상상력의 세계를 어린이들이 마음껏 누리고 펼칠 수 있도록 도와주는 일도 함께 해야 한다. 따라서 작가가 추천하는 좋은 만화[76]와 「어린이도서연구회 토요만화연구모임」에서 내용, 말, 그림으로 나누어 좋은 만화의 기준과 나쁜 만화의 기준을 제시하고 있는데[77] 이를 재정리하면 다음 〈표 4-5〉과 같다.

2) 백과사전(百科事典)

가. 백과사전(百科事典)이란

백과사전(encyclopedia)는 원래 순환 또는 고리, 즉 '모든 것에 걸치는 것'을 의미하는 그리스어 enkloi와 학습 또는 교육을 의미하는 paideia의 결합어에서 유래되었다. 그래서 초기에는 '지식 전 분야에 걸친 교육'이라는 의미를 가지고 있었으나 17세기 이후 본격적인 백과사전 시대가 열리면서 인간이 지닌 지식의 총체를 요약해 주는 하나의 저작을 지칭하게 되었다.[78] 즉 백과사전이란 '과학, 자연, 인간활동에 관련된 모든 주제분야의 지식을 체계적인 순서(자모순 또는 부문별)로 배열하고 이를 풀이한 정보원'을 말한다.

백과사전은 일반적으로 교육과 정보제공이라는 두 가지 목적을 가지고 출판된다. 교육은 백과사전 초기의 목적으로 독자에게 지식을 체계적으로, 조직적으로 전달하고자 하는 경향이 있다. 그리고 정보제공의 목적은 오늘날 백과사전들이 목표로 하는 신속한 탐색과 요약된 정보의 제공을 목표로 한다. 과거에는 백

---

75) 이에 대한 자세한 예로는 토요만화연구모임에서 능인출판사의 '고전만화 시리즈와 '만화일기시리즈'를 분석한 것을 참조하기 바람.(200-207쪽). 토요만화연구모임, "우리 아이들에게 어떤 만화를 보여줄까". 어린이도서연구회 엮음, 앞의 책. 194쪽.
76) 곽정란, 『내 아이가 책을 좋아하게 하려면』, 차림, 1999. 151쪽.
77) 어린이도서연구회 엮음, 위의 책. 195-198쪽.
78) 박준식, 『참고정보원』, 태일사, 2003, 191-192쪽.

과사전의 목적을 교육과 정보의 두 유형으로 분류하여 그 경계를 분명히 하였으나 오늘날의 출판경향은 이 두 가지 개념을 종합하여 어떤 계층의 독자가 이용하더라도 동시에 만족을 누릴 수 있는 방향으로 편집되고 있다.[79]

백과사전의 기능은 포함되는 정보의 깊이와 범위에 따라 다음과 같이 세 가지 유형으로 나눌 수 있다.[80]

① 사실확인

1차 세계대전은 언제 일어났는가? 백과사전은 사실을 확인하고자 하는 질문에 유용한 조사도구이다. 이러한 참고자료의 유형은 사람, 장소, 사물 그리고 수많은 사실과 형태를 정의하는 정보원이다.

② 일반적인 배경정보

용암은 어떤 형태로 되어 있나? 백과사전은 즉답형 질문뿐만 아니라 설명을 위한 자료나 정의를 찾아내는데도 쓰인다. 그리고 그 주제에 연관된 주제로 안내하기도 한다.

③ 사전정보

초보자에게 백과사전은 정보의 집합체에 체계적으로 접근할 수 있는 탐색기술을 가르치는 도구이다. 그리고 연구목적을 위해서는 유일한 자료가 되지는 못한다. 그러나 백과사전을 통해 연구하고자 하는 주제에 대한 예비지식을 얻을 수 있으며, 관련문헌에 대해 안내하기도 한다.

나. 어린이용 백과사전

- 20세기 열린교육을 위한 NEW ELITE 학습대백과 / 삼성당
- 21세기 웅진 학습대백과사전 / 웅진
- 곤충일기, 바닷가 도감, 학습여행도감 1, 2 / 진선
- 네버랜드 어린이학습백과 / 시공사

---

79) 위의 책, 194쪽.
80) 위의 책, 동 면.

- 대세계백과사전 / 태극출판사
- 라루스 어린이 백과사전 / 길벗어린이
- 마이 사이언스 북 / 한길사
- 보리 어린이 동물도감, 식물도감, 곤충도감, 나무도감, ... / 보리
- 사계절 자연학습도감, 식물박물관 / 웅진닷컴
- 새학습대백과 / 중앙출판사
- 쉽게 찾는 우리 꽃 -봄·여름·가을·겨울, 쉽게 찾는 우리 나비 / 현암사
- 지식의 뿌리(갈리마르 백과사전) / 마루벌
- 컬러판 학습대백과 / 계몽사
- 학습그림대백과 / 계몽사
- 한국 생활사 박물관 1, 2 / 사계절

이들 인쇄본 백과사전 외에도 온라인, CD-ROM, DVD의 형태로 된 전자백과사전이 속속 등장하고 있다.

자녀들을 위해 백과사전을 선정할 때에는 어느 출판사 백과사전을 사느냐 보다 어느 기준에서 백과사전을 고르느냐가 중요하다. 가장 이상적인 것은 화보가 많은 어린이용 백과사전, 가나다순의 백과사전, 학문의 분야별로 분류한 백과사전을 모두 갖추는 것이다.[81]

3) 어린이도서 및 독서교육 관련 인터넷 사이트

최근에는 인터넷을 통해 어린이 책과 독서교육 정보를 많이 공유하고 있다. 우리나라 대표도서관인 국립중앙도서관에서는 평가되지 않은 무수한 인터넷 정보로부터 국민들에게 보다 엄선된 지식과 정보를 제공하기 위해 '사서에게 물어보세요' 코너[82]에서 참고정보와 독서정보 관련 사이트를 안내하고 있다. 이 중 어린이 관련 몇몇 사이트를 소개하면 다음과 같다.

---

81) 김은하, 『우리아이, 책날개를 달아주자』, 현암사, 2000, 216쪽.
82) 국립중앙도서관 '사서에게 물어보세요', http://www.nl.go.kr/ask/, [2013. 7. 30].

■ 북스타트코리아 http://www.bookstart.org/

북스타트한국위원회와 지방자치단체가 함께 펼치는 지역사회 문화운동 프로그램을 소개하는 홈페이지로, 그림책을 소개해놓은 것은 물론, 아가들의 정기 예방접종 시기에 해당지역 도서관, 보건소, 평생학습정보관, 동사무소 등에서 그림책이 든 가방을 선물 제공

■ 강백향의 책 읽어주는 선생님 http://www.mymei.pe.kr

아이들 책 읽기에 관심이 많았던 현직 교사가 자신과 같은 생각을 가진 부모와 선생님들에게 도움이 되고 싶어서 만든 사이트로, 국내·외 동화에 대해 자신의 서평이나 타인의 서평을 올려놓았고, 동화 외에 아이들이 보면 좋은 기사들을 스크랩해놓았고, 아이들과 함께 가면 좋은 곳 소개와 독서지도에 관한 다양한 정보 제공

■ 아침독서운동 http://www.morningreading.org

사단법인 행복한 아침독서에서 운영하는 사이트로, 아침독서신문 발간과 후원 받은 도서를 아침독서용으로 학급문고에 보내는 사업, 추천도서 목록 발표, 독서교육 교사 연수 시행

■ 그림책 박물관 http://picturebook-museum.com/

어린이를 위한 그림책 소개 사이트로 한국·번역 그림책을 글·그림 작가·출판사로 상세하게 찾을 수 있고, 전집그림책, 국제 수상 그림책 목록 등 그림책에 관한 수많은 정보 수록

■ 동심넷 http://www.dongsim.net

아동문학작품과 관련 자료를 소개하는 사이트로, 아동 문학 자료들, 우수 창작품 발표, 선구자 기념관 운영 등 다양한 활동을 하는 한국 아동문학과 관련한 대표 사이트

■ 어린이도서연구회 http://www.childbook.org/new2/

어린이책문화운동단체로, 어린이들이 읽으면 좋은 권장도서 목록이 적어져있는 '책이야기', 전국의 동화를 사랑하는 선생님들과 이야기를 나눌 수 있는 '동화 읽는 선생님', 동화와 관련된 행사나 교육을 알려주는 '이야기보따리'로 구성

■ 국립어린이청소년도서관 http://www.nlcy.go.kr/book/recomm.jsp

국립중앙도서관 분관으로서 어린이청소년의 도서관 및 독서문화를 선도하는 국가기관이다. 어린이와 청소년 대상 프로그램은 물론 연구를 위한 각종 자료도 갖추고 있다. 특히 여기서 제공하는 책정보로는 사서추천도서, 국내외 문학상 받은 연도별 목록, 각종 기관에서 추천하는 추천도서목록을 한 곳에서 제공

■ 경기도어린이전자도서관 http://www.golibrary.go.kr/

경기도사이버도서관에서 운영하는 어린이전자도서관으로 '독서도우미' 코너에서는 "이럴땐 이런 책"에서 가족, 자아/성격, 여자/성역할, 정서문제, 신체, 학교, 대인관계, 학대/폭력/성폭력 등의 상황별 추천 도서를 제공

■ 경기도립중앙도서관 사서와 함께 행복한 책읽기 http://happylib.or.kr/

경기도립중앙도서관에서 운영하는 사이트로 사서들이 직접 읽고 각 분야별 책을 추천하고 있다. 특히 어린이 분야는 유아, 초등 저학년/고학년으로 나누어 추천하고 있으면 독서퀴즈도 제공

참고문헌

「386세대 부모들이 어린이 책 르네상스 일궜다」. ≪출판저널≫. 통권 제323호 (2002. 5. 5).

「대중성과 전문성의 기로에선 멀티동화 업계」. ≪출판저널≫. 통권 제323호 (2002. 5. 5).

「아동출판의 범람과 아동문학 현황 : 10년 동안의 출판 변화와 아동문학가 현황 분석」, ≪문학사상≫. 제32권 제1호(2003. 1).

「어린이 책도 입체화 고급화 바람」. ≪출판저널≫. 통권 제169호(1995. 5. 5).

「저작권 수입 경쟁이 성장의 과실 유출시킨다」. ≪출판저널≫. 통권 제323호 (2002. 5. 5).

강문희. 「우리나라에서 출간된 아동도서의 내용 주제에 따른 출판 경향 분석」, ≪열린유아교육연구≫. 제5권 제1호(2000. 7).

강문희·이해상 공저. 『아동 문학 교육』. 학지사, 1998.

강정규·박상래 외. 『아동문학창작론』. 학연사, 1994.

고승연 외. 『신문 살아 있는 교과서 활용 사례집1(초등학교용)』. 중앙 M&B, 1996.

곽정란. 『내 아이가 책을 좋아하게 하려면』. 차림, 1999.

김경중. 『兒童文學論』. 신아출판사, 1994.

김규연. 「한국 아동도서의 소비행태에 관한 연구」. 석사학위논문(건국대학교 언론홍보대학원), 1999.

김상욱. 「장르 확대와 비평의 활성화로 질적 성장 이끌어 : 2001년 어린이 책 분야의 성과와 과제」, ≪출판저널≫. 통권 제314호(2001. 12. 5).

김서정. 「'무엇'뿐만 아니라 '왜' '어떻게'에도 비중 둔 비평 필요해」. ≪출판저널≫. 통권 제301호(2001. 5. 5).

김세희. 『유아문학교육』. 양서원, 2000.

김세희·현은자 공저. 『어린이의 세계와 그림책 이야기』. 서원, 1997.

김수경. 「어린이도서 선정에 관한 연구 : 부산지역 공공도서관 어린이열람실 사례를 중심으로」. 석사학위논문(부산대학교 대학원), 1995.

김수남. 『책 나라로 가는 길』. 현암사, 1991.

김슬옹 외. 『상상력과 창의력을 키우는 동화』. 다른 세상, 1999.

김완기. 『독서와 독서감상문 교실』. 1984.

김은하. 『우리아이, 책날개를 달아주자』. 현암사, 2000.

김자연. 『아동문학 이해와 창작의 실제』. 청동거울, 2003.

김종순. 『창의적 책읽기』. 도서출판 민, 19996.

김중철. 「독서문화운동의 흐름과 전망 : 어린이도서연구회 20년 활동을 되돌아보며」, 『21세기 어린이 독서문화의 전망 : 사단법인 어린이도서연구회 창립 20주년 기념 세미나』. 어린이도서연구회, 2000.

김효정 외. 『독서교육의 이론과 실제』. 한국도서관협회, 1999.

남미영. 『엄마가 어떻게 독서지도를 할까』. 대교출판, 1997.

노들먼, 페리 지음. 김서정 역. 『어린이 문학의 즐거움 1·2』. 시공사, 2001.

대한출판문화협회. 『2001 한국출판연감 1 : 자료편』. 대한출판문화협회, 2001.

마쓰이 다다이.『어린이와 그림책』. 샘터, 1990.

박경선.『열린 교실의 글쓰기』. 지식산업사, 1999.

박춘식.『아동문학의 이론과 실제』. 학문사, 1990.

서정오.『옛이야기 들려주기』. 보리, 1995.

손동인.『한국전래동화의 연구』. 정음문화사, 1984.

손석춘,『신문읽기의 혁명』. 개마고원, 1999.

손정표.『신독서지도방법론』. 태일사, 1999.

신명호.『그림책의 세계 : 시각 표현의 변천과 가능성』. 계몽사, 1993.

신종락.『어린이책 출판동향에 관한 연구: 출판유통과 마케팅을 중심으로』. 한국출판연구, 제35권 제1호, 2009.

신헌재 외.『독서교육의 이론과 방법』. 박이정, 2000.

심경석.『초등학교 필독도서 선정방향과 기준』. 출판문화, 1982.6.

심명숙.「우리 창작동화가 걸어온 길」. 어린이도서연구회 홈페이지(http://www.childbook.org).

아자르, 폴.『책・어린이・어른』. 1993.

어린이도서연구회 엮음.『동화, 이렇게 보세요』. 웅진, 1996.

어린이도서연구회 엮음.『아이들에게 책을 골라 줄 때』. 돌베개, 1991.

유소영.「도서관의 만화자료 수집에 관한 연구」. ≪한국도서관・정보학회지≫, 제34권 제1호(2003. 3), 173-193쪽.

유소영.『아동문학 어떻게 이용할까』. 건국대학교출판부, 2001.

유지은 외, 가족신문 만들기, 청솔, 2000.

유창근.『현대 아동문학의 이해』. 동문사, 1998.

이경식.『새로운 독서지도』. 집문당, 1979.

이상금.『그림책을 보고 크는 아이들』. 사계절, 1998

이상철.『신문의 이해』. 박영사, 1997.

이성실.「지식책 어떻게 볼까 : 과학 환경책을 중심으로」. 어린이도서연구회홈페이지(http://www.childbook.org).

이오덕. 「아이들은 어떤 동화를 재미있게 읽는가 : 한국 창작 동화가 아동들에게 수용되는 경향에 관한 연구조사」. 『시정신과 유희정신』. 창작과비평사, 1977.

이원수. 『아동문학입문』. 소년한길, 2001.

이재복. 『우리 동화 바로 읽기』. 한길사, 1996.

이재철. 『아동문학개론』. 문운당, 1992.

장혜순 저. 『아동문학론』. 창지사, 1997.

전정재. 『독서 이해』. 한국 방송 출판, 2001.

정기철. 『창의력 개발을 위한 독서 지도법과 독서 신문 만들기』. 역락, 2001.

정진채. 『동화 문학』. 예인당 인쇄, 1991.

조영식. 『창조적 독서교육 1·2』. 인간과 자연사, 2002.

조월래. 「창작동화란 무엇이고 왜 읽게 해야 하는가」. 어린이도서연구회 홈페이지(http://www.childbook.org).

조준영. 『그림책, 읽어주세요』. 웅진, 1996

책으로 따뜻한 세상 만드는 교사들. 『독서교육 길라잡이』. 푸른숲, 2001.

최운식·심기창. 『전래동화 교육의 이론과 실제』. 집문당, 1998.

타운젠드, 존 론. 『어린이책의 역사(1·2)』. 시공사, 1996.

트렐리즈, 짐. 『아이들에게 책을 읽어주자』. 오리진, 2000.

하청호·심후섭 공저. 『아동문학』. 정민사, 1995.

한국대학 부설 평생교육원, 『독서지도의 이론과 실제』. 이화, 2004.

한국출판문화협회. 『출판통계』. 홈페이지(www.kpa21.or.kr).

한기호. 「왜 아동출판인가」. ≪문화예술≫, 제34권 제10호(2002. 3).

한윤옥. 『독서교육과 자료의 활용』. 한국도서관협회, 2008.

한윤옥. 『어린이 정보자료와 활용』. 아세아문화사, 1997.

한중경. 『超독서 공부법』. 프레스빌, 1996.

허병두. 『신문활용 교육이란 무엇인가』. 중앙M&B, 1997.

형지영. 『창의력을 신장시키는 통합적 독서교육 상·하』. 인간과 자연사, 1997.

제5장
이야기를 통한 어린이 독서지도

제1절 스토리 텔링에 의한 독서지도

1. 스토리 텔링의 의의

　스토리 텔링(story telling)을 우리말로 바꾸면 '이야기 들려주기'이다. 이 용어는 '이야기회', '그림책 읽어주기', '구연동화(입말동화)' 등으로 비슷하게 사용되고 있다. 스토리 텔링은 결국 문자가 없던 시대에는 할머니, 할아버지의 입에서 입으로 전해주던 민담, 전설 등이 문자로 정착되면서 그림책의 형태로, 창작동화의 형태로 변화되어 어린이들에게 이야기로 들려주는 것을 말한다. 그 대상은 유아에서 중학생까지도 가능하나 대개 초등학교 저학년 정도가 가장 적당하다.

2. 스토리 텔링의 3요소

　스토리 텔링을 위해서는 이야기하는 사람(화자), 듣는 사람(청자), 이야기 내용(책)이 필수요건이다. 이야기하는 사람 즉, 화자는 이야기의 주체자로, 가장 훌륭한 지도자는 어머니이고 그 다음은 가족, 교사의 순서로 볼 수 있다. 그 길이는 3살 전후의 유아일 경우에는 3~5분 정도의 분량이 적당하고, 유치원생들은 5~10분 정도, 초등학교 저학년일 경우에는 10분에서 15분 정도가 적당하다. 스토리 텔링할 이야기의 길이나 내용은 듣는 사람 즉, 어린이들의 상황에 따라 변동이 가능하다.

3. 스토리 텔링의 내용 선정

1) 내용으로 본 선택기준

스토리 텔링에서 중요한 것은 어떤 내용의 이야기를 선택하느냐에 따라 어린이들의 호응도가 달라진다. 그 내용을 선택할 때의 기준은 다음의 네 가지다.[1]

첫째, 흥미를 끄는 내용이어야 한다. 즉 누구나 흥미 있어 하는 이야기이어야 재미있어 한다. 단순한 줄거리와 소수의 등장인물, 적당한 반복, 스릴, 유머, 구체적인 행동 등으로 구성되어야 한다. 그런 작품으로는 〈검둥이 삼보〉, 〈빨간 부채 파란 부채〉를 예로 들 수 있다.

둘째, 환상적이고 상상력을 줄 수 있는 내용이어야 한다. 유아 또는 어린이들이 알고 싶어하는 미지의 세계나 경이적인 사건 혹은 난장이나 거인들의 세계를 다루어야 한다. 그 예로 〈피터팬〉, 〈이상한 나라의 엘리스〉, 〈백조왕자〉, 〈헨젤과 그레텔〉 등의 동화를 들 수 있다.

셋째, 직접적이며 활동적인 내용이어야 한다. 이야기 전체가 명확하고 간결하게 동적으로 진행되는 것이 바람직하다.

넷째, 친밀감을 주는 내용이어야 한다. 유아나 어린이들의 생활 속에서 쉽게 그 소재를 찾을 수 있으면 더욱 효과적이다.

2) 구성면으로 본 선택기준

내용으로 좋은 이야기를 선택하더라도 그 책 구성이 어떻게 되었는지 확인이 필요하다. 먼저 그 이야기 구성이 단순해야 하고, 전체적으로 보았을 때 통일성이 있어야 한다. 또한, 들을수록 다음 진행이 궁금하게 호기심을 자아내도록 이야기의 강도가 점진적이어야 한다.

---

[1] 이춘희, 『유아문학교육』, 동문사, 2002, 360쪽.

4. 스토리 텔링 진행방법

스토리 텔링은 한 사람의 화자 즉, 말하는 사람을 통해 많은 유아나 어린이 즉, 청자를 대상으로 하는 집단 독서지도의 한 유형이다. 따라서 말하는 사람은 가능한 좋은 작품을 선택하여 그것을 효과적으로 전달해야 한다. 화자가 이야기를 잘하는 방법은 다섯 가지이다.[2]

첫째, 이야기하는 사람의 기분이 이야기 속에 들어 있을 것
둘째, 편안한 마음으로 들을 수 있는 이야기일 것
셋째, 이야기가 보이도록 이야기할 것
넷째, 간결하고 성실하게 천천히 이야기할 것
다섯째, 이야기가 지니고 있는 맛을 살릴 것
여섯째, 이야기 자체를 즐길 것. 화자의 이야기의 스타일과 이야기 전개에 따라 한 이야기가 전혀 다른 느낌을 줄 수 있다.

5. 스토리 텔링을 할 때의 유의점

어린이들에게 이야기를 보람있게 들려주기 위해서는 다음 몇 가지 유의할 점이 있다.[3]

1) 도입과정을 잘 살려야 한다

이야기를 처음 시작하는 도입단계가 마음에 안 들면 어린이들은 떠들기 시작하여 이야기가 끝날 때까지 주의를 집중하지 않는다. 동화구연의 성패를 좌우하는 것은 도입과정을 어떻게 이끌어 가느냐에 달렸으므로 구연자는 특히 도입단계에 신경을 써야 한다. 처음부터 이야기를 잘 듣게 하려면 '참 재미있겠다'라는

---

[2] 김효정 외, 『독서교육의 이론과 실제』, 한국도서관협회, 1999, 155쪽.
[3] 석용원, 『아동문학원론』, 학연사, 1987, 102-106쪽.

기대감을 갖도록 하는 것이 중요하다. 그리고 처음에 어린이들의 주의를 끌기 위해 다른 말을 던지는 방법이 사용되는데, 대개 이 경우에는 동화의 내용과 관련시키는 것이 좋다. 예를 들어 날씨, 동화 속의 주인공 성격, 동화와 관련된 노래 부르기, 주인공을 그린 그림이나 사진을 미리 보여주기, 주인공의 언어 및 태도 등의 암시, 동화와 관련된 율동 등을 통해 주의를 집중시킨 후에 구연을 시작한다.

2) 자기 자신을 의식할 필요가 없다

이에 대해서는 반론을 제기하는 경우도 있는데, 대체적으로 이야기에 열중하다보면 자신을 의식하지 못하는 경우가 많으므로 특별히 문제가 되지 않는다.

3) 어린이들의 반응을 살펴야 한다

구연자가 자기 자신을 의식하는 것보다 중요한 것은 이야기를 듣는 어린이를 의식하는 것이 더 중요하다. 구연자가 어린이들이 자신의 이야기에 어떠한 반응을 나타내고 있는지를 살피면서 이야기를 해야 한다. 즉, 어린이로부터 지루한 반응이 나타나면 빨리 이야기를 끝마무리해야 하고, 흥미를 잃은 듯한 반응을 나타내면 상황을 새롭게 환기시킬 필요가 있다.

4) 아름다운 수식어가 필요 없다

이야기를 시작하면 우물쭈물하지 말고 과감하게 밀고 나가야 한다. 이것이 이야기를 재미있게 듣게 하는 첫째 요령이다. 동화재료가 너무 세밀하거나 수식어가 많이 있을 경우에는 용감하게 자르면서 척척 전진해 나아가는 구연법을 써야 한다. 세밀한 수식어에 치우쳐 시간을 끈다든지 도중에 어물어물하고 있으면 어린이들의 상상이 앞질러 이야기가 클라이맥스에 이르러도 큰 감동을 주지 못한다.

5) 직접화법을 써야 한다

문장동화는 눈으로 읽는 동화이기 때문에 간접화법이 많다. 그러나 구연동화에서는 직접화법으로 고쳐야 한다. 간접화법이란 대화가 끝날 때마다 '-하고 말했어요.'라든가 '라고 말했어요.' 하는 따위의 방법을 말하는데 이런 것을 직접 말하는 투로 바꾸는 것이 좋다. 특히, 이야기의 절정에 가서는 직접화법을 쓰는 것이 좋다. 또 '그래서, 그러나, 그렇지만, 이리하여' 등의 접속어도 대폭 없애야 문장이 짧아진다. 설명보다 등장인물 스스로 이야기할 수 있도록 해 줘야 한다.

6) 자기 수정이나 환기는 금물이다

이야기 도중에 구연자가 자기 수정하는 것은 분위기를 흐리게 한다. 예를 들어, "선생님이 한 가지 빼 먹었어요" 라든지 "선생님이 잘못 말했어요." 라는 말을 한다면 어린이들이 우선 그 이야기에 대해서 신뢰를 않는다. 잘못 말한 것이나 빼놓은 내용이 있을 경우 반드시 그 내용이 필요한 것이 아니라면 그대로 이야기를 진행하는 것이 좋다. 또, 이야기 도중에 어린이들을 꾸짖거나 주의를 주는 일이 있어서는 안 된다. 그리고 도덕성을 강요하는 훈화체 이야기가 도중에 끼어들어서는 안 된다.

7) 마지막 부분에 훈화를 생략해야 한다

동화구연은 순수하게 동화구연으로 끝나야 한다. 더 이상의 군더더기는 필요 없다. 동화구연의 가치를 마치 교육적인 것에만 있는 것처럼 생각한 나머지 동화구연을 아주 잘하고 나서 끝부분에 교훈적인 말을 첨가시키는 일은 삼가해야 한다. 예를 들면, "여러분! 누가 착한 사람이지요? 네, 맞아요. 여러분도 순이처럼 착한 어린이가 되셔요." 따위의 훈화적인 말은 생략해야 한다. 도덕교육과 동화구연을 구분하지 못하고 이야기의 결론으로 선악을 지워주는 일은 우매한 행동이고 무가치한 일이다.

6. 작품으로 리듬 살리기

[실제 1]

말 또는 문장 전체에 음악적 리듬이 있는 의성어, 의태어 등을 잘 표현한다. 주룩주룩, 살랑살랑, 엉금엉금, 저벅저벅 등의 의성어와 의태어는 언어의 리듬을 주어 이야기에 현실감과 친밀감을 더 해준다. 다음은 「꿀꿀이 세 마리」 동화로 리듬을 살려 보자.

꿀꿀이 세 마리가 있었습니다.
큰 꿀꿀이가 말했어요. "나 감자가 먹고 싶다."
둘째 꿀꿀이가 말했어요. "감자는 어디에 있을까?"
작은 꿀꿀이가 말했어요. "감자는 곳간에 있지."
모두 꿀꿀거리며 곳간으로 갔어요.
곳간에는 맛있는 감자가 많았어요.
큰 꿀꿀이는 꾸역꾸역 먹었어요.
둘째 꿀꿀이는 어금어금 먹었어요.
작은 꿀꿀이는 야금야금 먹었어요.
큰 꿀꿀이가 말했어요. "아 실컷 먹었다."
둘째 꿀꿀이가 말했어요. "아 배부르다."
작은 꿀꿀이가 말했어요. "이젠 다 먹었다."
다 함께 말했어요. "그럼 돌아가자."
모두 꿀꿀거리며 집으로 돌아왔어요.

[실제 2]

동화내 일정한 사건의 간격을 두고 반복되는 이야기 전체의 리듬을 표현한다. 예를 들면, 「장갑」에서는 눈 내리는 숲 속을 걷던 할아버지가 장갑 한 짝을 떨어뜨리고 지나가자 숲에 사는 동물들이 장갑 속으로 하나하나 들어갑니다.

 "장갑 속에 누가 살고 있지?" "누구세요" "먹보 생쥐"

 "장갑 속에 누가 살고 있지?" "누구세요" "먹보 생쥐, 팔짝팔짝 개구리"

 "장갑 속에 누가 살고 있지?" "누구세요" "먹보 생쥐, 팔짝팔짝 개구리, 빠른 발 토끼"

 "장갑 속에 누가 살고 있지?" "누구세요" "먹보 생쥐, 팔짝팔짝 개구리, 빠른 발 토끼, 멋쟁이 여우"

 "장갑 속에 누가 살고 있지?" "누구세요" "먹보 생쥐, 팔짝팔짝 개구리, 빠른 발 토끼, 멋쟁이 여우, 잿빛 늑대"

 "장갑 속에 누가 살고 있지?" "누구세요" "먹보 생쥐, 팔짝팔짝 개구리, 빠른 발 토끼, 멋쟁이 여우, 잿빛 늑대, 송곳니 멧돼지"

 "장갑 속에 누가 살고 있지?" "누구세요" "먹보 생쥐, 팔짝팔짝 개구리, 빠른 발 토끼, 멋쟁이 여우, 잿빛 늑대, 송곳니 멧돼지, 느림보 곰"

[실제 3]

 달빛이 비치는 가운데 조그만 알 하나가 잎사귀 위에 놓여 있었어요. 어느 일요일 아침 따뜻한 햇님이 솟아오를 때, 알을 탁 터뜨리며 조그맣고 아주 배고픈 애벌레가 나왔어요. 애벌레는 먹을 것을 찾기 시작했어요.

 월요일에 애벌레는 사과 하나를 파먹었어요. 그래도 배가 고팠어요.

 화요일에는 배 두 개를 파먹었어요. 그래도 배가 고팠어요.

 수요일에는 자두 세 개를 파먹었어요. 그래도 배가 고팠어요.

 목요일에는 딸기 네 개를 파먹었어요. 그래도 배가 고팠어요.

 금요일에는 오렌지 다섯 개를 파먹었어요. 그래도 배가 고팠어요.

 토요일에는 초콜릿 케이크 하나, 아이스크림 콘 하나, 피클 하나, 스위스 치즈 한 조각, 살라미 소시지 한 조각, 막대 사탕 하나, 체리파이 하나, 소시지 하나, 컵케이크 하나, 수박 한 조각을 파먹었어요.

그날 밤 애벌레는 배탈이 나고 말았답니다.
다음 날 다시 일요일이 되었어요.
애벌레는 파랗고 좋은 잎사귀 하나를 갉아먹고 나서 몸이 많이 좋아졌어요.
이제 애벌레는 더이상 배가 고프지도 않았고, 더이상 작은 애벌레도 아니었어요.
크고 뚱뚱한 애벌레가 되었어요.
애벌레는 몸 둘레에 고치라고 하는 작은 집을 지었어요.
그 속에 2주도 넘게 있었지요. 그리고 나서 고치를 갉아 구멍을 뚫어서 밖으로 나왔어요.
그런데……
아름다운 나비가 되어 있었답니다!

7. 스토리 텔링의 실제

동화 이야기 들려주기를 해보자.
제목: 늑대와 일곱 마리 아기 염소 /「그림동화집」

어떤 숲 속에 엄마와 귀여운 일곱 마리 아기 염소가 살고 있었답니다. 어느 날 엄마는 아기염소들을 불러서 말했어요.
"이제 난 숲 속으로 먹이를 구하러 갈 테니까 싸우지 말고 잘 놀아야 한다."
"네"
일곱 마리의 염소는 씩씩하게 대답했어요.
"늑대를 조심해야 한다. 문을 꼭 잠가둘테니까 아무에게도 문을 열어 줘서는 안된다."
"네, 알았어요."
아기 염소들은 다시 씩씩하게 대답했어요.
"늑대는 아무리 옷을 갈아입어도 목소리가 걸직하고 발이 새까맣기 때문에 금방 알 수가 있단다."
엄마가 너무 잔소리 같이 말하니까 제일 큰 언니 염소가 머리를 긁적이며 외치는 것이었어요.

"엄마, 걱정 마세요. 우리가 알아서 조심할테니까요. 아무 걱정하지 마세요."

"그럼 집 잘 보아라."

엄마 염소는 바구니를 들고서 산으로 올라갔어요.

"엄만 참 잔소리가 너무 많은 게 탈이야."

"우리 술래잡기하면서 놀자."

"가위바위보로 술래를 정하자."

이때였어요. 현관문을 탕탕 두드리는 소리가 들리지 않겠어요.

"엄마가 뭘 두고 가셨나?"

아기 염소들은 우루루 현관 문 앞에 모여왔어요.

"애들아, 문 열어라. 엄마다."

늑대가 걸직한 목소리로 말했어요.

"앗, 늑대다!"

모두들 깜짝 놀라서 서로 쳐다 보았어요. 하지만 엄마의 말씀대로 안으로 잠샀기 때문에 걱정 없답니다.

"싫어, 안 열어 줘. 울엄마 목소리는 그렇게 걸직하지 않은 걸."

늑대는 하는 수 없이 어슬렁어슬렁 돌아갔어요.

"갔다. 이젠 안심이야."

"자아, 다시 놀자."

아기 염소들은 술래잡기를 하면서 놀았어요.

조금 있으려니까 또 현관문을 두드리는 소리가 났어요.

"애들아, 엄마다. 빨리 문 열어라. 좋은 선물을 가지고 왔단다."

늑대가 목소리 잘 나는 약을 먹고 왔기 때문에 엄마 목소리하고 똑같지 뭐예요.

"이번엔 엄마다."

"안 돼, 안 돼! 잘 조사해 봐야 해."

셋째 염소가 문을 열려고 하자 언니 염소가 깜짝 놀라 말리는 것이었어요.

늑대는 문이 열리면 달려들려고 창문틀에 발을 올려놓고 있었어요.

"저봐라, 발이 새까맣지 않니?"
"정말, 늑대로구나."
아기 염소들은 깜짝 놀랐어요.
"열어 줄 줄 알구? 그렇게 새까만 발이 엄마라구? 안 속아, 엄마 발은 하얗게 아주 깨끗하단 말야."
"음 지독한 놈들이다. 좋다. 두고 보자."
늑대는 부랴부랴 빵 집으로 갔어요.
"여보세요, 내 다리에 밀가루 반죽을 붙이고 밀가루를 뿌려 주세요."
"무슨 나쁜 짓을 하려구 그러지요?"
"뭐라구? 잔소리하면 혼내 죽일 테다."
늑대는 어금니를 드러내며 집 주인에게 무서운 표정을 지었어요.
"아, 아니요. 잠깐만 기다리시오. 해 드릴 테니."
빵집 주인은 늑대가 무서워서 늑대가 하라는 대로 해 주었어요.
늑대는 곧 염소네 집으로 가서 탕탕 문을 두드리면서 불렀어요.
"엄마다, 빨리 문 열어라. 선물을 잔뜩 가지고 왔단다."
"야아, 엄마다."
아기 염소들은 술래잡기를 그만두고 현관으로 몰려들었어요.
"잠깐 기다려라 조심조심 조사해 봐야겠어."
문을 열려는 동생들을 말리며 언니가 말했어요.
"그럼 발을 보여주세요."
"자, 보아라. 엄마다."
늑대는 하얀 앞발을 창문 앞에 내밀었어요.
"자, 엄마 맞지? 목소리도 발도 틀림없는 엄마야."
"만세!"
아기 염소들은 얼른 문을 열었답니다.
"앙!"
늑대는 방안으로 들어서자마자 도망가는 염소들을 모두모두 통채로 삼켜 버렸어요.

"아아, 참 맛있다. 자, 인제 한잠 잘까? 어미가 돌아올 때쯤 되면 다시 배가 고프겠지?"

늑대는 침대 위에 벌렁 누워서 드르렁드르렁 코를 골기 시작했어요. 그때 엄마 염소가 돌아왔어요.

"어머, 문이 열려 있네."

엄마 염소는 재빨리 안으로 들어갔지요. 새끼들의 모습은 하나도 안 보이지 않겠어요.

"그렇게 문단속을 잘하라고 했는데."

그때 시계 속에 숨어 있던 막내 염소가 튀어나왔어요. 엄마에게 매달리자마자 으앙하고 울음보를 터뜨리는 거였어요. 울면서 띄엄띄엄 말했어요.

"나, 술래잡기할 때 시계 뒤에 숨어 있다가 깜빡 잠이 들었는데 늑대가 와서 언니들을 다 잡아먹어 버렸어요."

"그럼 늑대는 어디 있니?"

"서어기."

막내 염소는 옆방을 가리켰어요. 살그머니 가보니까.

"드르렁드르렁"

무지막지한 소리로 코를 골면서 늑대는 벌렁 누워 입을 헤 벌리고 침까지 흘리며 자고 있지 않겠어요. 배를 보니까 배 속에서 꿈틀꿈틀하는 것이었어요.

"혹시 살려낼 수 있을지도 모르겠다. 아가, 가위를 가져오너라."

막내 염소가 가위를 가져오자 엄마는 가위를 받아 들고 싹뚝싹뚝 늑대의 배를 갈랐답니다.

"엄마야."

"엄마아아."

배 속에서는 차례차례 아기 염소들이 쏟아져 나왔어요. 여섯 마리 모두 무사했어요.

"자, 빨리 돌멩이를 모아 오너라. 늑대가 깨면 큰일이다."

아기 염소들은 부랴부랴 돌멩이를 모아 왔어요.

엄마는 그 돌들을 모두 늑대 배 속에다 넣었어요. 그리고 바늘과 실로 배를 꿰맸어요. 그제야 늑대는

커다랗게 하품을 하더니 일어나는 거였어요.

"아아, 참 잘 잤다. 가만있자. 목이 마르는구나. 개울에 가서 물이라도 마실까."

하지만, 배 속에 돌멩이가 가득 들어 있기 때문에 잘 걸을 수가 없어요. 이리 비틀 저리 비틀비틀거리지 않겠어요.

"이상하다. 아무래도 뱃속이 좋지가 않은 모양이구나. 한꺼번에 너무 많이 먹어서 그런가 보다."

물을 마시려고 허리를 굽히자마자. 아기 염소들이 뒤에서 늑대를 확 떠밀었어요.

"풍덩!"

늑대는 그만 깊은 물 속에 빠져 버렸어요. 그리곤 다시는 물 위에 떠오르지 못했대요.

1. 대화와 상황에 맞게 제스처를 넣어 보자

2. 이 동화로 그림책을 만들어 보자

제2절 북 토크를 통한 독서지도

1. 북 토크의 의의

　북 토크(book talk)는 어느 일정한 집단을 대상으로 몇 권의 도서를 선정하여 소개하는 방법을 말한다. 책을 소개할 때 그 도서들과 관련된 흥미롭고 인상에 남을 만한 내용이나 에피소드들을 같이 이야기하여서 그 집단 소속인들이 읽고 싶도록 하게 하는 책 소개 기술의 하나이다. 그래서 북 토크를 "서평과 소개의 중간 정도"라고 볼 수 있는 집단 독서지도의 한 형태라고 말하는 학자도 있다.[4] 대개 일반 책의 전시나 게시가 독자의 시각에 호소하는 데 대하여 북 토크는 시각과 청각에 동시에 호소하는 방법이며, 책을 자주 접하지 못한 유아나 초등학교 저학년 정도의 어린이에게 부담없이 이야기를 들려주는 스토리 텔링에 비하여 한 단계 수준을 올린 책 소개 방법이다.

　이러한 북 토크의 의의와 목적은 이야기 들려주기와 마찬가지로 책에 친숙하지 않은 사람들에게 책을 읽을 계기를 마련해 주고, 책을 읽고 있는 사람에게는 지금까지 스스로 가까이해 왔던 종류와는 다른 종류의 책이나 새로운 분야에 시야를 넓혀주는 데 있다. 즉, 어떤 일정한 주제에 관련된 여러 가지의 책을 소개해 줌으로써 같은 주제의 책이라 하더라도 여러 가지 종류가 있다는 것과 지식 획득을 위해서는 여러 가지 다른 접근 방법이 있다는 것을 알도록 이끌어 주어 듣는 사람의 흥미의 폭을 넓혀 주고 발전시켜 주는 데 목적을 두고 있다[5].

　그러나 북 토크가 이야기 들려주기와 다른 점은 이야기 들려주기의 경우는 유아나 문자에 아직 적응을 못해 제대로 문자 인식이 덜 된 어린이를 대상으로 하여 이야기의 내용 전부를 들려준다. 그러나 북 토크는 초등학생, 중학생, 고등학생, 대학생, 성인들의 그룹이나 서클 등 일정 학력을 갖춘 모든 사람을 대상으로 하여 책의 전체적인 것에 대한 소개를 통해 독서의 계기를 만들어 주는 데 있다.

---

[4] 손정표, 『신독서지도방법론』, 태일사, 2000, 296쪽.
[5] 위의 책, 296쪽.

인쇄매체의 홍수 상태에 빠진 현대인들에게 급변하는 사회 제반의 사항을 가장 빠른 시간 안에 효율을 높여서 독서를 하게 하며 책 소개로 읽어야 할 책을 읽음으로 사고하고 판단하는 능력을 갖춘 독서인이 될 수 있다.

2. 북 토크의 준비요령

북 토크를 할 때는 먼저 소개할 책에 관해 말하고자 하는 내용을 미리 노트에 메모하거나 카드 형식으로 기록하여 서명의 가나다순이나 주제별로 배열해 두도록 한다. 이처럼 기록하여 보관해 두면 다음 기회에 이용하기에도 편리할 뿐만 아니라, 자신의 북 토크에 대한 기록으로도 남게 된다. 북 토크의 준비 과정과 노트 또는 카드상의 기입 항목을 살펴보면 다음과 같다.[6]

① 소개할 책의 장점 또는 그 책에 흥미를 일으킬 수 있을만한 극적인 사건이나 그 책의 포인트가 될만한 장(章)을 선택한다.
② 소개할 책을 숙독하고, 특히 말로 들려 줄 사건 또는 읽어서 들려 줄 장(章)은 여러 번 되풀이해서 읽는다.
③ 한 책에서 다음 책으로 넘어가는 순서와 무리 없이 원활하게 이어지는 뼈대를 생각해 둔다.
④ 저자에 대한 설명을 할 경우에는 저자의 경력, 혹은 그 책과 관련된 에피소드가 있는지 조사해 둔다.
⑤ 그림이 있으면 이를 유효 적절하게 사용한다. 이 경우는 그 책의 개성을 뚜렷하게 나타내 주는 그림을 선택하여 설명할 때 보여주도록 한다.
⑥ 이상의 여러 가지 점들에 대한 노트를 작성해 둔다. 노트에 메모해 두거나 카드 형식으로 기록해 둘 때는 일정한 형식이 있는 것은 아니지만 대체로 다음과 같은 항목들을 생각하면서 소개할 책에 적합한 항목들을 골라 말하기 편한 형식으로 기록하도록 한다.

---

6) 위의 책, 297쪽.

- 주제(테마)의 설명 - 선택한 이유
- 머리말
- 서명의 의미
- 저자의 기록 사항 - 약력, 에피소드 등
- 주요 등장 인물 - 이름, 성별, 연령 등
- 드러내고 싶은 사건이나 장절(章節)의 변수, 그림의 수록 면수, 줄거리, 도입점으로 삼고 싶은 말, 그 책에 이어 소개할 책의 서명

3. 북 토크의 유형

책과 독서의 조합만큼이나 북 토크 방법도 여러 가지이다. 가장 일반적인 북 토크 방법 몇 가지를 소개하면 다음과 같다.[7]

1) 줄거리 요약 - 가장 기초적이고 간단한 북 토크이다. 책 내용을 설명하되 요점만 간단히 한다. 줄거리 요약 북 토크에 적합한 종류의 책은 모험물이다. 특히 이야기 앞부분에 티핑 포인트(tipping point)가 나오는 모험물이 좋다. 결정적인 순간이 어느 부분에 나오든지 너무 많은 정보를 누설하지 않도록 한다. 독자가 결말을 알려달라고 애걸한다면 관심을 끌어모은 것이다. 책에서 제기된 질문이나 등장인물이 결정해야 하는 선택과 사실 문제를 독자에게 제시하고 알아 맞추게 하는 것도 한 방법이다. 이때에도 마찬가지로 질문에 대한 해답과 등장인물이 택한 선택을 누설하지 않도록 한다.

2) 인물 스케치 - 어린이의 관심을 책으로 모을 수 있는 간단한 방법이다. 줄거리를 지나치게 많이 알려주지 않고 긴장감을 조성하면서 두세 명의 등장 인물 간의 관계를 대략적으로 설명하는 방법도 있다.

3) 비네트(vignette) - 비네트는 책에서 직접 발췌한 짧은 장면이다. 이 방법을 사용하면 독자는 문체의 묘미를 맛볼 수 있고 제대로만 한다면 아주 극적인 분

---

[7] Sullivan, Michael, *Fundamentals of Children's Services*, ALA, 2005, 마이클 설리반 저, 국립어린이청소년도서관 역, 『어린이서비스의 기초』, 국립어린이청소년도서관, 2007, 175-176쪽.

위기를 조성할 수 있다. 비네트 방법으로 북토크를 하기 위해서는 큰 소리로 읽는 연습을 한다. 같은 단어라도 속으로 읽을 때와는 느낌이 전혀 다르기 때문이다. 첫 페이지만으로도 훌륭한 북 토크가 되는 경우가 많다. 작가가 글 도입부터 강한 인상을 심어주기 위한 문장을 구사했다면 북토크에 사용하기 적합하다. 흥미로운 캐릭터 중에서 하나를 골라 작가가 직접 소개한 글을 읽어주면 비네트 북 토크와 인물 스케치 북 토크를 섞어놓은 듯한 북 토크를 진행할 수 있다.

  4) 대화체 문장 활용방법 - 작가가 대화체 문장을 잘 쓰면 어린이들은 기쁨을 얻는다. 대화체 문장은 제2의 인물, 즉 교사, 관객 속에 심어놓은 사람을 끌어들여 마치 연극을 하고 있는 것처럼 관객들을 참여하게 하는 좋은 기회이다. 또한 기존 형식의 북 토크 중간에 상쾌하게 분위기 전환을 꾀할 수도 있다.

  5) 인기도서 활용방법 - 동일 작가가 쓴 비슷한 종류나 다른 종류의 책을 소개하는 것이다. "여러분이 …을 좋아했다면, …도 읽어보면 좋을 겁니다" 라고 소개할 수 있다. 이 방법을 활용하면 짧은 시간 안에 많은 책을 소개할 수 있고 독자 입장에서는 즉석에서 많은 책을 빌릴 수 있다. 같은 장르의 책이나 시리즈물을 여러 권 소개할 때에도 이러한 기본적인 접근법을 이용할 수 있다. 책 세 권의 공통점을 알아 맞춰 보기 같은 문제를 낼 수도 있다. 예를 들어, 세 권 모두 뉴 베리상(Newbery Award)을 수상한 작품일 수 있다. 또한 주제별 요소를 토대로 해도 좋다. 예를 들어, 주인공이 전부 개가 등장하는 작품일 수 있다.

  6) 미디어 연계 도서 활용방법 - 책 이외의 미디어 상품으로 나온 책을 부각시켜서 "최근에 읽은 재미있는 영화가 있습니까?" 라고 책을 소개하기 전에 물어볼 수 있다. 만화, 텔레비전쇼, 컴퓨터 게임의 한 장면을 담은 영화 연계 간행본을 소개한다면 더욱 큰 효과를 볼 수 있다. 만화책과 그래픽 소설을 포함시킬 수 있는 기회이기도 한다.

  북 토크를 할 때 책 종류만 다양하게 할 것이 아니라 북 토크의 포맷도 다양하게 섞어서 한다. 다양한 종류의 책만 여러 사람의 구미를 끌어당기는 것이 아니라 다양한 형태의 북 토크도 여러 사람들의 구미를 끌어당긴다. 사람들은 모두 약간의 변화를 원한다. 따라서 북 토크의 방법도 책의 종류와 대상에 따라 다양한 방법을 활용한다.

4. 북 토크의 방법

북 토크의 방법에 대한 여러 학자들의 견해를 종합하여 제시하여 보면 다음과 같다.8)

1) 먼저 어떠한 책을 소개할 것인가에 대한 주제를 설정한다. 주제의 설정은 사람들이 흥미를 느낄 수 있는 것이라면 무엇이든지 좋다.

2) 주제가 설정되면 그 주제에 관계되는 도서를 5~10책 정도 선정하여 다음과 같이 소개한다.

  ㉠ 지적 정보를 얻기 위한 것은 내용의 난이(難易)나 폭을 고려하여 선정한 도서 전부를 동시에 소개하는 것이 좋다.

  ㉡ 문학적 작품이나 작가 연구 등에 관한 것은 테마 중심으로 하여 관계 도서를 2~3책 정도 상세히 소개하고, 나머지 도서에 관해서는 각각을 서로 유기적으로 관련시키면서 서명의 소개 정도로 간단히 소개한다.

3) 도서 소개에 대한 소요 시간은 1책에 대하여 7~10분 정도로, 대체로 전부 30분~1시간 정도를 잡아 소개하는 것이 좋다. 그 이상이 되면 장황해지기 때문에 독서 의욕을 잃게 하기 쉬우므로 지루하지 않게 하여야 한다.

4) 북 토크의 목적은 독서 의욕을 고취시키는 데 있기 때문에 도서의 내용을 다이제스트적으로 알려서는 안 된다. 책을 소개하는 방법으로는 여러 가지를 들 수 있으나, 일반적으로 많이 채택하고 있는 방법을 들면 다음과 같다.

  ㉠ 작가의 소개라든가 작가의 이면담이나 고심담의 소개
  ㉡ 그 책이 씌여진 시대적 배경에 대한 이야기
  ㉢ 저자나 내용에 관계있는 에피소드 소개

---

8) 손정표, 앞의 책, 298쪽.

ⓐ 주요 등장인물의 소개라든가 초등학교 저학년의 경우 인상적인 삽화의 소개
ⓑ 재미있는 곳 몇 군데를 넓게 이야기하거나 낭독하는 법
ⓒ 그 책의 중심이 되는 장절의 일부분만을 읽어 주거나 클라이맥스 전까지만 말해 주고 결말은 맺지 않은 채 비밀로 놓아둠으로써 흥미를 갖도록 하는 법 등 여러 가지를 들 수 있다.

그러나 한 가지 유의할 점은 북 토크를 할 때는 상기한 방법 중 두세 가지 방법들을 혼용하되, 저자와 관련된 사항의 소개는 초등학교 4학년 이상에 적합하며, 그 미만의 학년은 저자보다 어떤 책인가를 알려주는 쪽이 적합하다.

5) 책을 소개할 때는 반드시 서명을 명확하게 알려주고 실물을 청중에게 보여 시각적 전시 효과도 함께 갖도록 하여야 한다. 이와 더불어 책을 소개하기 전에 북 리스트(book list)를 작성하여 배포하는 것도 좋다. 이 리스트에는 북 토크에 소개되는 책만 아니라 동일한 주제로 되어 있는 도서들을 선정하여 서명, 저자명, 출판사, 출판년, 면수 등을 명기하고 간단한 해제와 난이도를 붙여 놓는 것이 좋다.

6) 보여주고 싶은 그림이나 사진은 멀리서도 잘 보이는 것으로 선택한다.

7) 소개할 책의 난이도를 명확히 알려준다.

8) 북 토크를 할 때는 노트나 카드에 기록해 놓은 것을 읽어 나가는 것은 듣는 이의 흥미를 저하하므로 피하도록 하여야 한다.

9) 어떤 일정한 연령으로 구성된 그룹을 대상으로 북 토크를 행할 때는 그 연령의 독서력에 맞는 정도의 책을 선정하는 것은 물론 정도가 좀 낮은 것, 좀 높은 것도 함께 선정하여 독서력이 높은 사람이나 낮은 사람 모두를 고려하도록 하여야 한다.

5. 북 토크의 실제

어린이를 위하여 계절과 사회적 관심사를 제시한 작품을 예를 들면 다음과 같다.[9]

---

9) 김효정 외, 앞의 책, 123쪽의 자료 활용.

제2절 북 토크를 통한 독서지도

[예문 1] 봄이다 ! 어서 나와라

〈이순영 글·그림 / 보림 / 1995 / 6000원〉

이제 봄이 성큼 문 앞에 다가옵니다. 아기들에게도 봄의 의미를 깨우쳐 주고 봄 준비를 시켜야 되겠지요? 따뜻한 햇볕이 내리쬐기 시작하면 자연은 몹시 바쁘게 움직이기 시작합니다. 개나리, 민들레꽃이 피고 벌과 나비들은 꿀을 따고, 달팽이도 밖으로 나오게 됩니다. 자연 속에서 모두 조화롭게 살고 있는 풀벌레들, 봄을 맞아 자연 속으로 놀러 나온 아이들, 봄은 모든 만물이 활동하는 시기입니다. 3, 4세 이상의 어린이에게 읽어주거나 문자를 알기 시작한 6, 7세의 어린이의 읽기 연습에도 좋은 그림책이라고 생각됩니다.

[예문 2] 엄마 잃은 아기참새

〈루스 에인워스 원작 / 호리우찌 세이찌 그림 / 한림출판사 / 1995 / 3000원〉

숲 속에 엄마와 함께 살던 참새가 나는 법을 배우게 되었습니다. 엄마가 가르쳐 주는 대로 둥지를 박차고 날아올랐을 때 땅에 떨어지지 않고 공중에 떠 있는 것이 신기했지요. 그래서 엄마가 날아가 보라고 하던 돌담을 지나 밭과 생울타리를 넘고 시냇물도 건넜습니다. 너무 많이 날아 피곤하고 쉬고 싶은 아기 참새는 길을 잃게 되었지요. 다른 새들은 자기 둥지에 아기참새를 들이지 않았습니다. 이 둥지 저 둥지 집을 찾다 지쳐 버린 아기참새는 어둠 속에서 엄마 참새를 만나게 됩니다. 엄마참새에게 업혀 둥지로 돌아온 아기참새는 엄마 날개 밑에서 포근히 들었다는 이야기입니다. 따뜻한 엄마의 사랑, 엄마의 품을 느끼게 하는 이야기입니다. 5, 6세의 어린이에게 읽어주면 좋아할 것입니다.

[예문 3] 작은집 이야기

〈버지니아 리 버튼 글·그림 / 홍연미 옮김 / 시공사〉

한 시골 마을에 작고 아담하고 튼튼하고 아름다운 집 한 채가 있었습니다. 언덕 위의 이 작은 집은 주변 경치를 보면서 행복해 했고 밤이면 별과 달을 보며 지냈지요. 계절에 다라 변하는 자연, 봄, 여름, 가을, 겨울을 지켜보면서 행복했던 작은 집은, 아이들이 어른이 되어 도시로 떠나는 것을 보게 되었고, 주위가 도시화되는 것을 보게 되었어요. 큰길이 생기고 자동차가 쉴새 없이 다니고 작은 집 주위를 커다란 빌딩이 에워싸게 되었습니다. 더 이상 데이지꽃도 사과나무도 없어졌어요. 땅 속으로는 지하철이 지나가고 고가도로가 생기고 많은 사람들이 부산하게 뛰어다닙니다. 그래서 아무도 그곳에 작은 집이 있다는 것을 알아채지 못합니다. 작은 집은 시골마을과 데이지꽃 들판을 꿈꾸며 외로워했고, 칠도 벗겨지고 유리창도 깨지고 초라해졌지요. 그 작은 집을 지은 사람의 손녀의 손녀에게 발견되어진 작은 집은 다른 시골 마을 언덕 위로 옮겨져서 다시 행복해졌다는 이야기입니다. 이 책의 그림은 어린이에게 큰 즐거움을 줄 것입니다. 그리고 작은 집의 표정을 잘 살펴보는 것도 즐거움의 하나가 될 것입니다. 환경의 변화에 따라 작은 집의 표정이 바뀌고 있으니까요.

[예문 4] 충치도깨비 달달이와 콤콤이

<안나 러셀만 글·그림 / 박희준 옮김 / 현암사 / 1994 / 4000원>

　젖니 속에 지어진 달달이와 콤콤이의 아파트를 생각해 본 적이 있나요? 달달이와 콤콤이는 젖니에 구멍을 뚫어 만든 집 속에 이웃해서 살고 있지요. 달달이와 콤콤이가 하얀 젖니 속에 자꾸자꾸 집을 많이 지어갈수록 볼은 발갛게 부어오르게 됩니다. 달달이와 콤콤이는 초콜릿을 무척 좋아합니다. 자, 이 닦는 이야기를 들어볼까요? 커다란 솔을 타고 들어온 경찰관은 달달이와 콤콤이가 사는 젖니마을을 구석구석 깨끗이 닦아냅니다. 경찰관은 보물을 숨겨 놓은 달달이와 콤콤이의 창고에도 들어옵니다. 음식물이 가득 쌓인 창고를 말끔히 치우고 경찰관은 돌아가고 한 차례 거센 물결이 밀려왔습니다. 그러나 달달이와 콤콤이가 창고를 깊고 크게 만들어 초콜릿을 감추어 두려다가 신경을 건드리는 바람에 문제가 생겼습니다. 바로 이의 치료가 시작되었거든요. 자, 그러면 달달이와 콤콤이는 어떻게 되었을까요? 초등학교 1, 2학년 정도까지 읽히면 좋겠군요. 아 참, 이 닦기를 싫어하는 어른들도 반드시 읽어보세요.

6. 북 토크 실습

[작품 1] 몽실언니 〈작가 : 권정생〉

북 토크
1. 책 :   2. 작가 : 작가에 관련된 일화 소개   3. 중요한　　사건1   　　　　　　사건2   4. 삽화에 대한 설명   5. 등장　　인물1   　　　　　　인물2   　　　　　　인물3

[작품 2] 괭이부리말 아이들 〈작가 : 김중미〉

북 토크
1. 책 :
2. 작가 : 작가에 관련된 일화 소개
3. 중요한　　　사건1
사건2
4. 삽화에 대한 설명
5. 등장　　　　인물1
인물2
인물3
6. 주제
7. 이 책의 배경

제3절 독서토론을 통한 독서지도

1. 독서토론의 필요성

독서토론은 독서 후 스스로 내용을 이해하고 소화하여 자신의 사고나 행동에 도움이 되게 하는 독서과정의 하나이다. 독서토론이 필요한 이유는 그 책을 올바르게 이해하여 편협되고 독선적인 생각을 갖지 않게 하기 위함이다. 독서토론은 그 토론 대상과 대상 인원수 토론내용에 따라 달라질 수 있다.

토론할 책의 내용이 소설이나 동화류라면 작가나 줄거리, 인물 위주로 이야기를 자연스럽게 풀어나가는 이야기식 토의가 가능하다. 과학이나 역사를 다룬 책이라면 퀴즈내기나 내용 익히는 방향으로 진행하는 것이 효과적이다. 이런 책의 내용 중에서 사회적, 역사적 이슈화된 주제가 있다면 그것은 찬성과 반대로 양분하여 진행할 수 있다. 이런 독서토론에는 반드시 이것을 진행해 나갈 진행자나 사회자가 필요하다.

독시토론은 참석자의 수에 따라 일대일 토론, 그룹토론, 집단토론으로 나눌 수 있고, 장소에 따라 도서관의 독서회나 학교 등에서 활성화되어 있는 독서클럽, 전교 또는 학급 단위로 모임을 열 수도 있고, 최근에는 인터넷의 영향으로 사이버독서회도 가능하다.

2. 독서토론의 유형

1) 이야기식 토의

누구나 쉽게 토론에 참여하는 방법으로 일대일 토론이나 그룹토론, 집단토론으로도 가능하다. 우선 책의 기본 배경지식을 카드를 작성하거나 기록장에 적어 알게 한다. 그런 다음 책의 내용과 관련하여 인물, 줄거리 등을 한 사람 또는 여러 사람이 이어 가며 이야기한다. 전체적인 내용을 짚고 난 후 책의 내용과 자기 현실의 상황과 관련지어 연관성을 순서대로 또는 희망자에 한해 발표하도록 한다. 이야기 토의에서는 진행이 잘못되면 두서가 없어질 우려가 있기 때문에 진행자가 미리 꼼꼼하게 챙겨 생략되거나 짚고 넘어갈 부분을 잘 챙겨야 한다. 이 방법은 감상 위주의 진행으로 가기가 쉽다.

2) 토의망식 토의

토의망식 토의는 공정하게 진행되는 토론 방법이다. 먼저, 작품에서 문제시되는 내용을 문장으로 이슈화하여 찬성과 반대로 미리 참석자들을 정해야 한다. 번호를 짝수 또는 홀수로 결정하거나 인원을 반으로 나누거나 참석자 스스로 반반으로 선택하게 하여 미리 입장을 정하고 그렇게 생각한 이유를 기억해 두거나 기록을 해 두어야 한다.

이 방법은 책의 배경지식을 미리 다 알고 있는 상황에서 시작된다. 진행자는 찬성 팀과 반대 팀을 적절하게 잘 조절하여 한쪽으로 치우치지 않게 공평하게 진행되어야 한다. 한두 입장의 참석자들은 자신의 생각을 조리 있게 잘 발표해야 하고 상대편이 반대 의견을 제시할 때도 감정적으로 대하거나 억지스러운 논리를 펼쳐서는 안 된다.

3. 어린이 수준에 맞는 독서토론

독서토론은 책을 읽은 다음에 읽은 내용을 검토하고 내면화하는 가장 중요한 방법이라 할 수 있다. 그래서 어른들 독서 모임에서는 독서 토론을 가장 많이 하고 있다. 읽은 책에 대한 각자의 느낌과 생각을 주고받으면서 그 책의 내용에서 문제점을 찾기도 하고, 주제에 대해 토론을 하면서 좀 더 분명하고 정확하게 주제에 접근할 수 있기 때문이다.

그러나 이러한 독서토론이 초등학교에서는 거의 이뤄지지 않고 있다. 대다수 교사가 어린이들은 독서토론을 할 수 있는 지적 수준이 안된다고 생각하기 때문이다. 물론 어린이들은 어른 독서회와 같은 수준의 독서토론을 할 수는 없다. 하지만, 각 학년에 맞는 수준의 독서토론은 교사가 몇 가지 내용과 방법을 제시만 하면 충분히 가능한 일이다.

4. 독서토론 수업이 주는 긍정적인 효과

1) 함께 하는 수업이다.

학생들에게 공동체 의식을 높여줄 뿐만 아니라 민주적인 생활태도를 키워준다. 나만이 아닌 우리를 느낄 수 있는 수업이다. 서로 책을 읽고 난 다음 나누는 이야기를 통해 다양한 생각을 받아들이게 되어 우리 사회가 더불어 살아가는 곳임을 인식하게 된다.

2) 사고력 향상에 도움을 준다.
3) 읽은 내용을 확인할 수 있다.
4) 다양한 관점을 수용하는 능력을 기른다.
5) 논술에 도움이 된다.

토의 중엔 자신의 생각을 정리해 다른 친구들에게 들려주게 되는데, 이것을 글로 바꾼다면 바로 논술되는 것이다.

5. 독서토론의 일반적인 전개방법

독서토의의 순서는 일정하게 정해져 있지 않다. 일반적으로 학습방법을 학습한다는 입장에서 대개 다음과 같은 과정을 밟게 하는 것이 좋다.

1) 함께 책을 읽고 나서 토의할 주제(문제)를 확실히 하고, 사회자가 설명한다.
2) 주제나 문제의 해결에 대해 각자 생각이나 의견을 말한다.
3) 구성원들의 토의과정을 종합한다(해결활동).
4) 사회자 또는 기록자가 토의내용과 결론을 전체에게 발표한다.

6. 역할지도

1) 진행자(교사)

가. 토의할 주제나 문제를 명확히 해 준다.
"이 시간에 토의할 주제가 무엇이지?"
나. 처음 말문을 열도록 말을 이끌어 간다.
"어떤 내용이 가장 기억에 남니?"
"누가 먼저 이야기 시작할까?"
"영준아. 네가 먼저 발표할래?"
다. 토의가 이어지지 않고 끊어질 때 사회자는 말을 유도해 준다.
"자, 이제 다른 의견은 없니? 어렵게 생각하지 말고 너희들의 솔직한 생각을 그대로 말해도 돼."
"나 같으면 이렇게 생각되는데 혜원이 네 생각은 어때?"
라. 발표할 기회를 고르게 준다.
마. 말하는 내용이 길 때는 요약 정리해 준다.
바. 항상 토의주제나 내용과 관련지어 생각하게 한다.

2) 토의 참가자(학생)

가. 홀로 생각한 내용의 기록을 구성원들끼리 돌려보며 다음과 같은 내용에 따라 묻고 대답하면서 각자의 생각을 보충하고 다듬는다. 내 생각과 같거나 비슷한 점, 내 생각과 반대인 점, 내가 생각하지 못했던 새로운 점, 내 생각이 잘못된 점, 다른 친구의 공책을 보아도 도저히 해결할 수 없다고 생각된 점 등이다.
나. 문제점이나 질문을 중심으로 토의한다. 구성원들의 발표 내용 가운데에서 발견되는 문제점이나 질문 등을 토의한다.
다. 토의를 통해 해결한 내용을 정리한다.

7. 학년별 지도방법

 1~2학년은 대개 전체 토론으로 진행하면서 교사가 던지는 질문에 대답하는 방법으로 이끌어 갈 수 있으면 된다. 한 명의 등장인물이나 주인공이 겪은 사건에 대한 자기 생각을 말하게 하고, 이에 대해 다른 어린이는 어떻게 생각하는가, 왜 그렇게 생각하는가? 정도만 이야기 나눌 수 있어도 성과가 있다고 본다.

 3~4학년도 전체 토론은 물론 모둠 토론도 질문지와 토론거리를 교사가 마련해 줄 필요가 있다. 토론 주제도 등장인물이 겪은 사건을 내가 겪었을 때 하는 방법을 찾는 정도가 좋겠다.

 5~6학년은 전체 토론과 개별 토론도 많이 하면서 모둠 토론 방식을 스스로 만들어 나갈 수 있게 이끌었으면 한다. 1, 2단계 질문을 만드는 경험을 하도록 하여 주제까지 스스로 찾아내도록 한다. 주제를 바르게 찾아야 토론이 재미있게 된다. 이러한 토론의 마지막은 글로서 토론내용을 정리할 수 있도록 한다. 들은 이야기를 한 번 더 되새기며 자신의 생각을 덧붙인다면 앞으로 쓸 좋은 논술의 근거를 가지게 되는 것이기 때문이다.

8. 책 고르기

1) 토론에 참가하는 사람 수, 독서 수준 등을 고려한다.
2) 무조건 좋은 책의 기준으로만 정하지 말고, 토론할 내용으로 적당한 것인지를 잘 살펴본다.
3) 토론하기 전(책을 읽기 전)에 생각해 볼 문제들을 미리 내주는 것도 한 방법이다.

9. 토론에서 지켜야 할 점

1) 책은 꼭 읽고 참가해야 하고 토론에 진지하게 임한다.
2) 다른 사람의 이야기를 잘 듣는 태도를 갖추고, 한 가지 주제에 너무 집착

하지 않도록 한다.
3) 남의 의견에 대해 반박할 때는 그의 의견을 깔보거나 감정적이지 않도록, 나는 왜 그렇게 생각하지 않는지 나름의 논리를 갖춰 자기 의견을 말하는 것이 좋다.

10. 바람직한 독서토론

독서토론이 제대로 되려면 독서하는 습관이 되어 있어야 한다. 도서관의 학생 독서모임, 학교의 독서클럽, 교사에 의해 지도되는 독서토론 등 여러 형태로 독서토론이 진행되고 있다. 그러나 그 참석수가 소수에 불과하고 체계화된 독서토론 모습으로는 부족한 실정이다. 21세기를 맞는 어린이들이 독서를 취미이자, 선택 과목이 아닌 필수 과목으로 여겨 적극적인 독서 세대가 되어야 할 것이다.

11. 독서토론 실습

[실제 1] 책: 나의 산에서 / 작가: 진 C. 조지 / 번역자: 김원구

토론일자		모임장소	
제목	나의 산에서	작가/번역자	진 C. 조지/김원구
		출판사	비룡소
분류	외국 창작동화/장편동화	해당학년	초등 고, 중1
주제	인간은 누구나 주체적인 삶을 살아야 한다		
인물	샘, 샘의 부모, 프라이플(사냥 매)		

내용 및 창의력 키우기	1. 줄거리: 미국의 뉴욕에 사는 샘이란 소년이 집을 떠나 혼자 독립하고 싶은 생각을 하고 있다가 어느 날 100여 년 전 증조부가 운영하던 농장으로 가서 숲 속 생활을 시작한다. 1년 동안의 자립 생활을 본 그의 부모도 숲속으로 들어간다는 내용
	
	2. 샘의 홀로 서기
	 1) 의생활
	 2) 식생활
	 3) 주생활
	
	3. 미국의 소년 샘과 한국의 소년 영수와의 비교/대조하기: 문화의 차이
	 1) 공통점 :
	 2) 차이점 :
	
	4. 이 책을 통해 알게 된 지식
	 1) 식물의 특성
	  (1) 가래나무
	  (2) 물푸레나무
	  (3) 귀리
	  (4) 넓은잎딱총나무
	 2) 동물의 특성
	  (1) 개똥쥐빠귀
	  (2) 동고비
	  (3) 되새(박새)
	
	5. 샘이 잘하는 요리와 내가 잘하는 요리		

[실제 2] 책 : 마당을 나온 암탉 / 작가 : 황선미

토론일자		모임장소	
제목		작가/번역자	
		출 판 사	
분류		해당학년	
주제			
인물			
내용 및 창의력 키우기			

참고문헌

Michael Sullivan. Fundamentals of Children's Services. ALA ; 마이클 설리반, 2005.

강문희·이해상 공저. 『아동 문학 교육』. 학지사, 1998.

강인언. 『유아 문학교육』. 양서원, 1998.

강정규 박상래 외. 『아동문학창작론』. 학연사, 1994.

국립어린이청소년도서관 역. 『어린이서비스의 기초』. 국립어린이청소년도서관, 2007.

김경중. 『兒童文學論』. 신아출판사, 1994.

김세희. 『유아문학교육』. 양서원, 2000.

김효정 외. 『독서교육의 이론과 실제』. 한국도서관협회, 1999.

마쓰이 다다이. 『어린이와 그림책』. 샘터, 1990.

박춘식. 『아동문학의 이론과 실제』. 학문사, 1990.

석용원. 『아동문학원론』. 학연사, 1987.

손정표. 『신독서지도방법론』. 태일사, 1999.

어린이도서연구회 엮음. 『'99학년별 어린이 권장도서 목록』. 1999.

유소영. 『아동문학 어떻게 이용할까』. 건국대학교출판부, 2001.

유창근. 『현대 아동문학의 이해』. 동문사, 1998.

이원수. 『아동문학입문』. 소년한길, 2001.

이재철. 『아동문학개론』. 문운당, 1992.

이춘희. 『유아문학교육』. 동문사, 2002.

정진채. 『동화 문학』. 예인당인쇄, 1991.

하청호·심후섭 공저. 『아동문학』. 정민사, 1995.

형지영. 『창의력을 신장시키는 통합적 독서교육 상·하』. 인간과 자연사, 1997.

제6장
예술활동을 통한 어린이 독서교육

    독서교육에 대한 지금까지의 일반적인 관념을 보면 단순히 국어 교육의 연장선상에서 읽기 및 독해력 향상 위주로 일관되어 왔다. 그러나 오늘날의 독서교육은 단지 국어 교과목에서만 학습되는 영역이 아니라, 학교생활 과정 중에서는 물론 가정생활, 사회생활에 이르기까지 아동 및 청소년들의 독서 활동이 존재하는 곳이라면 어디서나 교육의 장과 기회가 제공되어야 함을 의미한다.[1]

    아동·청소년은 천성적으로 독서를 하는 동안이나 독서를 한 후, 어떤 생각이나 느낌이 떠올랐을 경우 이를 다양한 문화예술 형태로 표현하여 그 이야기를 보다 창조적으로 감상하고 싶어 한다.[2] 이런 이유에서 독서를 통한 다양한 문화예술 활동과 연계된 독서교육으로 아동·청소년을 이끌어 줄 필요가 있다. 예술의 '목적 이론'(finalist theory)에 따르면, 예술은 의미 있는 문제를 제기하고 그것을 풀이하는 과정, 즉 문제해결(problem-solving)의 과정으로 간주된다.

    예술적 창의성은 예술사적 맥락에서 의미 있는 문제를 발견하고 이를 해결하는 데 관련된 능력이라 할 수 있다. 이런 예술적 창의성은 독서를 통해 증진될 수 있다. 비판적 독서(critical reading)는 예술적 창의성을 개발할 수 있는 독서 방법이다. 비판적 독서는 작가의 문제와 그 해결을 평가적으로 읽을 뿐 아니라, 자기 자신의 독서가 올바른 지를 반성적으로 검토하는 독서로 정의될 수 있다.

---

[1] 황금숙 외, 『방과후 학교를 위한 통합형 문화예술교육 모형 개발 연구』, 한국문화예술교육진흥원, 2007, 97쪽.
[2] 로버트 화이트헤드 지음, 신헌재 편역, 『아동문학교육론』, 범우사, 1992, 195쪽.

비판적 독서는 예술 창조 및 감상과정에서 요구되는 능력과 상당 부분 중첩되는 능력들을 요구한다. 비판적 독서를 통해 예술적 창의성은 물론 그것을 평가하는 능력(즉 감상의 능력) 역시 연마될 수 있다.3) 즉 예술 행위에서와 마찬가지로 비판적 독서를 통해서도 예술적 창의성이 연마될 수 있다. 따라서 책을 읽으면서 떠오르는 여러 가지 생각들을 언어로만 표현하는 것이 아니라 예술 행위로 표현하게 할 때 예술적 창의성이 계발될 수 있다.

과거에는 독서교육이 도덕 및 문학작품 감상 위주의 교육에서 이제는 학생의 성격이나 사회성 발달의 교육방법이 고려되고 바람직한 사회인으로서 전인적 교육을 그 목표로 하게 되었다. 즉, 독서교육은 독서를 인간 커뮤니케이션의 한 통로로 보고, 이를 통하여 인간교육이 이루어 질 수 있도록 학생들 스스로의 독서능력을 계발할 수 있어야 한다. 나아가 다양한 문화예술 활동을 통해 독서의 즐거움과 정서함양 및 바람직한 인격형성과 사고력 및 창의력 신장으로 독서교육은 그 의미와 영역을 확장해야 한다.4)

예술활동과 관련된 독서교육의 측면에서 볼 때, 어린이들은 천성적으로 이야기를 읽는 동안이나 읽고 난 후, 어떤 생각이 떠올랐을 때에는 이를 어떤 형태로든 표현하고 싶어한다. 즉 어린이들은 드라마나 미술적인 매체를 통해 그 이야기를 보다 창조적으로 감상하고 싶어한다. 어린이들은 이와 관련하여 많은 활동을 하고 싶어하고 또 할 수도 있지만, 대부분 드라마를 연출하거나 아니면 미술적인 활동을 하는 것이 보통이다. 따라서 독서교육 활동 시에 사고력 계발은 물론 예술 활동과 연계한 창의적인 표현으로 나아갈 수 있도록 격려하여야 한다.

드라마와 미술적인 방범은 그룹활동으로서뿐만 아니라 문학 프로그램을 보다 풍부하게 하기 위한 개인적인 문학 활동에 어린이들의 적극적인 참여를 유도함으로써, 문학 프로그램을 보다 충실하게 운영할 수 있다. 예를 들어 드라마는 그룹으로뿐만 아니라 무언극이나 꼭두각시 인형극, 비공식적인 드라마 형태 등의 개인적인 활동으로도 이루어질 수 있다. 어린이들은 언제든지 이러한 활동에

---

3) 김한결, "예술적 창의성과 비판적 독서", 《독서연구》 제5호(2006. 6), 82-86쪽.
4) 황금숙 외(2007), 앞의 보고서, 97-98쪽.

참여할 기회를 얻고 있어야 한다.

따라서 이 장에서는 어린이들이 드라마와 미술적인 표현을 통해 문학을 감상함으로써 얻을 수 있는 이점과 아울러 이들 활동을 비교적 쉽게 이용할 수 있는 아이디어를 소개하고자 한다.[5]

제1절 예술활동을 통한 문학감상의 원리

문학프로그램과 관련하여 드라마나 미술적인 활동을 활용함으로써 어린이들에게는 일상적인 틀에서 벗어날 수 있는 기회를 주고 보다 색다르고 편안한 느낌을 줄 수 있다. 또한, 이를 통해 문학(책)에 대한 어린이들의 관심을 자극하고 문학(책)에 대한 이해력을 증진시킬 수 있다. 이들 활동을 함으로써 얻을 수 있는 이점과 이들 활동을 통해 어린이들의 문학 감상력을 증진시키고자 함에 있어서 다음의 점들을 유념할 필요가 있다.

1) 창조적인 미술활동을 통해 문학을 감상함으로써 어린이들은 다양한 매체를 이용하는 법과 자신의 생각과 느낌을 효과적으로 표현하는 것을 배우게 된다. 어린이들은 다양한 미술적인 매체를 이용하면서 색다른 느낌을 가질 수 있고, 이를 통해 문학적 기술과 이해력을 기를 수 있다. 또한 창조적인 드라마를 꾸며 봄으로써 어린이들은 바람직한 언어 기술 ― 언어 구사력, 태도, 명료한 표현, 유연성 ― 을 개발할 수 있는 기회를 갖는다. 그리고 몸을 적절히 움직이고 자세를 바로 하는 등 드라마를 하는 데 필요한 기본적인 움직임을 배우게 된다.

2) 문학 프로그램과 관련하여 드라마나 미술활동을 하는 동안 어린이들은 그들의 문학적 체험에 대해 창조적으로 생각하는 기회를 갖게 되며, 또한 자신을 표현할 수 있는 기회를 갖게 된다. 이를 위해서는 모든 어린이들이 자유롭고 솔직하며 창조적으로 표현할 수 있는 분위기가 조성되어야 하고, 이에 필요한 활

---

[5] 이 장은 로버트 화이트헤드 지음, 신헌재 편역, 『아동문학교육론』, 범우사, 1992, 195-224쪽을 정리하였음.

동을 자유스럽게 할 수 있어야 한다.

3) 미술적인 활동과 드라마는 시나 이야기에 새로운 맛을 부가해 준다. 어린이들은 꼭두각시 인형극이나 모빌을 구성해 봄으로써 그들이 좋아하는 이야기의 등장인물이나 구성, 배경, 주제들을 새로운 관점에서 파악하는 기회를 갖게 된다.

4) 어린이들은 드라마나 미술활동에 참여함으로써 서로 협동하고 사회적으로 상호교환하는 것을 배우게 된다. 그룹활동에 의미있게 참여하고, 그룹에서의 자신의 역할을 파악하며, 그룹을 위해 열심히 노력할 것이다. 이러한 상호적 활동을 통해 어린이들은 자신을 돌아보고 사회생활에서 자신이 해야 할 일이 무엇인지를 깨닫게 된다.

5) 드라마를 꾸며봄으로써 어린이들은 드라마로 꾸미기에 적합한 문학을 판별하는 능력을 키우고 또한 연출된 드라마를 평가하는 눈을 갖게 된다. 오늘날 어린이들을 대상으로 하는 텔레비전이나 영화, 극장 프로그램은 매우 많다. 어린이들은 직접 드라마를 꾸미는 활동에 참여함으로써 이러한 프로그램을 평가하는 능력을 기르게 되고, 때로는 프로그램과 관련된 책을 읽고자 하는 의욕이 생길 것이다.

요약하면, 드라마와 미술적 활동을 통한 문학적 경험은 문학에 대한 어린이들의 관찰력과 평가력을 계발시킬 수 있어야 하며, 어린이들은 여기에서 얻은 관찰력과 평가력을 현재와 미래에 접하게 될 책의 등장인물이나 구성, 주제, 배경 등에 적용할 수 있도록 지도자의 끊임없는 관심이 뒤따라야 한다.

드라마를 통한 독서교육은 저학년부터 시작될 수 있다. 어린이들은 천성적으로 독창적인 리듬에 반응을 보이고 비형식적인 드라마에 참여하며 무언극이나 꼭두각시 인형극, 그림자 연극 등에 참여하기를 좋아한다. 위의 활동 중 마지막 3가지는 중학년에서도 계속적으로 이용될 수 있다. 때때로 어린이들은 어떤 이야기를 형식적·비형식적 드라마로 연출하는 데 흥미를 갖는다. 지도자는 이러한 어린이들의 마음을 적절히 유도하여 어린이들이 보다 적극적으로 드라마 활동에 참여할 수 있도록 한다. 다음은 드라마의 각 형태와 드라마를 통한 문학교수의 5가지 아이디어를 간략히 소개한 것이다.

1) 독창적인 리듬(creative rythms)

독창적인 리듬은 유치원이나 저학년 문학 프로그램에서 드라마를 구성하는 데 핵심적인 부분을 차지한다. 이 리듬은 깡충깡충 뛰거나 질주, 한 발로 뛰기 등과 같은 기본적인 신체 움직임을 통해 자신의 생각과 감정을 자연스럽게 표현하는 데서 생긴다. 여기서 지도자가 할 수 있는 것은, 어린이들이 상상력과 감정을 자연스럽게 표현할 수 있도록 함으로써 이러한 활동을 유도하는 촉매역할을 하는 것이다. 이따금 교사가 몇몇 악기를 연주하거나 음악을 들려주어 어린이들이 쉽게 리듬을 이해하고 이에 적절한 반응을 보이게 하는 것도 좋은 방법이 될 수 있다.

2) 드라마(dramatic play)

드라마와 독창적인 리듬을 연결하는 드라마를 연출하기 위해서는 당연히 독창적인 반응과 자연스런 신체 움직임, 얼굴 표정, 몸짓 등이 필요하다. 드라마의 주제는 특별한 것보다는 일상생활에서 일어나는 상황을 묘사하는 것이 좋다.

드라마는 교실에서 일어나는 어떤 일에 자극을 받아 자연스럽게 이루어질 수 있다. 즉, 교실에서 일어나는 일상적인 상황이나 어떤 문학적 상황을 드라마로 꾸밀 수 있다. 또한 다른 수업시간 동안 일어나는 일을 자연스럽게 이끌어낼 수도 있다.

드라마의 한 형태로서 어린이들이 가질 수 있는 가장 재미있는 경험 중의 하나는 무언극(판토마임)을 통해 시를 이해하고 감상하는 것이다. 교사가 시를 한 편 읽어주고 원하는 어린이들에게 무언극을 연출하게 한 뒤 이에 맞추어 그 시를 암송하게 하면 어린이들은 매우 재미있어 할 것이다. 교과서에 나오는 시나 교과서 이외의 시, 이야기들 중에는 무언극으로 꾸미기에 좋은 것이 얼마든지 있다.

3) 무언극(pantomime)

무언극은 어떤 대상이나 행동을 흉내내는 것이다. 동화를 들려주고 난 후 교사는 동화 속의 한 주인공의 행동을 무언극으로 묘사한 후 어린이들이 맞추어 보게 할 수 있다. 또한 유아들이 묘사해 보게 하고 서로 어떤 행동인지 맞추어 볼 수 있다.[6]

문학과 관련하여 이루어지는 무언극은 책의 구성이나 등장인물, 상황 등을 대화 없이 신체 동작으로 표현하여 감상하는 것을 말한다. 무언극은 어느 학년에서도 유용하게 이용될 수 있다. 물론 각 어린이들의 수준에 맞게 적절히 조정할 필요가 있다. 즉 유치원이나 저학년에서는 단순한 형태로 이루어질 수 있으며, 좀더 아니든 어린이들 사이에서는 다소 정교한 무언극이 직접 행해질 수 있을 것이다. 무언극은 반드시 혼자서 할 필요는 없으며, 쌍이나 그룹으로 행해질 수 있다.

유치원 교사가 무언극을 하고자 할 때 어린이들에게 아주 새로운 것을 소개하는 것은 바람직하지 않다. 유치원 어린이들은 아직 미숙하기 때문에, 전혀 낯선 시나 이야기의 무언극은 이해하기 어렵다. 또한, 어린이들이 직접 무언극을 연출해야 하므로 새로운 내용을 다루기는 더욱 어렵다. 원칙은 어린이들이 아직 무언극을 연출하는 데 미숙하더라도 즉흥적으로 직접 무언극을 연출해 볼 수 있는 기회를 주어야 한다는데 있다. 유심히 살펴보면, 유아들이 무언극에 이용할 수 있는 간단한 시는 여러 편 있다. 예를 들면 다음과 같은 동시를 쉽게 무언극으로 꾸며 볼 수 있을 것이다.

손가락 형제

나이도 생일도 똑같지마는
다섯 손가락 키가 다르다.

---

[6] 이상금·장영희 공저, 『유아문학론』, 교문사, 1986, 305쪽.

첫째는 듬직하고 땅딸막하고
둘째는 가리키려 늘씬만하고
셋째는 내가 왕 키다리 장사
넷째는 예쁜 반지 끼고 싶어서 가스듬히 달려 있고요.
다섯째 애기 손가락 제일 작아요.
우리는 정다운 다섯 형제죠.
싸움은 모르고 사이좋게만
언제나 언제나 살거예요.
- 김창환 -

 교사는 위의 시를 읽으며 직접 행동을 보이면서 이 시를 소개할 수 있다. 어린이들은 무언극을 성공적으로 하기 위해서는 내용을 정확하고 분명하게 제시하여 청중(친구)이 쉽게 이해할 수 있도록 해야 한다는 것을 배워야 한다. 어린이들은 종종 자신이 행하는 무언극을 친구들이 이해할 수 없게 하는 것이 제대로 된 무언극인 것으로 잘못 생각할 수 있기 때문이다. 그렇다고 교사가 이러한 설명을 하는 데 너무 오랜 시간을 끌어서는 안 된다. 어린이들의 독창적인 해석과 활동을 방해할 수 있기 때문이다.
 그룹으로 무언극을 연출하는 것은 무언극에 익숙지 않는 어린이들이 별 어려움 없이 참여할 수 있게 하고 자신을 인식할 수 있게 하는 좋은 방법이다. 그룹 무언극은 특정 어린이들에 의해서만이 아니라 그룹 전체 어린이들이 함께 행하기 때문에, 그만큼 두려움을 없애 줄 수 있다.
 쌍(pair) 무언극은 두 명의 어린이들이 어떤 상황을 연출하는 것을 말한다. 이는 두 어린이만이 행하기 때문에 그룹 무언극의 다음 단계로 행해지는 것이 좋다.
 이따금 무언극을 행하는 데 그림이 필요할 때가 있다. 종종 그림을 이용함으로써 무언극을 더욱 생생하게 꾸밀 수 있기 때문이다.
 그리고 단순히 무언극만 연출하기보다는 여기에 게임을 병행하면 더욱 재미있는 시간을 가질 수 있을 것이다. 무언극과 함께 할 수 있는 게임을 소개하면 다음과 같다.

① 제목 알아맞히기 : 어린이들을 두 팀으로 나눈다. 각 팀은 무언극을 할 친구를 뽑아 교사가 미리 준비한 책 제목을 적어 놓은 쪽지를 보게 한다. 각 팀의 무언극을 할 어린이의 몸짓이나 표시로 자기 팀 친구들이 책 제목을 알아 맞추도록 무언극을 시작한다. 먼저 책 제목을 맞춘 팀이 점수를 얻게 된다. 물론 시간 제한을 두어야 한다. 무언극을 할 어린이들을 바꾸어 이를 다시 할 수 있다.

② 무언극 상자 : 실제로 만든 것이든 상상의 것이든, 무언극 상자를 앞으로 '가지고' 나온다. 한 어린이가 그 상자 안에서 자신이 무언극에 이용할 상상의 물건을 하나 꺼낸다. 그 어린이는 친구들이 그 물건을 알아 맞추도록 하기 위해서 3가지 행동을 한다. 정확하게 맞춘 어린이가 그 상자에서 다른 물건을 선택한 후 다시 무언극으로 이를 표현한다. 그 물건을 정확하게 맞춘 어린이가 없으면 다른 어린이가 무언극을 한다.

③ 문단 무언극 : 교사가 어떤 동화의 짧은 문단을 읽어주면 3명의 어린이들이 그 문단을 무언극으로 연출한다. 어린이들이 투표를 하여 가장 잘 표현한 어린이를 선정한다.

④ 이야기 팀 무언극 : 어린이들을 몇 팀으로 나누고, 무언극을 준비할 시간을 15분 정도 준다. 팀의 구성원은 그 팀의 이야기를 다른 팀을 평가하여 우승팀을 선정한다. (가장 잘 했을 때에는 15점, 보통일 때에는 5점을 준다.)

4) 그림자 연극(shadow play)

그림자 연극이란, 그림자를 만들어 여기에 적절한 대사를 넣거나, 아니면 특별한 대사를 하지 않고 그림자 자체로 시나 이야기의 장면을 연출하는 것을 말한다. 이는 각 학년 수준에 맞게 적절히 조정만 한다면 모든 학년에서 이용될 수 있는 좋은 방법이다.

그림자 연극에 사용될 수 있는 이야기는 몇몇 필수적인 요소를 포함하고 있어야 한다. 즉, 움직임(행동), 많은 대사, 주의를 끌만한 구성, 특색있는 등장인물과 배경을 포함하고 있어야만 연출하기도 쉽고 그 효과도 볼 수 있다. 대체로 저학년 어린이에게는 그림책에 나오는 이야기가 적합하며, 좀더 나이가 든 어린이들에게는 옛이야기나 전설, 모험에 관한 이야기가 적합하다. 그리고 저학년에서는 주로 교사가 직접 행하는 것이 좋고, 고학년에서는 어린이들에게 직접 해보게 하여, 이 활동을 보다 활기차게 진행하는 것이 좋다. 그림자 연극에 사용할 막은 특명한 재료(흰 종이, 투사지, 무명천 등)로 만드는 것이 좋다.

막의 크기는 가로 1미터, 세로 1.5미터 정도가 적당하다. 준비된 막을 나무막대에 압정이나 스테이플로 단단히 고정하거나 아니면 막대기에 매달아 자유롭게 접을 수 있도록 만든다. 또한, 그림자가 질 수 있도록 일반 전등이나 강한 회전등을 준비한다. 전등을 설치할 때에는 인형이나 다른 물체의 그림자는 잘 비치되 연기자는 비치지 않도록 특별히 신경을 써야 한다.

느낌을 새롭게 하기 위해 전구에 색깔있는 투명한 종이(감광지)를 덮어 색을 낼 수도 있다. 또한, 셀로판지를 이용하여 어떤 모습이나 배경에 노란 달이나 오렌지 색의 낙조, 핑크빛의 일출 효과를 줌으로써 그림자 연극의 효과를 배가할 수 있다. 주의해야 할 점은 소품이나 연기자, 전구 등은 청중들이 볼 수 없도록 잘 가려야 한다는 것이다. 그래야만 더 실감이 나기 때문이다. 그리고 연극이 이루어지는 동안 막 주의에 커튼을 치거나 칸막이를 설치함으로써 주위를 어둡게 하는 것이 좋다.

5) 비형식적(informal) 드라마

비형식적 드라마는 한 편의 시나 이야기를 읽고 여기에 나오는 등장인물이나 장면 등을 즉흥적으로 꾸미는 것이다. 통상 비형식적 드라마는 교사가 시나 이야기를 들려준 후에 시작된다. 즉 교사가 재미있는 이야기를 들려주거나 시를 낭송한 후에 그 작품의 어떤 부분을 즉흥적으로 드라마로 꾸며보게 한다. 이러한 활동을 함에 있어서 주의할 점은 구성이나 등장인물을 장황하게 분석하기보다는 차라리 어린이들이 즉흥적으로 하고 싶은 대로 하도록 내버려 둘 때 어린이들은 더욱 흥미를 끌 수 있다는 점이다.

비형식적 드라마로 꾸미기에 적당한 시나 이야기는 내용이 간단하고 행동 중심적이고 대화가 많이 포함된 것이 좋다. 특히 특별한 분석이 필요 없이 즉흥적으로 연출할 수 있어야 한다. 소품이나 무대장치 등도 별로 필요 없이 말 그대로 즉흥적으로 연출할 수 있어야 한다. 상황에 따라 책을 잘 읽는 어린이가 해설자가 되어 다른 어린이들이 연극을 할 때 그 부분을 적절히 읽게 하는 것도 하나의 방법이 될 수 있다.

제2절 창조적 미술활동을 통한 독서교육

여기에서는 문학과 관련하여 할 수 있는 10개의 다양한 미술활동을 소개하고자 한다. 이러한 활동들은 문학 프로그램의 한 부분으로서, 어린이들의 문학 지식과 감상력을 증진시켜주는 데 유용하게 활용될 수 있는 아이디어들이다. 이러한 독창적인 미술활동을 함으로써 어린이들은 일상적인 틀에서 벗어나 보다 새로운 문학의 맛을 느끼게 된다. 이러한 방법을 이용할 때 주의해야 할 점은 이러한 활동은 어디까지나 문학감상(책 내용의 이해)을 위한 것이어야 하며 각각의 방법은 독립되어 있을 때보다는 서로 관련될 때 더욱 효과를 낼 수 있다는 점이다.

1) 책만들기

어린이들은 직접 간단한 '책'을 만들어 볼 수 있다. 예를 들면, 야구에 관한 이야기를 읽고 난 후 이와 관련된 한 권의 책을 꾸며 본다. 책 표지에는 잡지나 신문에서 야구선수나 야구장, 야구하는 장면 등을 담은 사진이나 그림을 붙인다. 내용으로는 야구에 관한 독창적인 시나 이야기를 넣거나 삽화를 그려 넣는다. 이러한 것들을 묶어 한 권의 책으로 구성해 볼 수 있다.

특히 저학년 어린이들은 독창적인 시나 이야기를 쓰는 데 어려움을 겪을 수 있다. 이런 경우에는 잘 알려진 저자나 삽화가, 책이나 이야기의 등장인물 등에 관한 스크랩북을 만들게 하는 것이 좋다. 그리고 신문이나 잡지, 책표지, 목록표 등에서 그림이나 기사, 전기적 내용, 스크랩북의 주제에 대한 다른 자료를 모아 넣을 수도 있을 것이다.

2) 책꽂이 만들기

책꽂이는 여러 가지 재료로 만들 수 있다. 한 가지 방법의 예로, 우유팩에 모래를 채우고, 아교나 고무풀로 종이나 천을 그 표면 전체에 붙여 책받침대를 만든다. 또는 우유팩에 석고를 가득 채워 말린 후 팩을 떼 낸다. 그리고 나서 천으로 둘러 책꽂이로 이용한다.

코트걸이용 옷걸이를 이용하여 좀더 색다른 책꽂이를 만들 수도 있고, 비슷한 방법으로 가로 20센티미터, 세로 25센티미터 정도의 나무 조각에 두 개의 코트걸이 철사를 고정시켜 만들 수도 있다. 그 코트걸이 철사를 약 15센티미터 정도 떨어지게 하여 책을 지탱하도록 한다. 주의할 점은, 이 활동은 문학과 관련하여 책을 지탱하도록 만든다. 예를 들면, 책 받침대 표면에 등장인물의 그림을 그려 넣거나 사진을 붙여두게 할 수도 있다.

3) 모형 극장 놀이(box theater)

여기에 들만한 3가지 기본적인 유형은 그림 연극, 이야기 상자, 입체 모형이다. 이들의 공통점은 모두 박스를 이용한다는 점이다. 각각의 유형을 간략히 소개하면 다음과 같다.

가. 그림 연극

이것은 주요 장면을 그림으로 그려 박스를 통해 이들 각 장면을 마치 영화처럼 '상영'하는 것을 말한다. 이 방법은 어린이들이 그 이야기의 주요장면을 이해하는 데 많은 도움을 준다. 교사는 이에 적합한 어떤 이야기를 읽어 준 후 다음의 절차에 따라 이를 박스 영화로 꾸며 보게 한다.

① 그 이야기의 주요 장면을 선별한다.
② 각 어린이들은 그 장면들 중 하나를 제출할 것을 자원한다.

③ 각 어린이들은 미리 적당한 크기로 만들어 놓은 틀에 자신이 생각한 장면을 그린다. 그림은 크레파스, 물감으로 그리거나 색종이를 오려 붙여 나타낼 수도 있다.
④ '영화'를 상영하기 위한 박스를 적당한 크기로 만든다. 사과 상자나 귤상자 같은 것으로 만들 수 있다. 적당한 크기로 창문을 내어 어린이들이 이곳으로 그 장면을 볼 수 있게 한다.
⑤ 나무에 순서대로 각 장면을 붙인다.
⑥ 그러고 난 후, 그 나무를 천천히 움직인다. 그러면 상자에 낸 창문에는 각 장면이 비칠 것이다.

나. 이야기 상자

이것은 각 상자 안에 이야기의 주요 장면을 묘사한 후 이를 보게 함으로써 이야기를 보다 색다르게 감상하는 것을 말한다. 우선 신발 박스 같은, 비교적 작은 몇 개의 상자를 준비한다. 그러고 난 후, 어느 한 편의 이야기를 읽고 여기에서 주요장면을 선정한다. 각각의 상자에 모래나 흙, 돌, 나무, 사진, 그림 등을 이용하여 이야기의 각 장면을 묘사한다. 이렇게 만든 상자를 이야기의 순서에 따라 배열한다.

이를 좀 더 변용하여 교사가 이러한 식으로 상자에 어떤 이야기의 장면을 묘사해 두고, 어린이들에게 이 이야기의 제목이 무엇인지 알아 맞춰보게 한다. 또는 어린이들을 몇 팀으로 나누어 각 팀이 이러한 식으로 이야기를 묘사해 두고 다른 팀이 맞춰 보는 게임을 할 수도 있다.

다. 입체모형(diorama)

이것은 시나 이야기의 장면이나 등장인물을 입체 모형화하여 감상하는 것을 말한다. 우선 이러한 물체를 세워 둘 무대를 만든다. 박스를 무대로 이용할 수도 있다. 무대 뒷면에는 적당한 그림을 그려 넣는다. 그러고 나서 찰흙이나 종이 등으로 시나 이야기의 장면이나 등장인물을 입체적으로 묘사한다. 이를 무대에 세워두고 감상한다.

4) 찰흙모형 놀이

딱딱하지 않은 세공용 찰흙으로 어떤 책의 등장인물이나 사건을 모형으로 만들 수 있다. 특히 나이가 든 어린이들은 등장인물을 묘사하는 데 익숙하기 때문에 이를 만드는 데 큰 어려움이 없다. 이 모형들은 특별히 만든 '무대'에 비치할 수도 있고, 혹은 '입체화'하여 이용할 수도 있다.

5) 조각 그림 맞추기

이 방법은 이야기의 등장 인물이나 장면을 그림으로 그려 조각낸 다음 다시 이를 짜맞추는 것을 말한다. 먼저 책 표지나 어떤 이야기의 등장인물 혹은 장면의 그림을 마분지 같은 두꺼운 종이에 그린다. 그런 다음 이 그림을 조각내어 봉투나 박스에 넣어둔다. 각 어린이들은 여기에서 조각을 하나씩 꺼내어 한 편의 그림을 완성한다. 그러는 동안 어린이들은 그 이야기를 읽고 싶은 마음이 들 것이다.

6) 문학지도(literature maps) 만들기

문학지도는 여러 형태로 만들 수 있다.

① 신화를 공부한 후 그 지역의 지도를 그리거나 가지고 와서 신화에 나오는 주요 등장인물이 살았던 곳이나 이야기의 중요한 장소를 그 지도 위에 표시한다.
② 커다란 세계지도를 만들거나 가지고 오게 한 후, 각 대륙과 관련된 책이나 신문, 잡지 등에서 오려낸 사진이나 그림 등을 찾아 지도에 붙이게 한다. 또한 읽은 책의 저자 또는 배경이 된 나라를 대륙별로 표시하여 어느 한 대륙에 치우치지 않고 세계 문학을 골고루 접하게 한다.
③ 세계지도를 그려 그 위에 작가의 삶의 발자취를 표시한다. 어린이들은 자신이 읽은 전기문의 작가명과 작가가 태어난 곳을 기록해 두는 것도 좋다.

또는 조그맣게 접을 수 있는 종이로 된 '카드'를 만들어 내용에 맞게 지도에 붙여둘 수 있다. 이 카드에는 책 제목과 작가이름, 책의 내용 또는 소감과 그 책을 읽은 날짜와 자신의 이름을 기록해 준다.

④ 어떤 이야기와 관련하여 간단한 지도나 커다란 '움직이는 지도'를 만든다. 여기에 등장인물의 사진이나 그림을 붙이고 그 이야기의 전개과정에 따라 화살표를 표시한다.

⑤ 어떤 지역이나 나라에 관한 커다란 지도나 개별적으로 책상에 놓아둘 수 있는 작은 지도를 만든다. 여기에 어린이들은 사진이나 그림을 이용하여 자기가 읽은 책을 표시해 둔다.

⑥ 문학지도를 만들어, 그 위에 어린이들이 구입하고자 하는 책의 내용이나 작가 이름과 관계있는 곳에 표시를 하고, 괄호 안에는 그 책을 살 수 있는 장소를 기록해 둔다.

7) 모빌 꾸미기

등장인물의 컷 아웃이나 삽화, 이야기에 나오는 사물, 축소한 책, 책 표지 등을 만들어 구부리기 쉬운 철사나 가는 줄, 실 등으로 우산틀에 균형을 맞추어 매달아 모빌을 만든다.

8) 삽화그리기

종이와 물감을 이용하여 어떤 이야기에 대한 일련의 독창적인 삽화를 만든다. 그러기 위해서는 먼저 어떤 이야기를 택할 것이며, 이야기의 어떤 장면을 택할 것인가, 그리고 어떤 재료를 이용할 것인가를 어린이들과 함께 결정하도록 한다. 어린이들이 이용할 수 있는 재료로는 목탄이나 색칠된 분필, 크레파스, 섬유, 잉크, 종이 연필, 물감 등을 들 수 있다. 보다 색다르게 이야기를 감상하기 위해서는 다음과 같은 여러 가지 형태를 만들 수 있다.

① 책갈피(book markers) : 색지와 손 코팅지를 이용한다. 여기에 천이나 리본으로 장식하거나 이야기의 등장인물이나 책 제목, 인상적인 구절과 저자 이름과 관련된 그림을 그리는 것도 좋다.
② 콜라주(collage) : 책에 나오는 갖가지 사물이나 등장인물, 장면 등을 오려 종이나 합판 위에 붙이는 것으로, 독특한 효과를 낼 수 있다.
③ 찍기 : 책에 나오는 갖가지 사물이나 등장인물, 장면 등을 여러 가지 재료를 사용하여 판화를 만들어 여러 가지 색상의 물감으로 찍기를 할 수 있다. 이를 통해 여러 가지 재료의 특징과 색깔의 특징도 함께 알 수 있다.
④ 독창적인 삽화와 표지 그리기 : 좋아하는 이야기나 시에 대해 재미있는 삽화를 그리게 한다. 또한 책의 표지를 자신이 다시 그리게 해 본다.
⑤ 벽화 : 이야기의 등장인물이나 장면과 관련된 벽화를 그린다. 벽화는 포장지나 칠판 등을 이용할 수 있다. 벽화를 어떻게 효과적으로 구성할 것인가에 대한 전반적인 계획이 수립되면, 각 어린이들은 각자의 역할에 따라 공동으로 그림을 그린다.
⑥ 종이 컷 : 송이를 찢거나 오려 책의 등장인물이나 장면을 꾸며 볼 수 있다. 또한 종이 가면(탈, 풍선)을 다양한 색깔의 종이로 보통 얼굴의 크기에 맞게 만들어 꾸밀 수도 있다.
⑦ 포스터 : 책을 대중화하는 데 가장 효과적으로 이용할 수 있는 것이다. 책의 등장인물이나 생각, 장면, 사물, 또는 연예인 사진 등을 독창적으로 그리거나 조각, 콜라주 등으로 표현하여 그 책을 이해할 수 있다.

9) 종이 아코디언으로 이야기 연주하기

두꺼운 종이로 적당한 크기의 모형 아코디언을 만든다. 그리고 아코디언의 각 부분에 이야기의 장면이나 등장인물을 몽타주나 콜라주로 만들어 붙여 둔다. 아코디언의 앞면에는 이야기의 제목을 적어 둔다. 그런 다음 마치 아코디언을 연주하듯이 이야기를 전개해 나간다. 이러한 기본적인 생각에 변화를 주어, 입체적으로 만들 수도 있다.

10) 시간의 띠(times lines)

시간의 띠는 여러 저자나 책, 사건, 시간 사이의 관계를 파악하는 데 유용하게 이용될 수 있는 것으로, 좁고 긴 종이로 만들 수 있다. 띠에서 특정한 간격은 주어진 시간을 나타낸다. 예를 들면, 발 한 폭의 거리는 100년을 나타내게 할 수 있다. 차트의 한 부분에는 유명한 저자의 사진과 태어난 곳, 책이 출판된 날짜를 함께 붙여 둔다. 시간의 띠를 벽화형태로 이용할 수도 있는데, 여기에 띠를 따라 저자의 사진이나 그의 작품을 붙여 두면 좋다.

이상 여러 가지 미술활동으로 독후활동을 창조적으로 이끌 수가 있다. 여기에서 소개된 것 이외에 보다 다양한 활동을 할 수 있다. 무엇보다 중요한 것은 어떤 책을 읽고 어떤 활동으로 연결하면 좋겠다는 안목을 쌓는 일이다. 그림책의 경우, 대개 그림책이 만들어진 미술 방법을 활용하여 독후활동을 이끌 수 있다. 여러 가지 방법을 알고 있으면 대개 책의 내용에 적합한 독창적인 활동을 계획할 수 있다. 가장 명심해야 할 것은 어디까지나 책의 내용이 중심이 되어 예술활동도 이루어져야 한다는 점이다.

한 번 더 강조하면, 예술활동을 통한 독서교육은 독서 본질을 구현할 수 있도록 독서경험이 기본이 되어야 한다. 현재 학교 독서교육에서 강조하는 독서는 독서의 본질적인 요소인 즐거움, 자율성, 무상성의 원리에서 벗어난다. 독서의 세 가지 본질적 원리란 "독서는 강제되어서는 안 되는 자발적인 행위여야 하며, 언제, 어떻게, 무슨 책을 읽는지 읽는 이의 자율에 맡겨져야 한다. 무엇보다 독서는 자기 스스로 즐거운 경험에 의해 지속적인 독자로 성장하게 하는 경험 학습이며, 독서한 이후에는 아무런 대가를 바라지도, 평가하여서도 안 된다."[7]

학교나 독서학원 형태의 학교 교과목 학습과 같은 방식의 기능주의적인 독서를 대신할 수 있는 사회적 대안 독서교육이 필요하다. 이는 바로 '자유로운 책읽

---

[7] 김수경, "독서의 본질과 독서 프로그램 운영". ≪한국도서관·정보학회지≫. 제37권 제3호(2006. 9), 251쪽.

기' 경험을 통해서 다양한 방법으로 독서의 본질을 구현하는 방법이다. 반면, 예술활동을 통한 독서교육에서 자칫 빠질 수 있는 오류로는 자극적인 영상매체에 길들여진 학생들의 관심을 끌기 위해 '책읽기가 도외시된 단순한 체험형' 프로그램이어서는 안된다. 독서의 세계로 안내하고 더 새롭고 깊은 독서를 체험할 수 있는 '책읽기 중심 체험형' 예술활동이어야 한다.[8]

예를 들면, 국립어린이청소년도서관에서는 겨울방학 동안 어린이들의 독서 활성화를 위해 연극놀이 '책 읽는 놀이터'를 운영하고 있다. '책 읽는 놀이터'는 도서관과 한국예술종합학교가 공동 개발한 프로그램으로 아동을 대상으로 독서 후 연극 활동을 유도하고 있다. 즉, '브레멘 음악대'나 '해와 달이 된 오누이', '혹부리영감' 등 아이들이 줄거리를 잘 알고 있는 동화는 강사가 동화 속 상황을 제시한 뒤 아이들이 자연스럽게 대사와 움직임을 하도록 이끌며 처음 접하는 창작동화는 강사들이 책을 읽어주며 내용에 따라 연극 활동을 유도한다. 아이들의 상상력과 창의력을 기르는 것이 프로그램의 목표인 만큼 동화책을 연극으로 재구성하는데 그치지 않고 새로운 상황을 스스로 그려보게 하기도 하고 있다.[9]

또한 익산 마동도서관에서는 관내 5~6학년 초등학생을 대상으로 독서체험 교실 '우리! 도서관에서 놀자'를 운영하고 있다. 이 독서체험 교실은 매월 하나의 주제를 정해 책을 읽고, 만들기와 놀이, 자연탐험 등을 통해 자연스럽게 책과 함께 할 수 있는 기회를 제공하고 있으며, 또 단순한 글쓰기와 토론수업이 아닌 책 안에서의 느낌을 자연과 생활 속에서 직접 비교하고 체험해볼 수 있도록 유도하고 있어 어린이들의 정서순화에도 큰 도움이 되고 있다.[10]

미국 카네기멜론대학의 석학 리처드 플로리다 교수는 미래 변화를 주도하는 현대사회의 주역을 '창조적 계급'(creative class)라고 하였다. 자본주의 시대에 문화는 곧 자본이며, 상품이고, 산업이라고 할 있다. 따라서 문화산업는 자본주의 사회에서 자연스러운 결과라 할 수 있다. 영국에서는 문화산업을 '창조적 산

---

[8] 김수경, "공공도서관 독서교실 운영방안", 《한국비블리아학회 학술발표논문집》, 제16집(2007. 5), 157쪽.
[9] 한국교원신문 보도자료, 2006. 12.
[10] 황금숙, 『어린이·청소년 독서문화 환경조성을 위한 기초연구』, 국립어린이청소년도서관, 2006, 70쪽.

업'(creative industry)이라고 부른다. 문화는 창조성에 기반하고 있으므로 문화산업은 창조적인 산업이다. 문화상품은 인간의 창의성과 감성이 깃든 창작품이다. 따라서 문화는 다양성을 자양분으로 한다. 비슷한 생각, 똑같은 의견을 강요하는 전체적의의적인 사회에서는 결코 풍요로는 문화가 꽃필 수 없다.11)

따라서 사고를 통해 상상의 과정 자체를 즐길 수 있는 독서 행위야말로 창조적 감수성을 계발하는 기본 기술이라 할 수 있다. 예술활동을 통한 독서교육은 21세기 문화산업의 시대에 필요로 하는 창조적 감수성을 기르는데 아주 유용한 활동이다. 요즈음 성행하는 독서교육 활동으로 책을 읽은 후 평가를 위해 하나의 정답을 찾는 독서퀴즈나 독서검증시험 형태의 독서교육은 독해력을 향상하게 시키는 데는 일조를 하겠지만, 책읽기의 즐거움을 선사한다거나 창조적 감수성을 기르는 데는 도움이 되지 않는다. 모름지기 책읽기는 즐겁고 자유로워야 한다. 따라서 21세기 기본 덕목인 창조적 감수성을 기르기 위해서 독서교육 현장에서 예술활동과 접목한 독서교육이 다양한 방법으로 실험되고 구현되어야 한다.

참고문헌

국어교육을 위한 초등교사 모임 지음. (아이들과 함께하는)『동화수업』. 서울 : 우리교육, 2000.
김수경. "공공도서관 독서교실 운영방안". ≪한국비블리아학회 학술발표논문집≫. 제16집(2007. 5).
김수경. "독서의 본질과 독서 프로그램 운영". ≪한국도서관 · 정보학회지≫. 제37권 제3호(2006. 9).
김한결. "예술적 창의성과 비판적 독서". ≪독서연구≫. 제5호(2006. 6). 로버트 화이트헤드 지음, 신헌재 편역. 『아동문학교육론』. 서울 : 범우사, 1992.
이상금, 장영희 공저. 『유아문학론』. 서울 : 교문사, 1986.
이주영. 『어린이 책을 읽는 어른』. 서울 : 웅진출판, 1994.

---

11) 최연구, 『문화콘텐츠란 무엇인가』, 살림, 2006, 15-16쪽.

이주영. 『어린이에게 좋은 책을』. 서울 : 너른들, 2002.

최연구. 『문화콘텐츠란 무엇인가』. 서울 : 살림, 2006.

한국교원신문 보도자료. 2006. 12.

황금숙 외. 『방과후 학교를 위한 통합형 문화예술교육 모형 개발 연구』. 한국문화예술교육진흥원, 2007.

황금숙. 『어린이·청소년 독서문화 환경조성을 위한 기초연구』. 국립어린이청소년도서관, 2006.

어린이 독서자료의 활용

제1절 그림책 활용

■ 그림책의 독후활동

추천도서 :
〈전래동화 그림책〉 초등 1~2학년
- 팥죽 할멈과 호랑이/서정오/보리
- 호랑이 뱃속에서 고래 잡기/김용택/푸른숲
- 재주꾼 오 형제/이미애/시공주니어
- 의좋은 형제/이현주/국민서관
- 북풍을 찾아간 소년/백희나/시공주니어
- 아름다운 바실리사/아파나시예프/상상박물관
- 설문대 할망/송재찬/봄봄
- 세상이 생겨난 이야기/김장성/사계절
- 반쪽이/이미애/보림
- 아기장수 우투리/서정오/보리
- 까막나라에서 온 삽사리/정승각/초방책방

〈창작 동화 그림책〉
- 만희네 집/길벗어린이
- 솔이네 추석 이야기/길벗어린이
- 돼지책/웅진

- 터널/논장

1) 그림만 있는 책

그림을 보고 흥미를 끌 수 있도록 이야기를 해준다.

2) 지식 그림책

(1) 주변 사물의 이름과 문자를 연결하여 보고 읽을 수 있게 한다.
   - 따로 낱말 카드를 만드는 것도 한 방법이다.
(2) 처음에는 책을 보고 읽어 주면 손으로 낱말을 짚어보게 하거나 아는 낱말을 스스로 찾아보게 한다.
(3) 개념을 다룬 책은 그 내용을 이해할 수 있도록 아동의 눈높이에 맞게 설명을 해준다.

3) 그림 이야기책

그림 이야기책을 읽고 난 후의 활동으로는 글쓰기 및 창의력 활동이 있다. 그 예를 들면 다음과 같다.

(1) 그림 따라 그리고 색칠하기이다.
(2) 만화로 표현하기이다. (1컷, 2컷, 4컷, 6컷)
(3) 개작하기 : 그림책 속의 주인공 (인물, 동물, 식물 등등)을 변화시키기이다.
   - 성별 바꾸기, 성격 바꾸기
(4) 책 표지 만들기이다.
   - 그대로 따라 만들기, 책 표지 다시 만들기
(5) 극본으로 만들기이다.
(6) 독서감상문 쓰기이다.
   - 주인공에게 편지 쓰기
   - 시로 쓰기
   - 생활글로 쓰기
   - 주장글로 쓰기
   - 인터뷰 하기

제1절 그림책 활용

□ 독서활동지 1-1

날짜(/)　　　( )초등학교 제 학년 반 이름 ( )

일 자		작성자	
제 목	팥죽 할멈과 호랑이	작 가	서정오
번역자		출판사	
분 류		화 가	
주 제			
인 물			

내 용 열 기	그림책을 읽고 무엇에 대한 이야기인지 알아 본다. 1. 무슨 이야기인가요? 1) 누가 나왔나요? 2) 어떤 일이 일어났나요? 3) 어떻게 됐나요? 2.인물 비교하기:할머니/호랑이 |	책 속 할머니	우리 할머니
---	---	---
모습		
행동		
말씨			
생 각 하 기	1. 호랑이는 무엇을 먹고 사나요? 2. 호랑이가 할머니에게 잘못한 것은 무엇인가요? 3. 나는 욕심을 부린 적이 있다. 언제?

제7장 어린이 독서자료의 활용

☐ 독서활동지 1-2

날짜(/)　　　( )초등학교 제　학년　반　이름 (　　　　)

일 자		작성자	
제 목		작 가	
번역자		출판사	
분 류		화 가	
주 제			
인 물			

내 용 열 기	그림책을 읽고 무엇에 대한 이야기인지 알아 본다. 1. 무슨 이야기인가요? 　1) 누가 나왔나요? 　2) 어떤 일이 일어났나요? 　3) 어떻게 됐나요? 2. 인물 비교하기: |		
모습		
행동		
말씨			

생 각 하 기	1. 2. 3.

제1절 그림책 활용

□ 독서활동지 1-3

날짜(/)   (   )초등학교 제   학년   반   이름 (   )

일 자		작성자	
제 목	우당탕탕, 할머니 귀가 커졌어요	작 가	엘리자베트 슈티메르트
번역자	유혜자	출판사	비룡소
분 류	그림책	화 가	카롤리네 케르
주 제	이웃과 이좋게 지내야 한다.		
인 물	아래층 머니, 위층 가족		

내용 열기

1. 무슨 이야기인가요?
그림책을 읽고 무엇에 대한 이야기인지 질문을 던지고 대답을으로 확인한다.
1) 누가 나왔나요?

2) 어떤 일이 일어났나요?

3) 어떻게 됐나요?

2. 책 속의 할머니와 우리 할머니 비교, 대조 하기

	책속의 할머니	우리 할머니
모습		
행동		
말씨		

토론 하기

1. 이웃과 사이좋게 지내는 방법

2. 아파트에서의 소음은?

3. 주택에서의 소음은?

4. 만약 여러분이 위층 가족처럼 되었다면 어떻게 할 것인가요?

독서활동지 1-4

날짜(/)　　　　(　　　　)초등학교　제　학년　반　이름(　　　　　)

생각쟁이	그림책을 읽고 생각을 넓히기	
	내가 사는 곳 그려보기(아파트/주택)	내가 살고 싶은 곳 그려보기
내가 가장 싫어하는 소리	1. 2.	
할머니 모습 그려 보기	할머니 귀가 커졌어요	할머니 귀가 작아졌어요

제1절 그림책 활용

□ 독서활동지 1-5

날짜(/)　　　　( )초등학교 제 학년 반 이름 (　　　　)

생각쟁이	그림책을 읽고 상상하기	책제목	
	이야기 속 인물 따라 그리기		내가 원하는 외모(얼굴,키)그리기
내가 가장 좋아하는 인물	1. 2.		
나의 변화하는 모습	지금의 내 모습( )살		20년 후 내 모습

□ 독서활동지 1-6

날짜(/)　　　(　　　)초등학교 제　학년　반　이름 (　　　　　)

생각쟁이	그림책을 읽고 이해하기	책제목	
주인공에게 생긴 문제		해결 방법	

주제	1. 2.

어려운 낱말 찾고 그 뜻 알아 보기		

제2절 동요 · 동시 활용

1. 동요 자료 후속활동

다음은 전래동요(정착동요 포함), 창작동요를 원문을 살릴 수 있는 것은 그대로 실어 보았다.

예문: 전래 동요(정착 동요 포함)

거북아 거북아
머리를 내어라
내어 놓지 않으면
구워 먹겠다
- 「구지가」

선화공주님은
남 모르게 얼려 두고
맛둥 도련님을 밤에
몰래 안고 간다
- 「서동요」

동무동무 씨동무
보리가 나도록 씨동무
- 「어깨동무요」

비야 비야 오지 마라
우리 형님 시집간다
비야 비야 오지 마라
가마 꼭지 얼룽진다(후략)
　　　-「비요」

문지기 문지기 문열어라
열쇠 없어 못 열겠네
어떤 대문에 들어갈까
동대문에 들어가 (후략)
　　　-「대문놀이」

개굴개굴 개구리 노래를 한다
아들 손자 며느리 다 모여서
밤새도록 하여도 듣는 이 없어
듣는 사람 없어도 날이 밝도록(후략)
　　　-「개구리」

금자동아 은자동아
만금같이 귀한 동아
금을 주면 너를 사며
은을 주면 너를 살까(후략)
　　　-「자장가」

달공달공 세상 달공 서울길로 가다가
밤 한 되를 주워다가 설겅 밑에 묻었더니
머리 감은 새앙쥐가 들락날락 다 까먹고
밤 한 톨을 남겼네 (후략)
　　　-「달강달강」

예문: 창작동요

우리로 하야금 풋볼도 차고
우리로 하야금 경쟁도 하야
생하야 나오난 날쌘 긔운을
내뿜게 하여라 펴게 하여라
      - 최남선 「우리 운동장」

푸른 하늘 은하물 하얀 쪽배엔
계수나무 한 나무 톡긔 한 마리
돗대도 아니 달고 삿대도 업시
가기도 잘도 간다 서쪽 나라로
      - 윤극영 「반달」〈어린이〉 1924 11월호

고드름 고드름 수정고드름
고드름 따다가 발을 역거서
각씨방 영창에 달어노아요
      - 유지영 「고드름」「어린이」 1924 2월호

새 신을 신고 뛰어 보자, 팔짝
머리가 하늘까지 닿겠네
      - 윤석중 「새 신」

산넘어 남촌에는 누가 살길래
해마다 봄바람이 남으로 오네
      - 김동환 「남촌」

나는 나는 갈 테야
연목으로 갈 테야
동그라미 그리러
연못으로 갈 테야
　　　- 강소천 「보슬비의 속삭임」

냇물아 흘러흘러
어디로 가니?
강물 따라 가고 싶어
강으로 간다
　　　- 이종구 「시냇물」

2. 동시 읽기 후속활동

　동시를 읽었다고 시를 잘 쓸 수 있는 것은 아니다. 동시를 읽고 감상을 한 후, 다음의 후속활동을 하면 도움이 된다.

① 동시 지도
  · 그 소재와 제재, 주제 및 표현 기교를 확인해 본다.
  · 시를 읽은 그 느낌을 독서감상문으로 표현해 본다.
  · 똑같은 글감으로 자신의 시를 지어본다.
  · 시화로 표현을 해본다.
  · 생각그물로 그 느낌이나 감상을 다양한 어휘로 드러내본다.
  · 반복하여 읽어 암송한다.
② 아동시 지도
  · 어떤 단어(시어)가 적절하게 쓰였는지 알아본다.
  · 제목과 주제의 연관성이 적절한 지 생각해본다.
  · 표현이 잘 된 시행을 찾아 다른 표현으로 바꾸어 본다.

- 아동시는 사투리 사용이 빈번한 작품이 많으니 그것을 표준어로 고쳐서 읽어 본다.
- 아동시의 내용이나 그 느낌을 만화로 표현해 본다.
- 아동시의 제목을 바꿔 본다.
- 똑같은 제목으로 아동시를 써 보게 한다.

예문: 동시

나무야 나무야 겨울 나무야
눈 쌓인 응달에 외로이 서서
아무도 오지 않는 추운 겨울을
바람 따라 휘파람만 불고 있느냐//
평생을 지내 봐도 늘 한 자리
넓은 세상 얘기는 바람께 듣고
꽃 피는 봄 여름 생각하면서
나무는 휘파람만 불고 있구나
　　　- 이원수 (1911-1987)「겨울 나무」

지난밤에
눈이 소오복 왔네//
지붕이랑
길이랑 밭이랑//
추워 한다고
덮어주는 이불인가봐//
그러기에
추운 겨울에만 나리지
　　　- 윤동주(1917- 1945)「눈」

개미야, 개미야, 하고 부르면
내 몸이 개미만해져서
개미처럼 개암개암 기어다니지
　　　- 이준관 「그것 참 이상하다」

제가 무엇을 잘못했을까요
개미를 한 마리 죽인 일이 있어요
그 개미는 사람을 무는 놈이었어요
팔다리를 따끔따끔 물길래
손가락으로 꼬옥 누른 거예요
　　　- 서정슬 「소녀의 기도」

나는 발이지요
고린내가 풍기는 발이지요
하루 종일 갑갑한 신발 속에서
무겁게 짓눌리며 일만 하는 발이지요
　　　- 권오삼 「발」

할아버지가
담뱃대를 물고
들에 나가시니
궂은 날도
곱게 개이고
　　　- 정지용 「할아버지」

담모퉁일 돌아가다가
수남이하고 이쁜이하고 마주쳤습니다
꽝!
이마를 맞부딪고 눈물이 핑……
   - 윤석중 「담모퉁이」

예문: 아동시(어린이시)

엄마와 아빠가 말다툼을 하는데
엄마 말소리는 박격포가 되어
아빠 머리를
쑥밭으로 만들어 놓고
   - 배지훈 「부부 싸움」

개구리가 친구하고
달리기를 하고 있다
보러 가이까네
잡아가는강 싶어가
엄마한테 일러주러 가네
   - 문은희 「개구리」

우리 엄마 얼굴은 곰보다
내가 머리를 묶을려고
거울을 볼 때
내 얼굴과 엄마의 얼굴을 비교하면
나의 마음이 자꾸만 아프다
   - 도희자 「엄마 얼굴」

내 양말에 구멍이
뽕
발가락이 쏙 나왔다
발가락은 꼼틀꼼틀
저거끼리 좋다고 논다
      - 류호철 「발가락」

나무야 나무야
언제 일어나니?
이제는 일어나야지
저기 산에 사는
개구리는 경칩날에
일어 났는데
나무야 나무야
얼른 일어나라
      - 청령초등학교 5학년 손정빈 「나무」

나무는 마술을 부린다
계절마다 마술을 부린다
봄에는 꽃을 피우고
여름에는 잎을 피운다
가을에는 열매를 맺고
겨울에는 몸만 남는다
지금은 봄이라 꽃이 핀다
이번에도 기대된다
나무의 마술이
      - 청령초등학교 5학년 김용준 「나무」

작은누나가 엄마보고
엄마 런닝구 다 떨어졌다
한 개 사라 한다.
엄마는 옷 입으마 안 보인다고
떨어졌는 걸 그대로 입는다.
런닝구 구멍이 콩만하게
뚫어져 있는 줄 알았는데
대지비만하게 뚫어져 있다.
아버지는 그걸 보고
런닝구를 쭉 쭉 쨌다.
엄마는
와 이카노
너무 째마 걸레도 못한다 한다.
엄마는 새 걸로 갈아입고
째진 런닝구를 보시더니
두 번 더 입을 수 있을 낀데 한다.
　　　　－ 배병권 「엄마의 런닝구」

제7장 어린이 독서자료의 활용

□ 독서활동지 2-1

날짜(/)   (   )초등학교 제   학년   반   이름 (   )

생각쟁이	동요를 읽고, 노래 부르다가 떠오르는 장면이나 느낌을 삽화로 직접 그려보자.				
동요제목	겨울나무	시인	이원수	작곡자	
이 동요 부르면 떠오르는 색깔 적어 보기	나무야 나무야 겨울 나무야 눈 쌓인 응달에 외로이 서서 아무도 오지 않는 추운 겨울을 바람 따라 휘파람만 불고 있느냐		* 무엇에 대해 쓴 동요인가요? * 나무의 어떤 것에 대해 노래하고 있나요? * 리듬이 느껴지나요?		
나무를 그려보자 내 마음대로	나무 이름( )		나무 이름( )		

제2절 동요·동시 활용

□ 독서활동지 2-2

날짜(/)　　　　( )초등학교 제 학년 반 이름 ( )

생각쟁이	동요를 읽고, 노래 부르다가 떠오르는 장면이나 느낌을 삽화로 직접 그려보자.				
동요제목		시인		작곡자	
이 동요 부르면 떠오르는 색깔 적어 보기			* 떠오르는 색깔을 형용사로 적어보자 * 가장 중요하게 쓰인 단어는 무엇인가요?		
이 동요 부르면 생각나는 것을 재미나게 표현하기 (원, 세모, 네모 활용하기)	○ △ □				

□ 독서활동지 2-3

날짜(/)　　　(　　　)초등학교 제　학년　반　이름(　　　　)

생각쟁이	동시를 읽고, 여러 가지 연상을 해보자.		
동시제목	개구리	시인	문은희
이해하기	개구리가 친구하고 달리기를 하고 있다 보러 가이까네 잡아가는강 싫어가 엄마한테 일러주러 가네 　- 문은희「개구리」	* 표준어로 바꾸어 보기	
연상하기	1. 제목을 바꿔 보자 2. 개구리 하면 연상되는 것을 적어보기(낱말 연상하기) **개구리** ⇨ ( ) ⇨ ( ) ⇨ ( ) ⇨ ( ) ⇨ ( ) ⇨ ( ) ⇨ ( ) ⇨ ( ) ⇨ ( ) ⇨ ( ) ⇨ ( ) 3. 개구리 따라 그려보기		

□ 독서활동지 2-4

날짜(/)　　　　(　　　　)초등학교 제　학년　반　이름 (　　　　　　)

생각쟁이	동요를 읽고, 노래 부르다가 노래 가사를 바꿔서 불러 보자.			
동요제목	새 신	시인	윤석중	작곡자
이 동요 가사 바꿔보기	새 신을 신고 뛰어 보자, 팔짝 머리가 하늘까지 닿겠네 　- 윤석중 「새 신」			
새 신과 관련한 만화 그려보기 및 신발 종류별 그려보기				

제2절 동요·동시 활용　255

제7장 어린이 독서자료의 활용

□ 독서활동지 2-5

날짜(/)　　　　(　　　　)초등학교 제　학년　반　이름 (　　　　　　)

생각쟁이	1. 시를 읽고 마인드 맵으로 표현하기 2. 시를읽은 후 인상 깊은 부분 표현하기		
시제목		작가	

마인드 맵

시를 읽고 좋은 표현 찾아보기	내 양말에 구멍이 뽕 발가락이 쏙 나왔다 발가락은 꼼틀꼼틀 저거끼리 좋다고 논다 　　　- 류호철「발가락」
	* 재미있는 단어 찾기 * 표현이 잘 된 구절이나 행 찾기 * 표현이 잘 된 구절이나 행을 다르게 바꿔 보기
의성어 및 의태어 찾기	* 의성어 및 의태어 찾기
	* 의성어 및 의태어 다르게 바꿔보기

제2절 동요·동시 활용

□ 독서활동지 2-6

날짜(/)　　　( )초등학교 제 학년 반 이름 ( )

생각쟁이	1. 시를 읽은 후 떠오르는 생각이나 느낌을 그림으로 표현하기 2. 시를 읽고 행과 어절 익히고 시어 알아보기		
시제목		작가	

* 떠오르는 생각이나 느낌을 그림으로 표현하기

시의 그림 구조 그리기	* 어절 단위로 줄 긋기 우리 엄마 얼굴은 곰보다 내가 머리를 묶을려고 거울을 볼 때 내 얼굴과 엄마의 얼굴을 비교하면 나의 마음이 자꾸만 아프다 　　　　　　- 도희자「엄마 얼굴」	* 행 단위로 줄 긋기
시어		

□ 독서활동지 2-7

날짜(/)　　　(　　　)초등학교 제　학년　반　이름 (　　　　)

생각쟁이	동시를 읽고, 똑같은 제목으로 나도 시인 되어보기.		
동시제목	나무	시인	
	나무야 나무야 언제 일어나니? 이제는 일어나야지 저기 산에 사는 개구리는 경칩날에 일어 났는데 나무야 나무야 얼른 일어나라 　　- 청령초. 5학년 손정빈 「나무」		
나도 시인	제목: 나무 1행 2행 3행 4행 5행 6행 7행		

제3절 옛이야기·신화 활용

1. 옛이야기 독후활동

추천도서 :

〈신화〉: 단군신화, 주몽신화, 박혁거세신화, 마고할미신화

〈전설〉: 설문대할망 전설, 금강산 개구리바위 전설, 망부석 전설, 수탉의 볏 전설

〈민담〉: 흥부와 놀부, 바리 공주, 도깨비 감투, 금도끼 은도끼, 반쪽이, 혹부리 영감, 호랑이와 곶감

〈옛이야기〉
- 호랑이 잡는 기왓장/보리
- 길 아저씨 손 아저씨/국민서관
- 가슴 뭉클한 옛날 이야기/김장성/시계절
- 별난 재주꾼이야기/조호상/사계절
- 새 하늘을 연 영웅들/정하섭/창비
- 설탕으로 만든 사람/아니카 에스테를/비룡소
- 세상이 생겨난 이야기/김장성/사계절
- 장난꾸러기 코피트코/우리교육
- 참말로 참말 참말로 거짓말/조호상/중앙M&B

〈고대소설〉
- 심청전/창작과 비평
- 홍길동전/나라말
- 조선의 여걸 박씨 부인/한계레아이들

옛이야기는 4세부터 9세전후의 어린이들이 꼭 읽어야 될 동화이다. 옛이야기를 읽고 이야기의 기본 골격을 기억하면 더 효과적이다. 다양한 활동을 통해, 옛이야기가 재미있으며 또한 옛날 사람들의 심성과 생활상을 알게 해줄 수 있다.

1) 독서활동지 활용하기

〈기초 단계〉
① 인물 얼굴 그리기
② 만화로 표현하기
③ 가장 재미있거나 가장 지루한 내용 그려보기
④ 인물의 이름 재미나게 풀이해 보기
⑤ 인물과 내 주변 인물과 서로 연결지어 보기

〈중급 단계〉
① 시간의 흐름에 따른 행동 변화를 만화로 표현하기
② 주인물과 부인물의 행동 비교
③ 중요한 사건별로 그림을 그리고 상황 적기
④ 똑같은 종류의 다른 책과 비교, 대조하기
⑤ 인물 인터뷰하기

〈심화 단계〉
① 주인물이 한 말을 적고 그에 대한 내 생각 쓰기
② 제목과 주제의 연관성을 알아내고 그것을 잘 드러내고 있는 장면을 그림으로 표현하기
③ 이야기의 의미 지도 그려 보기
④ 인물의 기상상태 도표로 그려보기: 상쾌지수/불쾌지수
⑤ 주인공 이력서 만들기

2) 글쓰기 활용하기

① 6하 원칙에 따라 적기
- 100자 적기/ 200자 적기/ 400자 적기/ 600자 적기
② 줄거리 요약하기
③ 생활문으로 독서감상문 쓰기
④ 비교, 대조로 독서감상문 쓰기
⑤ 논술문으로 독서감상글 쓰기

2. 우화의 독후활동

(1) 등장 인물이 한 말을 적어 보기
- 성격 알아보기
(2) 일어난 사건 시간 순서대로 적어 보기
- 사건을 4단 구성(기승전결)으로 만화로 표현하기
(3) 등장인물을 사람으로 바꾸어서 개작하기
(4) 같은 동물이 나온 다른 우화와 비교·대조하기

♧ 예문 신화

제목 : 단군신화 / 작가 : 일연

아득한 옛날 천제 환인의 아들 환웅이 있었는데 천하에 뜻을 두고 인간 세상을 몹시 그리워했다. 그 아버지가 아들의 뜻을 짐작하여 아래로 삼위태백을 내려다보니 인간들에게 커다란 이익을 줄 만하여 천부인 세 개를 주어 그곳에 내려보내어 다스리게 하였다.

환웅은 삼천 명의 무리를 거느리고 태백산 꼭대기 신단나무 아래로 내려와 그곳을 신시라 부르고 스스로 환웅 천왕이라고 하였다. 그는 바람을 맡아보는 신, 비를 맡아보는 신, 구름을 맡아보는 신을 데리고 농사에 관한 일, 생명에 관한 일, 질병에 관한 일, 형벌에 관한 일, 선과 악에 관한 일 등 인간의 360가지 일을 모두 주관하면서 세상을 다스리고 교화하였다.

그런데 그때 곰 한 마리와 호랑이 한 마리가 같은 굴 속에 살면서 환웅에게 사람이 되게 해달라고 항상 빌었다. 환웅은 신령스러운 쑥 한 줌과 마늘 20쪽을 곰과 호랑이에게 주면서, "너희들이 이걸 먹고 백일 동안 햇빛을 보지 않으면 쉽게 사람의 모습이 될 수 있으리라."고 하였다. 곰과 호랑이가 그것을 먹고 스무 하루 동안 기(忌)를 하는데 곰은 그대로 지켜 여인의 모습이 되고 호랑이는 지키지 못하여 사람이 되지 못하였다. 그러나 곰 여인은 혼인 할 데가 없었으므로 매일 신단나무 아래에서 어린애를 가지게 해달라고 기도하였다. 이에 환웅이 잠시 사람으로 변하여 그와 혼인하여 아들을 낳았으니 그 이름을 단군 왕검이라고 하였다.

단군은 요 임금이 왕위에 오른 지 50년째 되는 경인년에 평양성을 도읍지로 정하고 처음으로 나라 이름을 '고조선'이라 하였다. 그 후 도읍을 백악산 아사달로 옮기고 그곳을 궁홀산 혹은 금미달이라고 하였다.

그는 천백 년 동안 나라를 다스렸는데 주나라 무왕이 왕위에 오른 기묘년에 장당경으로 도읍을 옮겼다. 그 후 다시 아사달에 돌아와 산신이 되었는데 그의 나이는 천구백팔 세였다고 한다.

- 삼국유사(三國遺事) 권 1

♣ 예문 우화

이솝우화1 사자와 곰과 여우

사자와 곰이 동시에 양을 한 마리 잡아 서로 차지하려고 격렬하게 싸웠다. 서로에게 심한 상처를 입히고 오랫동안 싸운 끝에 쓰러질 지경이 되자 그들은 힘이 빠진 나머지 드러누웠다. 좀 떨어진 곳에서 몇 차례 들러 그들을 살펴보던 여우는 손도 대지 않은 양을 사이에 두고 그들 둘다 뻗어 있는 것을 보았다. 여우는 양을 가지고 최대한 빨리 달아났다. 사자와 곰은 여우를 보았지만 일어설 수도 없었다.

"우리는 열심히 싸우고 노력했지만 여우에게 좋은 일만 시켰군. 정말 어리석었어"

그들이 말했다.

때로 온갖 고생은 누군가가 다 하고 이득은 다른 사람이 보는 경우가 있다.

이솝우화2 늙은 사자와 여우

늙고 병들어 죽을 날을 기다리는 사자가 먹이를 구하기 위해 꾀를 내었다. 늙은 사자가 이제 임종을 눈앞에 두고 있으니 작별 인사를 하라고 소문을 낸 것이다. 늙은 사자가 사는 동굴에 문병을 오는 동물들은 동굴에 들어서는 순간 늙은 사자의 먹이가 되고 말았다. 꾀돌이 여우도 문병을 왔지만, 동굴로 들어가지 않고 서성거리고 있었다. 사자는 여우에게

"어이! 여우 안들어 오고 뭐해"

"날 보러 왔으면 들어오게나"

라고 말했다. 여우 말하기를

"문병은 여기서 드리고 돌아가겠습니다. 동굴로 들어간 발자국은 있는데, 밖으로 나온 발자국이 없는 걸 봐서 저는 들어갈 수가 없네요."
하며 유유히 돌아섰다.

아는 것이 힘이다. 세심한 관찰, 때론 주의 깊은 실험들, 거기서 얻어낸 지식. 바로 이런 지식이야말로 불행을 막아주고 행복한 삶을 가져다주는 힘이다.

이솝우화3 사자와 여우와 사슴

이제 늙어서 사냥할 기력조차 없는 사자 한 마리가 허기진 배를 움켜잡고 굴 속에 누워 있었다. 그때 마침 여우 한 마리가 그 앞을 지나게 되었다. 기진맥진한 사자가 말했다.

"이보게 친구, 자네가 정말 소문만큼 영리하다면 이 굴속으로 먹잇감을 유인해 와서 내 앞에까지 끌고 올 수 있어야겠지? 길 잃은 생쥐나 새 둥지의 알 도둑질 정도로는 안 돼. 전리품은 똑같이 나눠 주고 양껏 먹게 해 줄테니, 어때 해 보겠어?"

사자의 동지가 되어 손해 볼 건 없겠다. 생각한 여우가 말했다.

"그건 말처럼 그렇게 쉽지 않습니다. 하지만, 해 보죠."

그리고 나서 여우는 먹잇감을 잡으러 숲 속으로 들어갔다. 시냇물에 목을 축이면서 물거울에 비친 자기 모습에 은근히 감탄하고 있는 사슴을 본 여우는 마침 적당한 후보를 만났다고 속으로 생각했다. 여우는 사슴에게 말을 건넸다.

"굉장한 소식이야. 동물의 왕 사자가 지금 힘이 다 빠져서 오늘 내일 하는데, 너에게 자기 뒤를 이어 왕이 되어 달라는 거야. 나더러 너한테 알려 주랬어?"

부쩍 의심이 간 사슴이 이렇게 말했다.

"자네는 영악한 놈이니까 모르긴 몰라도 무슨 꿍꿍이가 있을 거야. 그래 안 그래?"

짐짓 분개한 듯이 여우가 대답했다.

"그러니까, 제길, 사자가 어쩔 수 없어서 선택한거지. 사자가 달리 선택을 할 여지가 없다 는 걸 왜 모르나. 그걸 모르면 자네도 마찬가지로 바보야."

"하긴 그래."

자기 뿔을 자랑삼아 여우 앞으로 한번 휭 돌리면서 사슴이 말했다.

"이모로 보나 지혜로 보나 인품으로 보나, 널리 존경을 받고 있는 내가 왕이 되는 게 하긴 당연하지. 허우대가 벌써 제왕의 풍모잖아. 여우, 자네 말이 맞긴 맞아. 사자도 아마 나를 뽑을 수밖에 별다른 도리가 없었을테지, 뭐."

그러자 이번에는 여우가 재촉하는 것이었다.

"자, 그럼 빨리 서둘러 사자한테 가세. 그래야 사자가 자네를 공식적으로 자기 뒤를 이을 통치자로 지명할 수 있지 않겠나. 가자구."

아무 의심도 남아 있지 않은 사슴은 여우의 발뒤꿈치만을 따라갔다. 드디어 사자의 굴에 이르렀다. 사자가 용수철처럼 튀어 올라 사슴을 덮쳤다. 하지만, 노쇠한 사자는 기껏 사슴의 귀만을 할퀴고 말았을 뿐이었다. 당연히 사슴은 사자의 손아귀를 빠져나갈 수 있었다. 간이 콩알만 해진 사슴은 그 길로 걸음아 날 살려라 하고 깊은 숲 속으로 도망 가 버렸다. 여우는 사자의 무능을 비난하기 시작했다. 하지만, 사자는 이렇게 말했다.

"네가 말을 안 해도 내가 이렇게 무기력해진 걸 한없이 부끄러워하고 있다. 이제 잔소리는 그만하고 다시 한번 그 사슴 녀석을 내가 잡을 수 있는 데로 끌고 와 줘."

"아니, 여길 한번 왔다가 갔는데 다시 또 오겠습니까? 거의 불가능입니다."

여우가 대답했다.

"어쨌든 하긴 해 보겠습니다."

사슴의 발자국을 찾아낸 여우는, 단단히 겁을 먹고 덤불숲에 숨어 있는 이 동물한테 다가갔다. 다른 데로 가는 척하면서 여우가 말했다.

"너를 왕으로 만들기 전에 네가 겁쟁이라는 게 밝혀져서 정말 다행이야, 지금 곰한테 사자의 뒤를 이어 왕이 되라고 전하러 가는 길이야."

"뭐!"

사슴이 펄쩍 뛰었다.

"이 사기꾼 같으니! 내가 겁쟁이라고? 그럼 넌 내가 멍청히 잡아 먹히길 바랐

단 말이야?

　말을 함부로 하고 있어."

　이 말을 듣고 여우가 배꼽을 잡고 웃었다. 물론 그런 척한 것이지만 말이다. 그리고는 말했다.

　"사자는 그냥 너를 껴안고 숨을 네 귀에다가 불어넣어 왕이 되는 걸 축하해 주려고 했을 뿐이었어. 자기가 겁이 많아서 왕 자리를 박차 버리고는 무슨 소리야."

　"내가 사자의 동작을 오해했구만. 난 또 그런 줄도 모르고."

　사슴이 말했다.

　"하긴 사자가 나한테 해명할 기회도 안 주고 다른 놈을 뽑는다는 건 말도 안 되는 소리지.

　명예가 탐이 나서 하는 소리가 아니라, 곰이 왕이 되면 벌어질 일이 눈에 선해서 그러는 거야. 곰의 행실을 잘 알잖아."

　"옳은 말이야."

　여우가 말했다.

　"하지만, 나한테는 백 번 얘기해봐야 소용없어. 난 다만 전령에 불과하고 명령 받은 대로 할 뿐이니까."

　"한 번만 더 내가 사자 앞에 갈 수 있게 해 주게. 내가 용서를 잘 빌어서 사자가 원래 생각대로 나에게 왕 자리를 물려주도록 설득할 자신이 있다네."

　사슴이 애원했다.

　"곰한테 다녀오라는 명령을 거역했다고 사자가 화를 낼텐데...... 그렇지만 나도 정의가 이땅에 실현되길 바라는 동물이니까."

　여우가 말했다.

　"좋아. 자넬 다시 데려가지."

　그래서 사슴은 신이 나서 다시 사자의 굴로 들어갔다. 그날 밤 사자와 여우는 사슴 뼈다귀를 맛나게 뜯으면서 사슴의 자화자찬을 마음껏 웃어 주었다.

　*실수를 반복하라. 밑져야 본전 아닌가!

제3절 옛이야기 · 신화 활용

□ 독서활동지 3-1

날짜(/)　　　(　　　　)초등학교 제 학년 반 이름 (　　　　)

생각쟁이	책을 읽고 난 후 인물의 얼굴을 그려보자.		
도서명 (지은이)	흥부 놀부	대상 인물	흥부, 흥부네, 놀부, 놀부네

흥부	흥부네(부인)

놀부	놀부네(부인)

268 제7장 어린이 독서자료의 활용

□ 독서활동지 3-2

날짜(/)　　　(　　　)초등학교 제　학년　반　이름 (　　　　)

생각쟁이	책을 읽고 난 후 줄거리를 4컷 만화로 표현해보자.		
도서명 (지은이)	흥부 놀부		
주제			

발단	전개
위기	결말

제3절 옛이야기 · 신화 활용 **269**

□ 독서활동지 3-3

날짜(/)　　　　(　　　　)초등학교 제　학년　반　이름 (　　　　　)

생각쟁이	책을 읽고 난 후 재미난 장면을 그리고적어보자.	
도서명 (지은이)	호랑이와 곶감	
주제		

이 책 속에서 가장 흥미있었거나 기억나는 장면 쓰고 그려보기

이 책 속에서 가장 지루거나 재미없었던 장면 쓰고 그려보기

제7장 어린이 독서자료의 활용

□ 독서활동지 3-4

날짜(/)　　　　(　　　　)초등학교 제　학년　반　이름 (　　　　　　)

생각쟁이	책을 읽고 난 후 시간의 흐름에 따른 장면을 그리고 적어보자.		
도서명 (지은이)	단군신화	출처	삼국유사
주제			

등장인물	

발단	전개
위기	결말

□ 독서 활동지 3-5

날짜(/)　　　　(　　　)초등학교 제　학년　반　이름 (　　　　)

일자		작성자	
제목	삼국유사 권 1권	작가	일연
	단군신화	출판사	
		해당학년	초등 고학년
주제	홍익인간		
인물	환인, 환웅, 웅녀, 호랑이		
내용열기	1. 내용 이해하기 1) 어디에 실려 있나? 2) 시대배경 : 　공간배경 : 3) 인물 꼬집기 　(1) 환웅 　(2) 곰(웅녀) : 　(3) 호랑이 : 4) 생각하기 　(1) 환웅은 땅으로 내려올 때 삼부인을 가지고 왔다. 이 삼부인이 의미하는 것은 무엇일까?그 당시의 생활상은? 　(2) 환웅이 태백산 신단수에 내려오는 것을 본 원주민들이 무엇이라고 말하였을까? (대화체로 표현) 　(3) 환웅이 곰과 호랑이에게 쑥과 마늘을 주면서 동굴에서 백일을 견디라고 말한것은 무엇을 의미하는가? 2. 생각펼치기 1) 곰과 호랑이가 되고 싶었던 인간은? 그 이유는? 2) 만약 내가 곰이나 호랑이였다면 무엇이 되고 싶었을까? 3) 호랑이가 뛰쳐 나가려고 할 때 곰은 무엇이라고 충고했을까?(대화체로 표현)		

제7장 어린이 독서자료의 활용

□ 독서활동지 3-6

날짜(/)　　　　(　　　　)초등학교 제　학년　반　이름 (　　　　　)

생각쟁이	책을 읽고 난 후 줄거리를 만화로 표현해 보자.		
도서명 (지은이)		대상 인물	

제3절 옛이야기 · 신화 활용

□ 독서활동지 3-7

날짜(/)　　　( )초등학교 제 학년 반 이름( )

생각쟁이	책을 읽고 난 후 주인물과 부인물의 행동과 대화를 비교·대조해보자.		
도서명 (지은이)	단군왕검	대상 인물	곰, 호랑이
주인물 :		부인물 :	
원래 모습(대화/그리기)		원래 모습	
달라진 모습		달라진 모습	

제7장 어린이 독서자료의 활용

□ 독서활동지 3-8

날짜(/)　　　( )초등학교 제 학년 반 이름( )

도 서 명		분 량	
공간배경		시간배경	
등장인물			
갈 등			
사 건	행위 1 　　 2 　　 3		
결 말			

기상도 : 호랑이와 곰의 감정변화

감정상 불쾌지수
(y축: 0, 20, 40, 60, 80, 100)
(x축: 7, 14, 49, 100)
금식 기간

감정상 상쾌지수
(y축: 0, 20, 40, 60, 80, 100)
(x축: 7, 14, 49, 100)
금식 기간

제3절 옛이야기 · 신화 활용

□ 독서활동지 3-9

날짜(/)   (   )초등학교 제 학년 반 이름(   )

생각쟁이	책을 읽는 도중에 생각나는 사람이나 동물, 식물을 말해보고 닮은 이유를 말해 보자		
도서명 (지은이)		등장인물	
등장인물과 비슷한 사람(동식물, 사물)		등장인물과 관련된 속담 찾아보기	
이유:		1. 2.	

등장인물과 닮은 꼴인 이유를 작품에 보이는 인물의 외모, 성격, 행동, 속성 등과 비교하여 생활글로 써 보자

제7장 어린이 독서자료의 활용

□ 독서활동지 3-10

날짜(/)　　　(　　　)초등학교 제　학년　반　이름 (　　　　)

생각쟁이	우화를 읽고 난 후 인물이 한 말을 적어보자.		
도서명 (지은이)	사자와 여우와 사슴	대상 인물	사자와 여우와 사슴

사자:	여우:

사슴:	

□ 독서활동지 3-11 / 두 작품 비교

날짜(/)   (   )초등학교 제 학년 반 이름 (   )

비교하기	같은 동물이 나오는 두 작품속의 동물 비교하기	
우화	늙은 사자와 여우	사자와 여우와 사슴
주제		
탐구 인물		
구체화: 생각 행동 대사		
분석 결과		

위 인물에 대한 의견(인물에 대한 생각을 글로 쓰기)

□ 독서 수업지도안 1 – 독후 활동 학습 모형 교수·학습 과정안

단원	2-1. 이야기의 샘		차 시	1/9	교과서	기 34 - 35쪽
본시주제	이야기를 읽고 뒷부분에 이어질 내용을 상상하여 말할 수 있다.				관련 도서	한국전래동화집
학습목표	글을 읽고 이야기의 뒷부분에 이어질 내용을 상상하여 다양한 독후 표현 활동을 할 수 있다.					
학습 단계	학습 흐름	교수·학습활동			시 간	자료 및 유의점
도입	전체 학습	◎ 전시 학습 상기 - 전래 동화 발표하기 - 잘 알고 있는 전래 동화를 말하기 ◎ 학습문제 확인하기 - 교과서에서 학습 문제 확인하기 - 교과서를 보며 내용을 알아보자 　글을 읽고 이야기의 뒷부분에 이어질 내용을 상상하여 다양한 표현 활동을 해 보자.			5′	•독서감상표현록
전개	조별 학습 전체 학습	◎ 학습 활동 안내 - 분단별 잘 알고 있는 전래 동화를 말하여 보기 - 분단별 '요술 항아리'내용에 대하여 간단히 말하기 - '한국전래동화집'동화중 가장 재미있었던 내용을 선정하여 독후 표현 활동 하기 - 모둠별 활동 전개하기 ◎ 학습 활동 전개 - 글의 내용을 차례대로 간추려 생각하여 보기 - 글의 내용에서 이어질 이야기 상상하기 ◎ 다양한 표현 활동 - 개인 자작용지 및 기존 표현활동 용지 사용 - 이어질 이야기 정리하기 ◎ 학습 활동 결과 발표하기 - 각자 활동한 내용을 발표하기 ◎ 독서퀴즈 - '한국전래동화집' 내용 퀴즈 풀기 - 보충심화 '한국전래동화집' 내용 퀴즈 풀기			5′ 20′ 7′	•동사모 동화 •표현활동 안내 - 뒷이야기 상상하여 쓰기 - 뒷이야기 상상하여 그리기 - 뒷이야기 상상하여 꾸미기 등 •표현 활동용지 •자연스런 태도로 발표하기
정리		◎ 학습 내용 정리 - 공부한 내용 중 재미있었던 점, 어려웠던 점, 알게 된 사실 등을 말하기 ◎ 차시 예고			3′	

제3절 옛이야기 · 신화 활용

□ 독서 수업지도안 2 - 독후 활동 학습 모형 교수·학습 과정안

책	라 퐁텐 우화	차시	1	제목	젖 짜는 소녀
본시주제	이야기를 읽고 뒷부분에 이어질 내용을 상상하여 말할 수 있다.			관련도서	이솝 우화
학습목표	글을 읽고 이야기의 뒷부분에 이어질 내용을 상상하여 다양한 독후 표현 활동을 할 수 있다.				

학습단계	학습흐름	교수·학습 활동	시간	자료 및 유의점
도입	전체학습	◎ 전시 학습 상기 - 우화 발표하기 - 잘 알고 있는 우화를 말하기 ◎ 학습문제 확인하기 - 우화가 재미있는 이유 말하기 　글을 읽고 이 이야기와 비슷한 우화 알아보자.	5'	•독서록
전개	조별학습 전체학습	◎ 학습 활동 안내 - 분단별 잘 알고 있는 우화를 말하여 보기 - 분단별 '젖 짜는 소녀'내용에 대하여 간단히 말하기 - '라 퐁텐 우화집'중 가장 재미있었던 내용을 선정하여 독후 표현 활동 하기 - 모둠별 활동 전개하기 ◎ 학습 활동 전개 - 글의 내용을 차례대로 간추려 생각하여 보기 - 글의 내용에서 이어질 이야기 상상하기 ◎ 다양한 표현 활동 - 독서활동지에 자신의 생각을 표현 - 이어질 이야기 정리하기 ◎ 학습 활동 결과 발표하기 - 각자 활동한 내용을 발표하기 ◎ 독서퀴즈 - 다른 우화 듣고 제목 맞추기 - 이 우화와 관련있는 속담 맞추기	5' 20' 7'	•동사모 동화 •표현활동 　안내 - 뒷이야기 　상상하여 　쓰기 - 뒷이야기 　상상하여 　그리기 •표현 활동용지 •자연스런 　태도로 　발표하기
정리		◎ 학습 내용 정리 - 공부한 내용 중 재미있었던 점, 어려웠던 점, 알게 된 사실 등을 말하기 ◎ 차시 예고	3'	

□ 독서 수업지도안 3 – 방과후 교실 (글쓰기 · 논술) 교수–학습 지도안

활동주제	우화-젖 짜는 소녀와 엎어진 우유통
활동목표	· 우화를 읽고 생각하는 능력을 키운다. · 상황에 대한 판단력을 기른다.
학습자료 및 준비물	우화 인용 프린트/원고지/줄공책/필기 도구
활동내용	1. 감상하기 · 전체로 한 번 읽는다 · 두 명이 일어나서 재미나게 내용을 살려 읽는다 2. 대화하기 1) 무엇을 느꼈나요? (자기 생각을 동사 또는 형용사로 표현) 2) 인물의 성격은? 3) 이 우화에 어울리는 속담은? 3. 내용 이해하기 1) 낱말 익히기 (1) 명사 찾아보기 (2) 꾸미는 말 찾아보기 2) 관련 있는 낱말 달걀.....( ) 씨앗......() 젖소.....() 4. 느낌글 적기-원고지 작성 분량: 원고지 10줄 표현: 자기의 생각 적기 주제: 미리 기대를 하지 말자 5. 창의력 기르기 4컷만화 그리기 이 우화의 이야기 순서 대로 만화로 나타내기 6. 발표 시키기 원고지/4컷만화
지도상의 유의점	· 개인별로 먼저 읽어 보게 한다. · 줄거리가 아닌 자기 생각 표현을 잘 하도록 이끈다.
차시 예고	· 주장글 쓰기

제4절 우리 창작동화 활용

■ 우리 창작동화 독후활동

동화를 정확하게 읽고 그 내용이 어떤 것인지 파악하게 한다. 예를 들면 생활동화 또는 공상동화인지 판단한다. 다양한 독서활동지를 통해 책을 제대로 이해하고 글쓰기를 통해 사고력과 논리력을 키워야 한다.

추천도서 : 〈우리 창작동화〉 초등 1~2학년
- 바위나리와 아기별/마해송/
- 세상에서 제일 힘센 수탉/이호백/재미마주
- 만희네 집/권윤덕/길벗어린이
- 까막눈 삼디기/원유순/웅진주니어
- 나는 책이야/김향이/푸른숲주니어
- 이모의 결혼식/선현경/비룡소
- 느긋한 돼지와 잔소리꾼 토끼/오자와 다다시/시공주니어
- 내 꿈은 100개야/원유순/살림어린이
- 지각대장 존/존 버닝햄/비룡소
- 고릴라/앤서니 브라운/비룡소
- 생각을 모으는 사람/모니카 페트/풀빛
- 행복한 청소부/모니카 페트/풀빛
- 마법의 설탕 두 조각/미하엘 엔데/소년한길
- 엉뚱이 소피의 못 말리는 패션/수지 모건스턴/비룡소

1) 독서활동지로 활용하기

〈기초 단계〉

① 인물의 얼굴 표정의 변화를 그리기
② 인물을 만화로 따라 그려보기
③ 주인공이 제일 먼저 한 문장 찾아 쓰기
④ 주인공과 부딪치는 인물 알아보기
⑤ 작가가 누구이고 주인공은 누구인지 알아보기

〈중급 단계〉

① 주인공의 생활환경 알아보기-집, 가족, 친구, 공부 등
② 주인공에게 생긴 문제 알아보고 해결한 결과 찾아보기
③ 주인공에게 일어난 중요한 사건 별로 상황 적기
④ 장소의 이동에 따라 지도 그려보기
⑤ 주인공의 행동 중 칭찬할 만한 것 찾기

〈심화 단계〉

① 주인물이 한 말(대화/지문)을 적고 그에 대한 내 생각 쓰기
② 제목과 주제의 연관성을 알아내고 그것을 잘 드러내고 있는 장면을 그림으로 표현하기
③ 이야기의 의미 지도 그려 보기
④ 여러 인물을 벤 다이어그램으로 비교 · 대조해보기
⑤ 주인공 인터뷰하기

2) 글쓰기로 활용하기

① 6하 원칙에 따라 적기
   - 100자 적기/ 200자 적기/ 400자 적기/ 600자 적기

② 줄거리 요약하기
③ 생활문으로 독서감상문 쓰기
④ 비교, 대조로 독서감상문 쓰기
⑤ 논술로 독서감상문 쓰기

제7장 어린이 독서자료의 활용

□ 독서활동지 4-1

날짜(/)　　　(　　　　)초등학교 제　학년　반　이름(　　　　　)

생각쟁이	책을 읽고 난 후 인물의 표정 변화를 그림으로 그려보자.		
도서명 (지은이)		대상 인물	

□ 독서활동지 4-2

날짜(/)　　　(　　　　)초등학교 제　학년　반　이름 (　　　　　)

생각쟁이	책을 읽고 난 후 인물에게 일어난 일을 그림으로 그려보자.		
도서명 (지은이)	지각대장 존/존 버닝햄	대상 인물	존
첫 번째 일		두 번째 일	
세 번째 일		네 번째 일	

제7장 어린이 독서자료의 활용

□ 독서활동지 4-3

날짜(/)　　　(　　　　)초등학교 제　학년 　반　이름 (　　　　　　)

생각쟁이	책을 읽고 난 후 인물이 제일 먼저 한 말을 적어보자.		
도서명 (지은이)		대상 인물	

제4절 우리 창작동화 활용

□ 독서활동지 4-4

날짜(/)　　　　(　　　　)초등학교 제　학년　반　이름 (　　　　　　)

생각쟁이	책을 읽고 난 후 줄거리를 4컷 만화로 표현하기		
도서명 (지은이)		대상 인물	
첫 부분		가운데 부분	
중요 부분		끝 부분	

□ 독서활동이 4-5

날짜(/)	( )초등학교 제 학년 반 이름 ( )
생각쟁이	동화에 나오는 등장인물의 특징을 제대로 알아보자
바위나리와 아기별의 비교, 대조	바위나리 / 아기별 (벤다이어그램)
바위나리에 대해 탐구하기	(꽃 그림)

제4절 우리 창작동화 활용

□ 독서활동지 4-6

날짜(/)　　　(　　　　)초등학교 제 학년 반 이름(　　　　　)

생각쟁이	책을 읽고 난 후 인물이 생활환경을 적어보자. 책 속에서 찾아도 없을 경우 추측하여 적어 보기(그림으로 상상해서 그려도 됨)	
도서명 (지은이)		대상 인물	

집	가족

친구	공부

□ 독서활동지 4-7

날짜(/)   (   )초등학교 제   학년   반 이름 (   )

생각쟁이	책을 읽고 그 내용을 제대로 알아보기		
제 목	바위나리와 아기별	작가	마해송
	발표:1923. 〈샛별〉지	출판사	길벗어린이
분 류	우리 최초 창작동화	해당학년	초등 중
주 제	바위나리와 아기별의 따뜻한 사랑 이야기		
인 물	바위나리, 아기별, 임금님		
내용열기	1. 감정을 넣어 동화 읽기 1) 교사가 먼저 읽기 2) 인물별로 역할 분담하여 읽기 2. 6하원칙에 따라 줄거리 요약하기 누가 : 언제 : 어디서 : 무엇을 어떻게 : 왜 : 3. 인물의 성격 알아보기 1) 바위나리 : 2) 아기별 : 3) 임금님 :		
창의력 키우기	1. 우정이란 무엇일까요? 2. 사랑이란 무엇일까요? 3. 만약 내가 임금님이었다면 어떻게 했을까요? 4. 바닷가에서 피는 꽃은 어떤 게 있을까요?		

제4절 우리 창작동화 활용

□ 독서활동지 4-8

날짜(/)　　　( )초등학교 제 학년 반 이름( )

도 서 명		작가	
등장인물			
탐구인물			
탐구대상으로 선정한 이유			
인물의 성격 (외양)			
인물의 성격 (대화)			

주인공의 문제점을 적고 그 결과 확인해 보기

첫 번째 문제	그 결과

두 번째 문제	그 결과

제7장 어린이 독서자료의 활용

□ 독서활동지 4-9

날짜(/)　　　(　　)초등학교 제　학년　반　이름(　　　　)

도 서 명		작가	
등장인물			
주제			
새로 알게 된 어휘 적기			
인물의 성격 (외양)			
인물의 성격 (대화)			

이 책의 주제와 관련한 그림이나 장면을 그려보기

제4절 우리 창작동화 활용

□ 독서활동지 4-10

날짜(/)　　　　( )초등학교 제 학년 반 이름 ( )

도 서 명	까막눈 삼디기	작가	
등장인물			
주제			
주인공의 고민			
주인공의 고민 해결사			

책 소개하기

삼디기가 행복할 때	삼디기가 힘들어 할 때

제7장 어린이 독서자료의 활용

□ 독서활동지 4-11

날짜(/)　　　　　(　　　)초등학교 제　학년　반　이름 (　　　　　)

도 서 명		작가	
등장인물			
주인공과 맞서는 인물 찾기			
새로 알게 된 어휘 적기			
지명(장소)			
주제			

이 책의 의미지도를 그려보기

제4절 우리 창작동화 활용

□ 독서활동지 4-12

날짜(/)　　　　(　　　　)초등학교 제 학년 반 이름 (　　　　)

도 서 명	몽실언니	작가	권정생
등장인물			
주제			
새로 알게 된 어휘 적기			

등장인물들이 한 대화 적어보고 성격 파악하기

제7장 어린이 독서자료의 활용

□ 독서활동지 4-13

날짜(/)　　　　(　　　　)초등학교 제　학년　반　이름(　　　　　)

도 서 명	안내견 탄실이	작가	고정욱
등장인물			
주제			
새로 알게 된 어휘 적기			

인터뷰 하기:주인공 ( ) / ( )

( ):시각장애인이어서 가장 불편한 것은 무엇인가요?

( ):

( ):

( ):

( ):

( ):

( ):

( ):

( ):

( ):

( ):

( ):

( ):

( ):

제5절 외국 창작동화 활용

■ 다른 나라 창작동화의 독후활동

다른 나라 창작동화를 읽고, 독후활동지를 활용해서 다양한 사고력을 키워보자.

추천도서 : 〈외국 창작동화〉 초등 3~4학년
- 고맙습니다 선생님/패트리샤 폴라코/아이세움
- 고물장수 로께/호셉 발베르두/푸른나무
- 난 뭐든지 할 수 있어/아스트리드 린드그렌/창비
- 내친구 비차/니콜라이 노소프/사계절
- 네 잘못이 아니야 나탈리/질 티보/어린이작가정신
- 로테와 루이제/애리히 캐스트너/시공주니어
- 사라 버스를 타다/윌리엄 밀러/사계절
- 아벨의 섬/윌리엄 스타이그/다산기획
- 내게 남긴 것/캐러 캐릭/베틀북
- 엉뚱이 소피의 못 말리는 패션/수지 모건스턴/비룡소
- 여우 씨 이야기/요제프 라다/비룡소
- 조커 학교가기 싫을 때 쓰는 카드/수지 모건스턴/문학과 지성사
- 프린들 주세요/앤드루 클레먼츠/사계절
- 휠체어를 타는 친구/졸프리드/보리

1) 독서활동지로 활용하기

〈기초 단계〉

① 등장 인물의 얼굴그리고 별명 짓기
② 새로 알게 된 어휘 적고 뜻을 사전에서 찾아보기

③ 가장 웃기는 문장과 가장 슬프거나 이해사 안 되는 문장 찾아 쓰기
④ 책 표지를 보고 예상해보기
⑤ 등장인물의 이름 새로 짓기

〈중급 단계〉

① 한 인물의 특징 잡아내서 벤 다이어그램하기
② 주인물과 부인물의 대화 인용하기
③ 일어난 중요한 사건 별로상황 적기
④ 장소의 이동에 따라 지도 그려보기
⑤ 개작하기-장소 바꾸기/역할 바꾸기

〈심화 단계〉

① 주인물이 한 말을 적고 그 성격 알아보기
② 제목과 주제의 연관성을 알아내고 그 결말 뒤집기
③ 이야기의 사건 순서대로 엮어보기
④ 인물의 기상상태 도표로 그려보기 : 막대그래프로
⑤ 주인공 행동의 잘잘못을 표로 만들기

2) 글쓰기로 활용하기

① 6하 원칙에 따라 적기
- 100자 적기/ 200자 적기/ 400자 적기/ 600자 적기
② 줄거리 요약하기
③ 생활문으로 독서감상문 쓰기
④ 비교, 대조로 독서감상문 쓰기
⑤ 논술로 독서감상문 쓰기

제5절 외국 창작동화 활용

□ 독서활동지 5-1

날짜(/)　　　　　(　　　　)초등학교 제　학년　반　이름(　　　　　)

생각쟁이	책을 읽고 난 후 책 표지 따라 그려 보기		
도서명 (지은이)	엉뚱이 소피의 못 말리는 패션/수지 모건스턴	대상 인물	
앞 표지		뒤 표지	

제7장 어린이 독서자료의 활용

□ 독서활동지 5-2

날짜(/)　　　(　　　)초등학교 제　학년　반　이름(　　　　)

도 서 명	난 뭐든지 할 수 있어	작가	아스트리드 린드그렌
등장인물			
작가가 태어난 나라 알아보기	*나라 이름과 지도 그려보기		*가장 유명한 것 알아보기

등장인물 이름을 우리나라 이름으로 바꿔 보기 및 문장 만들기

( ) ⇨ ( )	( ) ⇨ ( )
( ) ⇨ ( )	( ) ⇨ ( )

제5절 외국 창작동화 활용

□ 독서활동지 5-3

날짜(/)　　　(　　　　)초등학교 제 학년 반 이름 (　　　　　)

도 서 명	여우씨 이야기	작가	
등장인물			
주인공이 제일 처음 한 일과 마지막에 한 일 적기	*주인공이 제일 처음 한 일		*마지막에 한 일

등장인물 별명 짓기 및 얼굴 따라 그리기

( ) ⇨ ( )	( ) ⇨ ( )

( ) ⇨ ( )	( ) ⇨ ( )

제7장 어린이 독서자료의 활용

☐ 독서활동지 5-4

날짜(/)　　　(　　　)초등학교 제　학년　반　이름(　　　　　)

도 서 명		작가	
등장인물			
장면탐구	*가장 웃기는 장면(문장으로 적기)		*가장 이해 안 되는 장면 (문장으로 적기)

등장인물 별명 짓기 및 얼굴 따라 그리기

( ) ⇨ ( )	( ) ⇨ ( )
( ) ⇨ ( )	( ) ⇨ ( )

제5절 외국 창작동화 활용

□ 독서활동지 5-5

날짜(/)   (   )초등학교 제 학년 반 이름 (   )

일 자		작성자	
제 목	사랑의 학교1	작 가	E.데 아미치스
번역자/화가	이현경/김환경	출판사	창작과 비평사
분 류	생활동화	해당학년	초등 · 중 · 고
주 제	사랑의 힘은 크고 아름답다.		
인 물	엔리꼬, 빠도바, 북 치는 소년, 글 베끼는 소년		

내용 열기	1. 이 동화 형식은 ?
	  엔리꼬의 일기, 아버지의 편지외4편의 이야기로 구성
	  '빠도바의 꼬마 애국자', '롬바르디아의 보초병', '사르데냐의 북치는 소년'
	  '피렌쩨의 글 베끼는 소년'
	2. 이 동화의 배경은?
	 1) 시간적 배경 :
	 2) 공간적 배경 :
	3. 이 동화의 배경이 되는 이탈리아를 지도에서 찾아보고 지명도 확인해 보고 직접 지도를 그려보기		

창의력 키우기	1. 진정한 용기란 어떤 것일까? 2. 불우한 내 친구를 도울 방법은 ?		

□ 독서활동지 5-6 인물 집중 탐구

날짜(/)   (   )초등학교 제   학년   반   이름 (   )

책제목			
활동명		대상	
인물			
사건		결과	

구체적인 행동(인용-그림)	따지기(인물의 행동에 대한 잘잘못)

제5절 외국 창작동화 활용

□ 독서활동지 5-7

날짜(/)　　　　( )초등학교 제 학년 반 이름 ( )

도 서 명		작가	
등장인물			
주제			
새로 알게 된 어휘 적기			
기억에 남는 인물과 이유			
내가 싫어하는 인물과 이유			

등장인물들이 한 대화 적어보고 성격 파악하기

제7장 어린이 독서자료의 활용

☐ 독서활동지 5-8

날짜(/)　　　(　　)초등학교 제　학년　반　이름 (　　　　)

도 서 명		작가	
등장인물			
주제			
새로 알게 된 어휘 적기			
주인공 이름 풀이하기			
책제목 풀이하기			

사건이 일어난 순서 대로 적어 보기

발단:	전개:
위기:	결말

□ 독서활동지 5-9

날짜(/)　　　(　　　)초등학교 제　학년　반　이름(　　　　)

책제목			
작가		국적	
인물			
사건	1. 2.	결과	1. 2.
주인공이 잘한 것		주인공이 잘 못한 것	

주인공이 잘한 것	주인공이 잘 못한 것
1. 2. 3.	1. 2. 3.

□ 독서활동지 5-10

날짜(/)　　　　(　　　)초등학교 제　학년 반　이름 (　　　　　)

생각쟁이	줄거리를 읽고 책 속의 인물의 의미 지도 그려보기
제목	
작가	국적　　　　　　　　분류
인물	
인용문장	1. 2. 3.
의미지도	* 주인공과 대립적인 인물과의 갈등 구조 | 인물( )	갈등	인물 ( )
---	---	---
	원인	
	결과	
	해결방안		

제5절 외국 창작동화 활용

□ 독서활동지 5-11

날짜(/)　　　　( )초등학교 제 학년 반 이름( )

생각쟁이	책 속의 인물의 감정상태 도표로 그려보기			
제목				
작가		국적		분류
인물				
두 인물의 감정상태(상쾌지수/불쾌지수)				

상쾌지수 (0~100) / 시간

불쾌지수 (0~100) / 시간

□ 독서활동지 5-12

날짜(/)   (   )초등학교 제   학년 반 이름 (   )

제목	나의 산에서	작가/번역자	진 C. 조지/김원구
		출판사	비룡소
분류	외국 창작동화/장편동화	해당학년	초등 고, 중1
주제	인간은 누구나 주체적인 삶을 살아야 한다		
인물	샘, 샘의 부모, 프라이틀(사냥 매)		

내용 및 창의력 키우기	1. 줄거리: 미국의 뉴욕에 사는 샘이란 소년이 집을 떠나 혼자 독립하고 싶은 생각을 하고 있다가 어느 날 100여년 전 증조부가 운영하던 농장으로 가서 숲속 생활을 시작한다. 1년 동안의 자립 생활을 본 그의 부모도 숲속으로 들어간다는 내용
	
	2. 샘의 홀로 서기
	  1) 의생활
	  2) 식생활
	  3) 주생활
	
	3. 미국의 소년 샘과 한국의 소년 영수와의 비교/대조하기 : 문화의 차이
	  1) 공통점 :
	  2) 차이점 :
	
	4. 이 책을 통해 알게 된 지식
	  1) 식물의 특성
	    (1) 가래나무
	    (2) 물푸레나무
	    (3) 귀리
	    (4) 넓은잎딱총나무
	  2) 동물의 특성
	    (1) 개똥쥐빠귀
	    (2) 동고비
	    (3) 되새(박새)
	5. 샘이 잘하는 요리와 내가 잘하는 요리		

제5절 외국 창작동화 활용

□ 지도안 4 - 창의 활동 지도안

책제목	사랑의 학교		
활동명	선물주기(친구에게 그림선물)	대상	초등·중·고
목표	친구와 얽혔던 석연치 않은 감정이나 미안한 마음을 푼다		
창의성	정교성, 정직성 * 주변의 사물을 분류하고 결합해 보기 * 자신의 사고 결과 도달한 결론을 그대로 받아들이기	자료 / 준비물	* 필기도구 * A4용지 * 색연필 * 싸인펜
방법		유의점	
① 지금까지 친했던 친구들 이름을 모두 적는다. - 유치원부터 지금까지 ② 그 친구들에게 주고 싶은 선물을 생각해 본다. - 왜 그런 선물을 주고 싶은지 이유도 생각한다. ③ 준비된 A4 1/4종이에 주고 싶은 선물을 그림으로 그린 다음 선물의 이름을 적고, 받을 사람과 선물을 주는 이유를 간단하게 쓴다. ④ 선물을 그린 종이를 예쁘게 잘 접는다. - 종이에 쓸 말 : 받는 사람 : 주고 싶은 선물 : 이유 : ⑤ 정성껏 그린 선물을 친구에게 전해 준다.		* 되도록 분위기를 진지하게 이끌도록 한다. * 친구가 잘 받아수었다면 이 기회를 계기로 좋은 친구로 계속 이어지도록 노력한다. * 친구가 그림선물을 받고 좋아하지 않더라도 기분 나빠하지 않는다. * 멀리 이사간 친구는 그린 선물을 편지와 함께 보낸다.	

제6절 지식·정보 책 활용

1. 역사·인물 자료의 독후활동

1) 독서활동지로 활용하기

추천 도서 :
〈역사동화〉

 - 마지막 왕자/푸른책들
 - 전쟁놀이/계수나무
 - 무덤 속의 그림/문학동네
 - 우리 역사 이야기 '네가 하늘이다'(동학농민 전쟁편)/현암사

〈인물 이야기〉 3·4학년

 - 조선을 설계한 문화의 연금술사 세종/문정민/아이세움
 - 정조-이산 새로운 조선을 디자인하다/김준혁/씽크하우스
 - 이원수 선생님이 들려주신 이순신/이원수/산하
 - 해상왕 장보고/우봉규/영림카디널
 - Who? 토머스 에디슨/이수정/다산어린이
 - 세상 모든 발명가의 발명 이야기/노지영/꿈소담이
 - 루이 브라이/마가렛 데이비슨/다산기획
 - 나는 한 자루 몽당연필 마더 테레사/부수영/주니어랜덤
 - 넬슨 만델라 무지개 나라 아프리카를 꿈꾸다/알랭 세르/문학동네어린이
 - 평화로 빛난 별 김대중/박상건/문이당어린이

〈기초 단계〉

① 인물의 얼굴 표정의 변화를 그리기

② 인물의 소년기-청년기-장년기를 간단히 만화로 표현하기
③ 가장 재미있는 문장 찾아 쓰기
④ 시대별로 사건 도표 그리기
⑤ 역사적 사건을 적고 그에 대한 내 생각 적기

〈중급 단계〉

① 주인물과 부인물의 대화 인용하기
② 새로 알게 된 사실과 작가의 의견 구분하기
③ 일어난 중요한 사건 별로상황 적기
④ 역사적 사실과 인물의 행동 결과 알아보기
⑤ 개작하기-국적 바꾸기/시대 바꾸기

〈심화 단계〉

① 주인물이 한 말을 적고 그에 대한 내 판단 쓰기
② 제목과 주제의 연관성을 알아내고 그것을 잘 드러내고 있는 장면을 그림으로 표현하기
③ 의미 지도 그려 보기
④ 인물의 갈등 분석하기
   - 등장인물과 사회
   - 등장인물과 다른 인물
   - 등장인물 자신과의 갈등
   - 같은 인물의 다른 출판사 인물전과 비교하기

2) 글쓰기로 활용하기

① 6하 원칙에 따라 적기
   - 100자 적기/ 200자 적기/ 400자 적기/ 600자 적기
② 줄거리 요약하기

③ 생활문으로 독서감상문 쓰기
④ 비교, 대조로 독서감상문 쓰기
⑤ 논술로 독서감상문 쓰기

♣ 예문 : 역사동화

제목 : 우리 역사 이야기 '네가 하늘이다'(동학농민 전쟁편)
작가 : 이윤희출판사 : 현암사

"결국 조병갑을 놓쳐 버렸담서?"
"그러게 말여. 하늘로 솟앗당가, 땅으로 꺼졌당가? 바람맹키로 쳐들어가 관아를 뒤졌는디 아, 눈 깜짝할 사이에 없어졌다잖어?"
　바로 머리맡에서 두런거리는 듯 가까이에서 소리가 나, 솔부엉이는 깜짝 놀라 잠을 깼다. 공연히 굿 구경을 간 모양이었다. 어젯밤 장터 분위기는 정말 이상했다. 뭐라고 꼭 집어 말할 수는 없지만 은강이의 표정이며 태도도 어쩐지 낯설고 어색해, 한참을 뒤척인 끝에 잠이 들었다. 그런데 오늘은 뭔가 달랐다.
'그게 뭘까?'
솔부엉이는 누운 채로 주위를 둘러보았다. 방 안에는 아무도 없었다.
'아이쿠, 늦었구나!'
솔부엉이는 별안간 정신이 번쩍 들었다. 밖은 이미 훤하게 밝았다. 놀라서 밖으로 뛰쳐나가려던 솔부엉이는 마루끝에 앉아 근심스런 얼굴로 하늘을 바라보고 있는 또남 아배를 보고 그 자리에 우뚝 섰다.
"어째서 일할 생각은 안하고……."
솔부엉이가 놀란 토끼눈을 하고 중얼거리자 또남 아배가 힘없이 말했다.
"오늘은 쉬는 날이랑께. 주인어른네가 모두 피난을 가 버렸어."
"피난이오?"

솔부엉이가 멍청하게 되물었다.

"그려, 어젯밤에 농민군을 피해 쥐도 새도 모르게 살짝 내빼 버렸단 말여. 그러니 이 참에 우리도 좀 쉬고……."

또남 아배는 말꼬리를 흐렸다.

"시상(세상)이 어찌 뒤집어질지는 두고 봐야 알것지만 아, 잃을래야 더 잃을 것도 없는 우리야 밑질 것 없잖겄어? 이럴 때 고달픈 몸 한번 쉬게 혀 주기도 허고, 저그 저 농민군 깃발이 보이제?"

솔부엉이는 비로소 하늘을 올려다 보았다. 깃발이, 길다란 오색 깃발이 얼핏 보기에도 여러 군데서 펄럭이고 있었다.

"저그 깃발에 뭐라고 글자가 써 있지 안허냐? 고것이 뭐시라고 쓴 것인 줄 알겄냐? '나라를 굳건히 하고 백성을 구한다.' '썩은 벼슬아치들을 물리친다.' 뭐 대충 그렇게 씌어 있다, 이 말 아니드라고. 그러니 이제 이 썩을 놈의 시상은 가고……."

또남 아배의 목소리가 잦아들었다.

'그럼 정말 세상이 뒤집어지는 것일까? 은강이 옛날 훈장님이 말하신 것처럼?'

솔부엉이는 아무래도 믿기지 않았다.

'그럼 이제부터는 양반이 생트집을 잡아 사람을 죽도록 때릴 수 없다는 말인가?'

솔부엉이는 성질이 조금 급하기는 하지만 약주를 한 잔 하면 우스갯소리도 잘 하던 끝돌이 아버지를 생각했다.

'끝돌이네는 어떻게 되었을까?'

속이 쓰렸다. 솔부엉이는 댓돌에 내려서다 말고 물었다.

"쉬는 날이면……그래도 밥은 먹지요?"

걱정스러운 솔부엉이 표정을 보고 또남 아배가 다시 희미하게 웃었다.

"아, 그럼…… 태어나서 처음 눈부시게 허연 쌀밥을 배가 터지게 먹었당께."

"쌀, 밥을요?"

솔부엉이가 엉거주춤 되물었다. 그 때 담 밖에서 누군가가 소리쳤다.

"동네 사람들! 쌀 받아가드라고! 동네 사람들! 농민군이 쌀 노놔 준답니다! 아, 공짜로 노놔 준대요!"

"이게 무신 소리랑가?"

또남 아배가 자리에서 벌떡 일어섰다. 솔부엉이는 눈곱도 떼지 않은 채 쏜살같이 문밖으로 나갔다. 모두들 어리둥절한 얼굴을 하고 고샅(좁은 골목)으로 나오는 중이었다.

"아, 고것이 참말이여? 참말로 공짜로 쌀을 노놔 준다는거여?"

순이 엄마가 벌써 저만치로 달아나며 쌀 가져가라고 외쳐대는 젊은이에게 바짝 따라붙었다.

"아, 참말이랑께요. 쌀 담을 그릇이나 큼지막한 걸로 준비혀서 빨랑빨랑 솬아로 나오시라 안허요. 아, 뭣들허고 있어?"

모두들 멍청하게 서 있다가 한참만에야 정신을 차렸따. 그러고는 그릇과 자루를 이고 지고 집을 나섰다.

"살다 봉께, 이런 시상도 보는구만. 요것이 분명 꿈은 아닌디……."

커다란 양푼을 머리에 인 아낙이 고개를 설레설레 저었다.

"엄마, 인자(이제) 우리 밥 줄거제? 그렇제?"

대여섯 살 된 사내 아이가 아낙의 치맛귀를 잡고 몇 번이고 다짐을 했다.

"그란디 노놔 준다는 게 뭔 쌀이랑가? 알고나 묵어야 허잖을까?"

아낙이 젊은이의 얼굴을 바라보았다.

"아따, 걱정도 팔자구만이라. 아, 조병갑이가 세금을 물리지 않겠다는 약속을 어기고 강제로 걷어간 쌀이 칠백 섬이나 쌓여 있다는 말도 못 들었능가? 바로 고 쌀이랑께. 그랑께 걱정 붙들어 매 놓고 얼릉 가서 줄이나 스시요잉."

젊은이가 퉁명스럽게 말했다.

"야! 이 녀석아 밥이나 묵고 싸댕겨. 아무리 쌀을 노놔 준대도 우리 겉은 종놈 꺼정은 차례가 안 올테니께 들썩이지 말고!"

또남 아배가 어느 틈에 따라나와 솔부엉이 뒤통수를 쥐어 박았다. 그러자 쌀을 받아 지고 가던 젊은이가 끼여들었따.

"아자씨는…… 아, 인자 새 시상이 되았는디 종은 무신 놈의 종이라요?"

"뭐시여? 고것이 무신 소리랑가?"

또남 아배는 멍청한 표정으로 되물었다.

"오매, 참말로 답답허네요. 아, 무신 소리는 무신 소리라요? 동학꾼들 입만 벌렸다 허믄 하는 소리가 뭐라요? 사람이 곧 하늘이다. 고것이 뭔 소리냐, 사람은 다 똑같응께 어뜬 놈은 팔자가 늘어져서 날 때부텀 양반이고, 또 어뜬 놈은 팔자가 꼬여서 날 때부텀 종놈이고, 그딴 것이 모다 무효다, 이런 소리지라. 그랑께 인자부텀은 종도 양반도 없는 시상이 된다 안허요?"

젊은이는 한껏 큰소리를 쳤다. 또남 아배 얼굴이 하얗게 질렸다.

"뭐, 뭐시여? 고, 고, 고것이 참말이랑가?"

"아따, 아자씨는 속고만 살았소잉?"

젊은이는 가던 길을 갔다. 또남 아배는 얼이 빠진 사람처럼 그 자리에 털썩 주저앉았다. 그러고는 몇 번이고 같은 말을 중얼거렸다.

"고것이, 참말일까? 고것이 참말일까? 고것이……."

솔부엉이는 슬그머니 집을 빠져 나왔다. 골목 어귀에 서서 가슴이 저릿해지도록 커다랗게 심호흡을 했다.

'아아, 뭔가 달라지고 있다…….'

주체할 수 없을 만큼 가슴이 벅차 올라서, 솔부엉이는 공연히 길가에 구르는 돌멩이를 차며 걸었다.

은강이는 집에 없었다.

"조금 전에 주인 어른이랑 은실이 언니랑 친척댁에 갔어. 며칠 동안 자고 온댔어."

양지쪽에 혼자 앉아서 공기 놀이를 하던 민들레가 주춤주춤 일어서며 말했다.

"갑자기 왜?"

"모르겠어. 서당도 안하고……. 그래서 우리 식구밖에 안 남았어."

"……."

그냥 돌아서려는데 민들레의 말이 처량하게 들려서 심술이 났다.

"왜 남아 있냐, 니네 식구는? 어디로든 가지 않고?"

"어디로?"

할 말이 없었다.
'젠장 공연히 말을 시켰네!'
돌아오는 길에 솔부엉이는 제풀에 화가 났다. 알고 한 말은 아니겠지만 결국 민들레 말이 맞다. 설령 새 세상이 와서 종 노릇에서 풀려난다고 하자, 뭐가 달라질 것인가. 가진 것도 없고 갈 곳도 없다. 민들레처럼 엄마가 있는 것도 아니다. 굶어 죽기 꼭 알맞은 신세가 되는 것이다.
"부엉아, 돼지 우리 안에 새 집 깔아 넣었당가?"
밖에 나갔다 이제 막 돌아오는 것을 뻔히 알면서도 또남 아배는 엉뚱한 소리를 했다.
"예? 아, 예. 이제 할 거예요."
"얼릉 혀. 그라고 소란 놈 햇볕도 좀 쐬 주고잉."
"알았어요."
"그라고 썩어 버린 건 골라 내야 헝께(하니까) 고구마 움도 좀 들여다보고."
"알았다니까요!"
더 이상 참지 못하고 솔부엉이는 소리를 꽥 질러 버렸다.
"참내, 종도 없고 양반도 없는 세상이 되었다더니 어째서 나는 느느니 일복밖에 없는지 몰라!"
또남 아배는 그런 솔부엉이를 물끄러미 바라보았다.
"부엉아, 헛꿈 꾸지 말고 일이나 열심히 혀야헌다. 시상 그리 만만허지 않응께. 암만 생각혀 봐도 고런 꿈 겉은 일이 쉽게 올 리가 없단 말여."
평소와는 달리 착 가라앉은 또남 아배의 목소리를 듣자, 솔부엉이는 온몸의 맥이 탁 풀리는 느낌이었다. 솔부엉이는 툇마루에 올라서서 허공에서 기세 좋게 펄럭이는 오색 깃발을 바라보았다. 그러나 글씨는 잘 보이지 않았다. 깃발과의 거리가 너무 멀어 잘 보이지 않았다.

♣ 예문 : 인물이야기 1

제목 : 조선의 풍속을 그린 천재 화가 김홍도
작가 : 최석태 출판사 : 아이세움

 여러분이 이미 교과서나 다른 기회를 통해서 여러 번을 보았을 이 그림은 〈서당〉이라고 알려져 있습니다. 옛날 동네 학교라 할 서당에서 벌어진 광경을 그린 이 그림에서 가장 먼저 우리를 사로잡는 것은 훈장님과 아이들 사이에 쭈그리고 앉아 눈물을 훔치는 아이입니다. 이 아이의 눈에서는 방금도 눈물이 흘러내린 듯합니다. 무슨 까닭일까요? 아이들은 까르르 웃고 훈장님은 측은해 하는 것 같은데, 우는 아이와 등지고 있으니 위안을 받은 수도 없겠네요.

 우는 아이 등 쪽에 어지러이 펼쳐진 책이 있습니다. 훈장님이 어느 부분을 읽어 보라고 해서 책을 말아 들고 읽다가 그만 틀리게 읽은 것일까요? 이런 장면은 서당에서 흔히 벌어졌을 겁니다. 한 아이는 울고 있고, 다른 아이들은 깔깔대며 웃는 걸로 보아 사정이 뻔하다고 추측할 수도 있으나 상황이 그리 단순치만은 않아 보입니다. 앞에서도 말했듯이 측은해 하는 표정을 짓고 있는 훈장님은 두 집단 사이의 완충 역할을 하고 있는 듯한데, 그렇다고 무어라고 한 마디로 꼬집어 말하기 어려운 것이 이 장면입니다. 다른 사연이 있는 것일까요? 한번 상상의 나래를 펴 보세요.

 또 다른 그림을 봅시다. 부부로 보이는 남자와 여자가 그림의 거의 다를 차지하고 있습니다. 그림에 등장하는 세 사람 모두 무언가에 몰두하고 있습니다. 남자 어른은 가마니 아니면 돗자리 같은 깔개를 짜고, 여자 어른은 물레를 돌려 실을 뽑아 감고 있습니다. 마치 이들 사이에 난 자식인양 아주 작게 그려진 어린아이는 앞의 그림 〈서당〉에 나오는 아이들처럼 책을 보고 있네요.

 좀 더 자세히 들여다볼까요? 아이는 그냥 책을 읽는 것이 아닙니다. 한 손에 막대기를 들고 있는데, 그 끝은 읽는 곳을 가리키고 있죠. 또 눈은 내리깔아 막대기 끝이 가리키는 곳을 보고 있고, 입을 벌리고 있는 것으로 보아 가리킨 곳을 크게 소리내어 읽는 것 같습니다. 작게 그려졌지만 열심히 공부하는 모습이 아주 실감나게 느껴집니다. 어머니, 아버지가 열심히 일하시니 그 아이도 부모님을 본받아 공부에 열중하고 있는 거겠지요. 보기만 해도 흐뭇한 모습입니다. 이들에게서 앞날에 대한 희망이 묻어 나오는 듯합니다. 다시 〈서당〉으로 돌아갑니다 이 그림에서 한 가지 짚어 보아야 할 것이 있습니다. 바로 '더벅머리'입니다. 이 그림이 그려지기 이전 시기에는 더벅머리 아이들, 즉 평민 신문으로는 서당에 다닐 수 없었으니까요. 당시에는 어지간히 살 만해도 신분이 낮은 집 아이들은 글자를 깨칠 기회를 얻지 못했습니다. 글을 깨쳐 책을 읽고 쓰는 능력이 있다 해도 일만 하며 살다시피 해야 하는 자신의 처지를 억울해 할 것이므로 숫제 그 기회를 주지 않았던 게 아닐까요?

그러나 그런 어려운 상황에서도 어깨 너머로 글을 깨치기도 하고, 나아가 어려운 한자로 된 시를 짓는 사람도 있었습니다. 또 양반 가운데는 이런 현실을 안타까워해서 이들에게 글을 가르치고 신분의 굴레를 벗겨 주는 사람들도 있었고요. 우리는 여기서 중인 계급에게 새로운 희망을 가져다 준 정조의 신분상승 정책에 따를 당시의 사회상을 읽을 수 있습니다. 그러므로 이 그림은 전과는 많이 달라진 사회 상황을 알려 주는 하나의 보기라고 여겨집니다. 전 같으면 공부할 기회조차 주어지지 않았을 더벅머리 아이들 여럿이 글을 배우고 있으니까요.

♣ 예문 : 인물이야기 2

제목 : 그림 그리는 아이 김홍도
작가 : 정하섭출판사 : 보람

"하늘 천, 따 지……."
아이들이 서당에서 글을 읽고 있어요. 그런데 한 아이는 꾸벅꾸벅 졸고 있네요. 바로 홍도예요. 홍도는 여간 개구쟁이가 아니었어요. 서당에 갔다 오기만 하면 친구들과 어울려 동네를 휘젓고 다녔지요. 장난을 쳐서 어른들을 골탕 먹이기도 했고요. 홍도는 노는 거라면 누구에게도 뒤지지 않았어요. 홍도는 이상하게 책만 보면 졸음이 쏟아졌어요. 책보다는 병풍 그림을 보는 게 훨씬 재미있었어요. 그림을 한참 보고 있으면, 어느 새 그림 속에 들어와 있는 것 같았어요. 꽃 냄새도 나고, 새소리도 들렸어요.
"이 녀석아, 놀지만 말고 글 좀 읽어라!"
아빠는 홍도를 몹시 걱정했어요. 하지만 엄마는 생각이 달랐어요. 엄마는 가끔 홍도를 외삼촌 댁에 데리고 갔어요. 외삼촌은 그림을 그리는 화가였어요. 홍도는 외삼촌을 잘 따랐고, 외삼촌은 홍도를 늘 반갑게 맞아 주었어요. 홍도는 외삼촌이 그린 매화를 보고 깜짝 놀랐어요.
"와, 정말 똑같다!"
홍도는 외삼촌처럼 멋진 그림을 그리고 싶었어요. 홍도는 틈만 나면 그림을 그렸어요. 친구들이 노는 모습도 그리고, 송아지나 강아지도 그렸어요. 홍도의 그림 솜씨는 하루가 다르게 늘어 갔어요. 홍도는 숯으로 땅바닥에다 그림을 그렸어요. 종이에 그리고 싶었지만, 집이 가난해서 종이를 살 수가 없었거든요.
"큰 종이에 마음껏 그림을 그려 봤으면……."
홍도는 넓은 하늘을 바라보았어요. 하늘이 마치 커다란 종이처럼 보였어요. 홍도는 마음 속으로 하늘에 그림을 그렸어요. 그러던 어느 날, 홍도는 마을길을 걷다가 긴 담장을 보고 걸음을 멈추었어요.

'야, 여기다 그림을 그리면 좋겠는걸?'

홍도는 담장에다 신나게 그림을 그렸어요. 그날 저녁, 아버지는 몹시 화가 나서 집에 들어왔어요.

"하라는 공부는 하지 않고 못된 장난만 치고 다녀?"

아버지는 회초리를 들고 야단을 쳤어요.

"다시는 그림을 그리지 마라. 알겠느냐?"

하지만 홍도는 아무 대답도 하지 못하고, 닭똥 같은 눈물만 뚝뚝 흘렸어요. 그림 그리는 게 너무 좋았거든요. 홍도는 외삼촌 댁으로 달려갔어요. 외삼촌은 홍도를 다독다독 달래 주었어요.

"그림을 보고 싶으면 언제든지 와서 보고, 종이가 필요하면 언제든지 와서 말해라."

외삼촌은 홍도에게 붓과 종이를 주었어요.

"엄마, 엄마! 이것 좀 봐요. 외삼촌이 주셨어요!"

홍도는 엄마에게 붓과 종이를 자랑했어요. 그 때 아버지가 홍도를 불렀어요.

"홍도야, 그거 이리 가져 오너라!"

홍도는 가슴이 철렁 내려앉았어요.

"싫어요! 외삼촌이 그림 그리라고 저한테 주신 거란 말예요!"

홍도는 빽 소리 치고는 와락 울음을 터뜨렸어요.

제6절 지식·정보 책 활용   **323**

□ 독서활동지 6-1-1

날짜(/)　　　( )초등학교 제 학년 반 이름 ( )

도 서 명		작가	
등장인물			
주제			

	주인물 소개하기
이름	
나이	
성격	
가족	
좋아하는 것	
싫어하는 것	
잘하는 것	
배울 점	
고칠 점	
캐릭터 그리기	

□ 독서활동지 6-1-2

날짜(/)　　　　(　　　)초등학교 제　학년　반　이름 (　　　　　)

도 서 명		작가	
등장인물			
주제			
시대적 배경			
공간적 배경			
중요한 사건			

인물의 일대기를 순서 대로 적어 보기

발단:	전개:
위기:	결말;

제6절 지식·정보 책 활용

□ 독서활동지 6-1-3

날짜(/)   (   )초등학교 제 학년 반 이름 (   )

도 서 명		작가	
등장인물			
주제			
시대적 배경			
공간적 배경			
중요한 사건			

인물의 얼굴 표정의 변화를 그려보기

기분 좋을 때	기분 나쁠 때

화낼 때	슬플 때

제7장 어린이 독서자료의 활용

□ 독서활동지 6-1-4

날짜(/)　　　　( )초등학교　제　학년　반　이름 (　　　　　)

도 서 명		작가	
등장인물			
주제			
시대적 배경			
공간적 배경			
중요한 사건			

각 인물의 중요 대화 인용하고 그 성격 알아보기

인물	대화	성격

제6절 지식·정보 책 활용

□ 독서활동지 6-1-5

날짜(/)　　　　( )초등학교 제 학년 반 이름 ( )

도 서 명		작가	
등장인물			
주제			
시대적 배경			
공간적 배경			
중요한 사건			

시대별로 역사적 사건 알아보기

제7장 어린이 독서자료의 활용

□ 독서활동지 6-1-6

날짜(/)　　　　( )초등학교 제 학년 반 이름( )

도 서 명		작가	
등장인물			
주제			
시대적 배경			
공간적 배경			
중요한 사건			

인물의 소년기-청년기-장년기별로 만화로 표현하기

유년기	소년기

청년기	노년기

제6절 지식·정보 책 활용

□ 독서활동지 6-1-7

날짜(/)　　　( )초등학교 제 학년 반 이름 ( )

생각쟁이	인물이야기를 읽고 책 속의 인물이 움직이는 대로 따라 가보자		
제목			
분류		출판사	
인물			
의미 지도 그리기	* 출발점:( )➲( )		

*이야기 속의 풍경이나 기억에 남는 장면 그려보기

□ 독서활동지 6-1-8 / 두 작품 비교

날짜(/)　　　(　　　　)초등학교 제　학년　반　이름 (　　　　　)

도서명	조선의 풍속을 그린 천재 화가 김홍도	그림 그리는 아이 김홍도
지은이	최석태 글/아이세움	정하섭 글/보람
탐구 인물		
구체화: 생각 행동 대사		
분석 결과		

위 인물에 대한 의견(100자로 적어보기)

제6절 지식·정보 책 활용

□ 독서활동지 6-1-9

날짜(/)　　　　( )초등학교 제 학년 반 이름 ( )

일 자		작성자	
제목	사랑해요 삼국시대	작가	남경태
		출판사	주니어김영사
		해당학년	초등 고학년
주제	삼국시대에 관심을 가지고 우리역사의 소중함을 안다		
나라	신라, 백제, 고구려		
내용열기	〈읽기 능력〉 1. 단군은 어디에 나라를 세웠나요? 2. 한4군 중에서 마지막까지 버티고 있던 곳은 어디인가요? 3. 3국 건국신화의 공통점은? 4. 화랑제도의 원조로 신라 청소년 사이에서 인재 뽑던 제도는? 〈말하기〉 1. 신라가 삼국 통일을 한 이유는? 2. 고구려가 중국의 연이은 침략을 물리친 비결은? 3. 백제가 멸망할 때 낙화암에 삼천궁녀가 진짜 빠져 죽었을까요? 4. 낙랑공주와 호동왕자의 이야기에서 자신이 낙랑공주라면 어떻게 했을까요? 〈쓰기 능력〉 1. 삼국 시대의 연표 만들기		

□ 독서활동지 6-1-10

날짜(/)　　　　(　　　)초등학교 제　학년　반　이름(　　　　　)

책제목	
작가	
인물	
사건	1. 2.

사건	1. 2.	결과	1. 2.

주인물(　)이 한 말	부인물(　)이 한 말
1. → 내 생각: 2. → 내 생각: 3. → 내 생각:	1. → 내 생각: 2. → 내 생각: 3. → 내 생각:

제6절 지식·정보 책 활용

□ 독서활동지 6-1-11

날짜(/)　　　　　( )초등학교 제 학년 반 이름 (　　　　　)

책제목			
작가		출판사	
인물			
사건	1. 2.	결과	1. 2.
새롭게 알게 된 사실		작가의 의견	
1. 2.		1. 2.	

제7장 어린이 독서자료의 활용

☐ 독서활동지 6-1-12

날짜(/)　　　　(　　　)초등학교 제　학년 반　이름 (　　　　　)

책제목	우리 역사 이야기 '네가 하늘이다'(동학농민 전쟁편)/현암사		
작가	이윤희		
인물			
역사적 사건			
주제			

내가 이미 알고 있는 내용	알고 싶은 것	책 읽고 새로 알게 된 내용

2. 과학·환경자료 독후활동

1) 독서활동지로 활용하기

추천도서 :

1~2학년 수학, 과학 교과 독서

- 동물들도 집이 있대요/르네 라히르/사계절
- 선인장 호텔/브렌다 가버슨/비룡소
- 수학 마녀의 백점 수학/서지원/처음주니어
- 핀란드 초등학생이 배우는 재미있는 덧셈과 뺄셈/리카 파카라/담푸스
- 놀라운 인체의 신비/도리스 뤼벨/크레용하우스
- 영(0)의 모험/앤젤린스 파라그나/승산
- 이상한 나라의 숫자들/마리아 데 라 루스 우리베/북뱅크
- 엽기 과학자 프래니1 도시락 괴물이 나타났다/짐 벤튼/사파리
- 수학은 너무 어려워/베아트리스 루에/비룡소
- 구구단의 공격/존 호톤/주니어김영사
- 쉿! 신데렐라는 시계를 못 본대/고지현/동아사이언스
- 견우와 직녀가 분수 때문에 싸웠대/이안/동아사이언스

3~4학년 과학 교과 독서

- 나한테 화학이 쏟아져!/김희정/토토북
- 아삭아삭 요리로 배우는 화학 이야기/권연진/이가서
- 초등 과학 뒤집기 21 상태의 변화/심민정/성우주니어
- 물 -원소로 보는 자연 이야기 1/라라 알바네세/풀빛
- 초등학생이 가장 궁금해하는 놀라운 동물 이야기 30/장수하늘소/하늘을 나는 교실
- 산대장 솔뫼 아저씨의 자연학교 지구를 살리는 나무/솔뫼/사파리

- 돼지 삼총사 와글와글 물리 캠프/로베르트 크리스벡/다림
- 인간 자석 마티/제이드 마이클스/을파소
- 아인슈타인과 과학 천재들/조승연, 앤드 스튜디오/주니어중앙
- 날씨를 바꾸는 요술쟁이 바람/허창회/풀빛

5~6학년 과학 교과 독서

- 손에 잡히는 과학 교과서10 전기와 자기/손은영/길벗스쿨
- 빌 아저씨의 과학교실/빌 나이/비룡소
- 미생물의 신비 발효/김정/주니어김영사
- 별똥별 아줌마가 들려주는 우주 이야기/이지유/창비
- 권오길 선생님이 들려주는 놀라운 인체 이야기/권오길/애플비
- 인체와 질병:사람은 왜 병들고 아플까?/황성진/성우
- 산과 염기 시큼 떨떠름 맛에 숨은 오묘한 비밀/지재화/성우
- 상위 5%로 가는 화학교실/이복영, 신학수 외/스콜라
- 생물 다양성 초록별 지구가 꿈꾸는 행복한 생태계/카트린 스테른/다림
- 빛 보이는 것에서 보이지 않는 것까지/정민경/성우

〈기본 단계〉

① 책과 관련하여 관심 있는 것에 대해 질문하기
② 알게 된 내용을 만화로 그리기
③ 가장 쉽게 할 수 있는 선택하여 관찰하고 기록하기
④ 가장 흥미있는 과학 사실 적기
⑤ 어렵거나 이해가 안 되는 내용 적어보기

〈중급 단계〉

① 알게 된 과학 이론으로 벤 다이어그램 하기
② 주인물이 과학적 이론에 접근해 가는 과정 알아 보기
③ 알게 된 과학적 지식을 도표로 체계화하기

④ 관찰하는 순서를 그림으로 그리기
⑤ 독서 퀴즈 내기

〈심화 단계〉

① 가장 호기심이 가는 내용 쓰기
② 제목과 소제목의 연관성을 알아내고 그것이 어떤 결과로 나왔는지 쓰기
③ 책 속의 지식과 백과사전의 지식과 비교하기
④ 알게 된 지식과 더 연구해야 될 것에 대하여 쓰기
⑤ 알게 된 지식을 다른 사람에게 전달하기

2) 글쓰기로 활용하기

① 생활문으로 독서감상문 쓰기
② 비교, 대조로 독서감상문 쓰기
③ 논술로 독서감상문 쓰기

♣ 예문 : 과학 · 환경동화

책제목 : 어린이와 함께 생각하는 신기한 과학 이야기 35
작가 : 요네야마 마시노부   번역자 : 자음과 모음

"할머니, 닭과 달걀 중에 어느 것이 먼저인지 아세요?"
학교에서 돌아온 지원이가 현관문을 들어서며 싱글싱글 웃으며 말했습니다.
"그야, 달걀이 먼저지. 알이 있어야 닭이 태어나지 않겠니?"
할머니께서 말씀하셨습니다.
"그럼 달걀은 어디에서 나오지요?"
"그야 닭이 낳았겠지."
"그럼 그 닭은 어떻게 생기지요?"
"그야……. 알에서 태어났겠지."

"그러니까요. 닭이 먼저인지, 달걀이 먼저인지 모르시잖아요."

지원이가 재미있다는 듯이 말했습니다.

하지만 실제로는 어떨까요? 닭이 먼저일까요, 아니면 달걀이 먼저일까요? 한 번 생각해 보기로 합시다.

여기 닭 한 마리가 있다고 하지요. 이 닭은 레그혼과 코틴의 피가 섞인 잡종입니다. 레그혼은 하얀 깃털을 가진 닭이고, 코틴은 다갈색의 깃털을 가진 닭입니다. 잡종 닭은 새하얀 색은 아니지만 코틴과는 약간 다른 색깔의 깃털을 가지고 있습니다. 이 잡종 닭도 말할 것도 없이 달걀에서 태어났습니다.

하지만 그 달걀을 낳은 암탉은 잡종이 아닌 레그혼입니다. 이 암탉이 코틴종 수컷과 결혼하야 낳은 달걀에서 잡종 닭이 태어났습니다. 만약 암탉인 레그혼이 같은 레그혼 수탉과 결혼해서 낳은 달걀에서 태어난 닭이라면 잡종이 아닌 순수한 레그혼일 것입니다.

그 말은, 잡종 닭은 달걀에서 태어났지만 그 달걀은 잡종 닭의 몸에서 태어난 것이 아니라는 뜻입니다. 그러니까 달걀이 잡종 닭보다 먼저가 됩니다.

지원이는 생각에 잠겼습니다. 닭은 달걀에서, 그 달걀은 닭에서, 그 닭은 달걀에서……. 지금까지는 이렇게만 생각했지만 잡종 닭을 생각해 보면 그것도 맞는 주장 같습니다.

어느 쪽이 맞을까요?

'아, 그래. 한 마리의 닭은 한 개의 달걀에서 태어나는 것이지만 한 개의 달걀은 수탉과 암탉, 두 마리 사이에서 태어나는 거야.'

정말 멋진 생각이지요?

달걀을 깨어 보면 병아리는 들어 있지 않습니다. 노른자위 위에 '배(胚)'라고 하는 작은 알이 놓여 있는데 이 배 안에 닭의 몸을 만드는 설계도가 들어있지요. 어미의 품 속에서 달걀이 따뜻해지면 이 설계도를 따라 병아리의 몸이 만들어지기 시작해서, 이윽고 병아리가 되어 껍질을 깨고 탄생하는 것입니다.

그러니까 이 설계도가 닭보다 앞서야 되겠지요.

그럼 설계도란 무엇일까요? 그것은 유전자라가 부릅니다. 눈에 보이지 않을 정도로 가느다란 끈 안에 마치 카세트 테이프의 테이프처럼 그 설계도가 암호로 기록되어 있는 것이지요.

그럼 그 유전자는 어디에서 오는 것일까요? 이것이 문제입니다. 만약 암탉 한 마리에서 온다면 달걀보다 암탉이 먼저가 됩니다. 하지만 이 유전자는 암탉에게서 절반, 수탉에게서 절반씩 받아 완전한 하나의 설계도가 됩니다.

코틴종인 수탉에게서는 코틴종이 되는 설계도를 절반 받고, 레그혼종인 암탉에게서는 레그혼이 될 설계도를 절반 받아 잡종 닭의 설계도가 완성되는 것이지요.

그러니까 잡종 닭보다 달걀이 앞서지만 달걀이 태어나려면 수탉과 암탉 두 마리가 필요하지요. 따라서 잡종 닭보다 달걀이 앞선다는 주장이 맞게 됩니다.

이렇게 생각하자 잡종 닭이 아니라 해도 역시 달걀이 먼저인 것처럼 느껴집니다.

지원이는 다시 생각해 보았습니다.

한 개의 달걀에는 수탉과 암탉, 두 마리가 필요합니다. 그 두 마리의 닭 이전에는 두 개의 달걀이 필요합니다. 그 두 개의 달걀 이전에는 네 마리의 닭이 필요합니다. 그리고 그 전에는 여덟 마리의 닭이 필요합니다. 그리고 그 전에는 열여섯 마리의 닭이 필요합니다.

"우와, 옛날에는 대체 얼마나 많은 닭이 있었을까? 단 한 개의 달걀이 태어나는데 이렇게 많은 닭이 필요하다니!"

그렇습니다. 지금 여기에 닭 한 마리가 있다면 그 닭이 태어나기 위해서는 엄청나게 많은 닭의 설계도가 필요합니다.

사람도 마찬가지입니다. 여러분의 몸에는 아버지에게서 받은 유전자가 절반, 어머니에게서 받은 유전자가 절반씩 들어 있습니다. 그 말은 아버지 쪽의 할아버지와 할머니, 그리고 엄마 쪽의 할아버지와 할머니, 이렇게 4명에게 1/4씩 유전자를 받은 것이지요.

그리고 더 넓게는 증조할아버지와 증조할머니에게서 1/8씩.

그리고 여러분도 어른이 되면 자식들에게 절반씩의 설계도를 물려주게 됩니다.

"내 설계도를 한 명의 자식에게 모두 물려 줄 수는 없을까?"

지원이는 생각에 잠겼습니다.

복제인간이라는 말을 들어 본 적이 있지요? 공상 과학 소설을 읽었다면 그리 낯선 말이 아닐 것입니다. 이 복제인간은 부모와 똑같은 설계도를 가진 인간, 즉 지원이의 자식도 지원이가 되는 것입니다.

하지만 한 사람의 설계도에 있는 모든 것을 그 이후에 태어나는 사람이 그대로 물려받는다고 해도 완전히 그 사람이 되는 것은 아닙니다. 지원이의 자식은 지원이와는 다른 인간이 되겠지요. 한 개의 난자에서 태어나는 일란성 쌍둥이가 같은 설계도를 가지고 있기 때문에, 생김새는 비슷하지만 성격은 서로 딴판인 것과 마찬가지이지요.

인간은 역시 각자 하나밖에 존재하지 않는 것입니다. 그러니까 자신을 소중하게 생각해야겠지요?

"흐음……."

지원이는 탄생과정이란 정말 신비하다는 것을 느낍니다.

제6절 지식·정보 책 활용

독서활동지 6-2-1

날짜(/)　　　　(　　)초등학교 제　학년　반　이름(　　　　)

도 서 명			작가	
분류				
주제				
흥미 있는 과학 지식				
이해가 안 되는 내용				

벤 다이어그램 하기

알고 있던 사실1	새롭게 알게 된 것1

□ 독서활동지 6-2-2

날짜(/)　　　( )초등학교 제 학년 반 이름 (　　　　)

도 서 명		작가	
분류			
주제			
흥미 있는 과학 지식			
이해가 안 되는 내용			

마인드 맵 하기

제6절 지식·정보 책 활용

☐ 독서활동지 6-2-3

날짜(/)　　　( )초등학교 제 학년 반 이름 ( )

도서명	피뢰침 끝은 왜 세 개로 나뉘어 있죠?	작가	아오키 구니오 외
분류		출판사	웅진
주제			

책을 읽고 퀴즈 내기	
1	
2	
3	
4	
5	
6	
7	
8	
9	
10	
11	
12	
13	
14	
15	

제7장 어린이 독서자료의 활용

□ 독서활동지 6-2-4

날짜(/)　　　(　　　)초등학교 제　학년　반　이름(　　　　　)

도 서 명		작가	
분류			
주제			
새로 알게 된 어휘 적기			
이해가 안 되는 내용			

알고 있던 사실과 새롭게 알게 된 것 비교하기

알고 있던 사실1	새롭게 알게 된 것1

알고 있던 사실2	새롭게 알게 된 것2

제6절 지식·정보 책 활용

□ 독서활동지 6-2-5

날짜(/)　　　( )초등학교 제 학년 반 이름 ( )

책 :	
알게된 사실	나의 학습 습관
사실1 : 평가1 : 사실2 : 평가2 :	행동1 : 평가1 : 행동2 : 평가2 :
인용1 : 평가1 : 인용2 : 평가2 :	질문1 : 질문2 : 질문3 :

제7장 어린이 독서자료의 활용

□ 독서활동지 6-2-6

날짜(/)　　　(　　　)초등학교 제　학년 반 이름 (　　　　)

책제목	어린이와 함께 생각하는 신기한 과학 이야기 35	
작가	요네야마 마시노부	
인물		
주제		

내가 이미 알고 있는 내용	알고 싶은 것	책 읽고 새로 알게 된 내용
1	1	1
2	2	2
3	3	3

제6절 지식·정보 책 활용

□ 지도안 5 – 독후 활동 학습 모형 교수·학습 과정안

책	수학 잘하는 초등학생들의 77가지 비법	차시	1/2	제목	수학은 철저하게 개념으로 접근하라
본시주제	수학은 개념을 제대로 알면 아주 쉽다.			관련도서	수학귀신
학습목표	수학의 학문적인 특성 알게 한다. 재미있는 이야기 통해 수학과 친해지게 한다.				

학습단계	학습흐름	교 수 · 학 습 활 동	시간	자료 및 유의점
도입	전체학습	◎ 전시 학습 상기 - 수학이 어려운 이유 말하기 ◎ 학습문제 확인하기 - 수학 어떻게 하면 잘할 수 있는 지 수학 잘하는 어린이의 수학 공부법 들어보기 수학은 문제를 많이 풀수록 잘한다.	5'	
전개	조별학습	◎ 학습 활동 안내 - 분단별 잘 알고 있는 수학 공식 말하기 - 77가지 이야기 중 가장 공감가는 내용 말하기 - 모둠별 활동 전개하기	5'	•표현활동 안내 - 어려워 하는 수학 공식 말하기 - 수학 문제 풀 때의 나의 고쳐야 될 습관 •표현 활동용지 •자연스런 태도로 발표하기
	전체학습	◎ 학습 활동 전개 - 글의 내용을 차례대로 간추려 생각하여 보기 - 글의 내용에서 이해되는 것과 이해되지 않는 것 정리하기	20'	
		◎ 학습 활동 결과 발표하기 - 각자 활동한 내용을 발표하기	7'	
		◎ 독서퀴즈 -모둠별로 문제 내고 풀어보기		
정리		◎ 학습 내용 정리 - 공부한 내용 중 재미있었던 점, 어려웠던 점, 알게 된 사실 등을 말하기 ◎ 차시 예고	3'	

제7절 신문·잡지 활용

1. 독서활동중심의 신문활용

신문에는 논설문, 설명문 등의 다양한 종류의 글과 그에 따른 다양한 문체의 글들이 그리 길지 않은 분량으로 실리고 있어서 좋은 독서 교육의 교재가 될 수 있다. 또한 현행 7차 교육과정에 따르면 더욱 적극적인 학생들의 활동을 통한 수업 참여가 필요한데, NIE를 통해서 단지 독서와 감상문 정도의 소극적인 교육이 아니라, 정보를 재창출해내는 적극적인 교육을 시도할 수 있다.

1) 어휘력을 기르기 위한 읽기

〈기본 활용〉

첫째, 활용할 기사를 선택한 후 뜻을 모르거나 이해하기 어려운 단어들을 찾아 단어장을 만든다.

둘째, 글의 연결 접속사를 찾아가며 읽어 본다.

셋째, 기사에 사용된 단어들로 퍼즐이나, 끝말잇기를 작성해 본다.

〈심화 활용〉

첫째, 모르거나, 이해하기 어려운 단어들을 쉬운 우리말이나, 표현으로 바꾸어 본다.

둘째, 학생들이 서로 앞의 글로 미루어 알 수 있는 단어를 지우거나, 접속사를 지운 뒤 다시 알맞게 채울 수 있는지 게임을 한다.

셋째, 이니 만들어 놓은 퍼즐이나, 끝말잇기에 사용한 단어들에 대해 학생이 생각하는 뜻과 사전에서의 뜻을 적고 서로 비교한다.

2) 논술력을 기르기 위한 읽기

〈기본활용〉

첫째, 사설이나 컬럼 등 의견제시형 기사를 통독하여 대략의 의미를 파악하고 요약한다.

둘째, 다시 기사를 정독하여 서론, 본론, 결론으로 나누어 보고 각 단락을 요약한다.

셋째, 기사의 제목이 주장을 잘 표현하고 있는지 또는 기사를 대변하고 있는지 내용과 비교하여 본다.

〈심화활용〉

첫째, 각 단락의 중심되는 단어나 중심되는 주장을 찾아본다. 이미 요약한 기사를 원래의 기사와 비교하여 그 의미가 올바로 전달되는지 알아본다.

둘째, 학생들이 요약한 기사와 찾아 놓은 기사의 중심어나 중심생각을 기본으로 새롭게 기사를 작성해 본다.

셋째, 기사에 제시된 주장이나 의견을 논증할 수 있는 자료들을 찾거나, 반대 의견에 해당하는 기사 또는 자료를 찾아본다.

넷째, 논증자료나, 반박자료를 근거로 학생들이 의견제시형 기사를 작성해 본다.

3) 관점 찾아 읽기

〈기본활용〉

첫째, 서로 이해가 상반되는 당사자가 있는 기사를 골라 이익과 손해에 대한 관점을 찾는다.

둘째, 이해 당사자들이 주장하는 근거를 찾아 요약한다.

〈심화활용〉

첫째, 학생들이 서로 이익과 손해의 관점에서 주장을 펴는 글이나 설득하는 글을 작성하여 본다.

둘째, 각각의 주장에 의한 경우 함께 이익이나 손해를 보는 입장에 서는 측을 찾아본다.

셋째, 각 당사자들에게 도움을 주거나, 손해를 줄 수 있는 정보기사를 찾아 표를 작성한다.

2. 신문활용교육분류

1) 교과 중심

현행 교육 과정을 토대로 NIE 를 전개하는 유형

〈주제 중심 프로그램〉

- 민주 시민 교육, 경제 교육, 환경 교육, 인성 교육, 성 교육, 국제 이해 교육, 진로 교육, 토론 학습, 스포츠, 글쓰기(논술), 탐방, 탐사 등이 있다.
- 테마 신문 만들기 : 가족 신문, 학교 신문, 학급 신문, 독서 신문, 환경 신문, 역사 신문, 영화 신문 등
- 신문지 꾸미기와 놀이 : 기본적 모형으로는 비행기, 배, 골프공과 골프채, 가면, 왕관 만들기 등 신문 카드, 편지지, 편지 봉투, 달력 만들기, 시화 그리기, 신문 모자이크, 신문으로 하는 퀴즈와 게임, 퍼즐

2) 개념 중심

개념 중심 NIE 프로그램은 '교과 중심 NIE'와 '주제 중심 NIE' 처럼 포괄적이지 않다. 학습 도중에 부분적으로 연계되는 소재나 테마 또는 간단한 NIE 활용을 도입하고자 할 때 선택하여 교수, 학습을 전개 하는 유형이다.

3. 주제별로 본 NIE

1) 설날

- 명절의 종류 알기

  차례지내기, 예절 익히기, 설날음식 알아보기, 용돈용도지출 계획 세우기, 고향 자랑, 거리 찾기

- 명절의 의미 이해하기

  설날 관련기사, 특집, 사진, 광고를 통해 놀이, 풍습 알아보기, TV 시청 프로그램에 대해 간단한 감상문쓰기 (200~300자 내외)

- 외국의 명절 알아보기의 주제
- 우리 집안의 가계도를 꾸미기 (친척들과 관계, 나이, 계촌법에 대해 이야기 하기)
- '오늘의 운세' 코너의 동물 오려붙이고 가족의 띠를 똑같이 그리기 또는 1년 운세를 써 주기
- 고향 다녀와서 할아버지, 할머니께 감사편지 쓰기

2) 인물탐구

신문에는 다양한 과거나 현재인물이 소개된다. 즉 문화인물, 호국인물, 독립운동가 인터뷰, 뉴스메이커

- 인물선정 (국내, 외 유명인사 또는 문화, 스포츠 여러 분야에서 선정되도록 유도) ('한국을 빛낸 100명의 위인' 가사를 이야기하거나 노래를 부른다)
- 가사를 요약, 선정이유, 활동내역, 가상인터뷰 하고 정리하기
- 본받을 점, 내가 앞으로 해야 할 일
- 활동내역 (어떤 노력이 있었는가 알아보기)
- 각종 캐릭터, 사진 곁들이면 흥미를 더욱 유발할 수 있다.
- '이번 주 (이번 달) 우리 반의 인물' 뽑기

- 각자 스케치북 (활동지 묶음) 을 지속적으로 한다면 소중한 나의 역사 신문이 될 수 있다.

3) 내가 뽑은 10대 뉴스

올해 자신의 소망을 생각, 정리한다.
- 나의 10대 뉴스 (자기 자신이 주체가 된 뉴스)
- 나의 상상 10대 뉴스 (실현 가능성, 예측, 능력, 비용)
- 우리 집 10대 뉴스 (가족의 소박한 신년 계획)
- 우리 학교 10대 뉴스 (친구들과 같이 하면 훨씬 재미있다.)
- 우리나라 10대 뉴스
- 우리 지역 10대 뉴스
    사진과 짧은 기사 곁들여 제작한다.

4) 나의 희망 (나의 직업)

- 내가 알고 있는 직업 찾고, 하는 일 정리하기 (초등 저학년 -5가지 이상, 초등 고학년 -10가지 이상)
- 주목받는 직업과 사라진 직업
- 자신이 희망하는 직업 (연령별 준비상황을 도표나 짧은 글로 정리하기)
- 신문에서 미리 조사한 직업을 체험 (견학
- '나의 꿈 발표대회' 갖고 각자 꿈과 그 이유 말하기
- 스크립북, 노트를 만들어 자기진로와 직업에 필요한 정보 모으기 (자료에 의견, 생각을 기록하기)
- 현재, 5년, 10년, 15년, 20년 뒤 상상하기
- '만약 OO의 직업을 가졌다면...' 가정해 어떤 태도와 역할을 수행할 지 자신의 직업관 글쓰기

5) 나를 소개하기

- 나의 단점을 항목별로 정직하게 소개하기
- 광고 카피를 모아 광고의 특징을 관련해 소개하기
- 신문에 자기가 좋아하는 인물을 사진 대신 대체한다. 또는, 캐리커처로 만들어 보기
- 자신의 꿈을 만화로 꾸미기
- 말 주머니를 넣어서 말 채우기

6) 광고활용

- 신문광고는 'NIE 재료의 슈퍼마켓'이다. 또 재치었고 기발한 광고는 현대 사회의 청량제가 된다.
- 여러 신문광고 중에서 가장 잘된 광고 찾아 그 이유를 글로 적기
- 광고 카피를 모아 패러디하기
- 같은 종류의 광고를 모아 잘된 점과 고칠 점 찾아보기
- 이미지 광고 만들어 보기
- 공익 광고 만들어 보기
- 상품 광고 (우리 학교, 내 옷, 내 가방) 만들어 보기
- 비슷한 상품의 광고문안을 비교해서 공통점과 차이점을 찾아보기
- 광고 내용 보고 줄거리 (시나리오) 만들기. 친구들과 '좋은 광고 만들기 현장' 제정하기
- 외국어, 외래어를 우리말로 표현하기
- 우리말을 외국어 (한자, 고사성어) 로 표현하기
- 광고글을 재미있게 바꾸기 (설명문, 논설문, 기사문, 시, 극본)

4. 다양한 활동지를 통한 구체적인 활용

□ 신문으로 공부할 수 있는 각 달의 주제학습

 1 월 : 새해를 맞이하는 마음가짐, 새해의 의미, 12띠, 겨울 등
 2 월 : 전학년의 마무리와 새 학년 준비, 졸업, 설날, 대보름 등
 3 월 : 새 학년, 새 친구들, 선생님, 봄의 느낌, 3·1 절 등
 4 월 : 식목일, 4·19, 장애인의 날 등
 5 월 : 어린이날, 어버이날, 스승의 날 등
 6 월 : 단오, 6·25 전쟁, 장마 등
 7 월 : 여름방학 계획, 여행 계획 짜기 등
 8 월 : 광복절, 칠월칠석, 여름, 여행, 물, 건강, 전염병 등
 9 월 : 새 학기, 추석, 가을 등
10 월 : 한글날, 운동회, 소풍, 여행 등
11 월 : 학생의 날, 가을걷이, 날씨 변화 등
12 월 : 겨울방학, 크리스마스, 한해 마무리 등

제7절 신문·잡지 활용

□ **독서활동지 7-1**

친해지게 된 사건, 속상했던 경우, 즐거웠던 경험, 위로해 주고 싶은 일 등

날짜(/)   (   )초등학교 제   학년 반 이름 (   )

주제 : 나와 친구와의 관계를 만화로 그리기	
언제	어디서
무엇 때문에	누구랑

□ 독서활동지 7-2

날짜(/)　　　(　　　　)초등학교 제　학년　반　이름(　　　　　)

주제 : 사진 표정을 보고 문장으로 쓰기
사람들은 기분에 따라 각각 다른 표정을 짓기도 합니다. 신문에서 사람의 얼굴표정이 나와 있는 사진, 그림을 찾아 붙이세요. 찾은 사진이나 그림을 표정별로 구분해서 그 표정에 알맞은 이유도 적어보자.

웃는 모습	우는 모습
화난 모습	황당해하는 모습

□ 독서활동지 7-3

날짜(/)　　　　(　　　　)초등학교 제　학년 반 이름 (　　　　　)

| 주제 : 취재하기 |

여러분은 취재를 해 본 경험이 있나요? 오늘은 어린이 기자가 되어 친구들 앞에서 말해 보세요. 어떤 주제로 취재할지는 여러분이 생각하세요.
질문 : 좋아하는 연예인이 있나요 ?있다면 누구이고 이유는 무엇인가요?
만약 없다면 그 이유는 ?연예인 말고 좋아하는 스타는?

질문1	답변1
질문2	답변2
질문3	답변3
질문4	답변4

□ 독서활동지 7-4

날짜(/)　　　(　　)초등학교 제　학년　반　이름(　　　　　)

주제	우리 학교 10대 뉴스		
연도		학년	
선정위원			
선정 방법	1. 2.		

10대 뉴스	만족도
1	
2	
3	
4	
5	
6	
7	
8	
9	
10	

□ 독서활동지 7-5

날짜(/)　　　( )초등학교 제 학년 반 이름( )

주제 : 우리 집안의 가계도 그려보기
'나'는 거저 태어난 게 아니다. 나의 부모님의 부모님의 부모님의 유전자를 갖고 태어난 것이다. 존경하는 조상의 가계도를 간단히 그려봅시다.

□ 독서활동지 7-6

날짜(/)　　　(　　　　)초등학교 제　학년　반　이름(　　　　　)

주제 : 우리 명절과 외국의 명절 알아보기	
세계 각 나라마다 중시하는 명절이 있다. 그 명절의 이름과 유래 행사를 찾아보자	
우리나라	일본
미국	브라질

ㄱ

가상현실 ·· 16
가족 해체 현상 ······························· 18, 33
간접화법 ·· 187
감각운동기 ·· 51
감상력 ································· 58, 89, 92
감상의 단계 ································· 80, 89
강소천 ······································· 142, 143
개념 중심 ·· 350
개념적 사고 ·· 52
개벽 ·· 28
개별 토론 ·· 209
개작하기 ··· 298
거울 나라의 엘리스 ····························· 147
건국 신화 ·· 138
걸리버 여행기 ······························· 26, 147
검둥이 삼보 ·· 184
격몽요결 ·· 28, 96
견백 ·· 11
경험의 총체 ·· 76
계몽사 ·· 98
계몽주의자 ·· 35
고구려 ·· 12
고구려 영양왕 ······································ 12
고대 로마시대 ···································· 140

고대 이집트 ······································· 139
고대 인도 ·· 140
고전 ·· 150
고전문학 ··· 24
고학년 창작동화 ··································· 99
골라 읽기 ··· 78
공간화 ·· 87
공공도서관 ·· 20
공동체문화 ··· 133
공상동화 ····································· 140, 281
과학 책 ··· 156
과학도서 ··· 156
과학동화 ··· 156
과학지식 ··· 156
과학학습서 ··· 156
관계 읽기 ··· 87
광고 기능 ··· 159
광고문 ·· 91
교과 중심 ··· 350
교과서 ·· 25
교사 ·· 64
교양 ·· 74
교양(정보)적 상상력 ·························· 100
교육성 ··· 36, 124
교육용 멀티동화 ································· 101

찾아보기

교육자 · 154
교육적 기능 · 160
교육적 목적 · 97
교육적 요인 · 60
교훈적 · 147
구두(口頭) 커뮤니케이션 · 73
구비문학 · 132, 133
구성 · 123, 146
구성면 · 117
구성요소 · 144
구연 · 102, 134
구연동화(입말동화) · 183, 187
구연자 · 186, 187
구조화 · 75
구조화하기 · 87
구체적 조작기 · 52
구텐베르그 · 12
국립교육연구학회 · 62
국립어린이청소년도서관 · 231
국립중앙도서관 · 163
국민국가 · 29
국민운동 · 103
국제아동구호기금 · 30
국제조약 · 30
굴렁쇠 · 97
권정생 · 143
그룹토론 · 205
그리스 로마 신화 · 138
그리스·로마문명 · 24
그림 연극 · 225
그림 이야기책 · 236
그림 형제 · 137, 138, 147
그림의 예술성 · 122
그림의 이해 · 60
그림자 연극 · 218, 222

그림책 · 57, 99, 119, 235
그림책 가치 · 120
그림책 연구가 · 102
그림책 읽어주기 · 120, 121
그림책 평가기준 · 122
그림형제 · 25
근대 아동관 · 21
근대적 아동문학 · 27
근면성 · 49
글 문학 · 133
글말 · 136
글쓰기 과정 · 79
글의 구성 · 87
긁적거리기 · 56
기능적 문맹인 · 18
기독교적 신앙 · 26
기록문학 · 133
기호 · 14
기호화 · 71
기획도서 · 97
길벗어린이 · 101
김영사 · 100
김옥 · 143
김요섭 · 143
김우경 · 143
김중미 · 143
꼭두각시 인형극 · 218

ㄴ

낭만주의 문학 · 26
낭만주의자 · 35
내면화 · 51, 206
내용의 교육성 · 122
내훈 · 28
네트워크 · 18

노경실 ·············· 143
논리동화 ·············· 99
논술 ·············· 207
논픽션(non-fiction) ·············· 151
눈높이 ·············· 34
뉴 미디어 ·············· 167
뉴 베리 ·············· 25
뉴 베리상 ·············· 118
뉴미디어 ·············· 11
느끼며 읽기 ·············· 89
늑대와 일곱 마리 염소 ·············· 25
능동적인 사고과정 ·············· 81
능력인자 ·············· 58
니콜라예바 ·············· 25

ㄷ

다니엘 데포 ·············· 147
다면적인 캐릭터 ·············· 155
단계별 발달과제 ·············· 47
단순 읽기 과정 ·············· 79
단행본 ·············· 98
담론 ·············· 17
담징 ·············· 12
대구 ·············· 127
대립구조 ·············· 87
대면문화 ·············· 133
대상영속성 ·············· 51
대중매체 ·············· 133
대중화 ·············· 32
대화식 그림책 ·············· 169
데일리 쿠란트 ·············· 160
덴마크 ·············· 147
도기의 조각 ·············· 139
도덕적 ·············· 147
도덕적인 교훈성 ·············· 125

도덕책 ·············· 25
도렌 ·············· 77
도서체재 ·············· 64
도서형태 ·············· 118
도형 기억력 ·············· 60
도형 판별력 ·············· 60
독립 독서 초기 ·············· 62
독립신문 ·············· 160
독서 ·············· 19, 71
독서 개시기 ·············· 62
독서 레디네스 ·············· 58
독서 준비도 ·············· 82
독서개념 ·············· 72
독서과정 ·············· 76
독서교육 ·············· 73, 215, 216
독서교육의 방법론 ·············· 73
독서기술 ·············· 80
독서기술지도 ·············· 74
독서능력 ·············· 53, 58
독서동기 ·············· 65
독서력 ·············· 71, 200
독서법 ·············· 78
독서속도 ·············· 82
독서수준 ·············· 77
독서의 개념 ·············· 72
독서의 목적 ·············· 74
독서자료 ·············· 114
독서재료 ·············· 64
독서준비 능력 평가표 ·············· 57
독서지도 ·············· 71
독서지도(讀書指導) ·············· 73
독서지도자 ·············· 95
독서체험 교실 ·············· 231
독서커뮤니케이션 ·············· 73
독서클럽 ·············· 205

독서토론 ·················· 205, 206
독서패턴 ····················· 114
독서행동 ······················ 58
독서행위 ······················ 35
독서환경 ····················· 102
독서활동지 ··················· 260
독서회 ························ 205
독서흥미 ·················· 53, 63
독서흥미 발달 요인 ············· 63
독수리와 삵괭이 ·············· 139
독일 ····················· 147, 148
독자 ···················· 15, 34, 75
독자력 ························ 58
독자운동 ····················· 103
독자적인 세계 ················· 30
독자층 ······················· 106
독창적인 리듬 ················ 219
독해력 ························ 84
독해의 단계 ················ 80, 84
독해이론 ······················ 75
독해지도 ······················ 74
독후활동 ····················· 235
동몽선습 ·················· 28, 96
동문학의 본질 ················· 36
동물도감 ····················· 157
동시 ························· 128
동아새국어사전 ··············· 171
동아일보 ····················· 171
동영상 ······················· 167
동요 ························· 127
동일시 ··················· 48, 50
동학 ······················ 22, 23
동화 ·························· 27
동화를 사랑하는 모임 ········· 101
동화연구가 ··················· 101

동화작가 ····················· 141
동화책 ························ 57
뒤마 ························· 147
듀이 ·························· 22
드라마 ··················· 218, 219
듣기능력 ····················· 120
디지털 시대 ·················· 101
디지털도서관 ·················· 12
디지털미디어 ·············· 12, 19
똑똑이 이데올로기 ············· 31

ㄹ

라 퐁텐 우화 ················· 140
라게를뢰브 ··················· 148
라디오 ························ 20
라이프치거 차이퉁 ············ 160
라이프치이 ··················· 160
레 미제라블 ·················· 147
로라 잉걸스 와일드상 ········· 118
로빈슨 크루소 ················ 147
로빈슨 크루소 따라잡기 ······· 101
로빈슨 크루소 모험 ············ 26
루이스 캐롤 ·················· 146
르나아르 ····················· 148
리듬 ························· 128
리얼리티 ················ 116, 146
리처드 플로리다 ·············· 231

ㅁ

마당을 나온 암탉 ············· 101
마크 트웨인 ·················· 148
마해송 ················ 141, 142, 143
만민평등사상 ··············· 22, 23
만화 ························· 170
만화가 ······················· 170

만화로 보는 그리스 로마신화 ········· 100	문자의 출현 ································ 72
만화영상문화지원정책 ···················· 170	문자자각 ·· 81
말 문학 ·· 133	문자지도 ·· 74
말로 ·· 148	문장 ·· 75
망구조 ·· 87	문장동화 ······································ 187
매거진 ·· 163	문장이해력 ····································· 58
매스 커뮤니케이션 ······················· 158	문제 해결력 ·································· 92
매일신문 ······································ 161	문체 ·· 123
멀티동화 ······································ 101	문학 감상력 ································ 217
멀티미디어 ····································· 20	문학 비평가 ································ 154
명랑동화 ·· 99	문학 책 ·· 114
명료한 사실 ································ 151	문학 프로그램 ····························· 217
명명 폭발기 ·································· 54	문학감상 ······································ 224
모둠 토론 ···································· 209	문학류 ··· 114
모방 ·· 64	문학성 ································ 119, 123
모방심리 ······································ 153	문학작품 ··························· 34, 35, 90
모빌 ·· 228	문학적 요소 ································ 119
모험동화 ······································ 147	문학지도 ······································ 227
모형 극장 놀이 ··························· 225	문학책 ·· 87
목독 ··· 11	문학체험 ·· 21
목적 이론 ···································· 215	문화산업 ······································ 231
목차 ··· 117	문화적 준비도 ······························· 81
몽고메리 부인 ····························· 148	문화컨텐츠산업 ··························· 170
몽타주 효과 ································ 102	문화코드 ·· 34
무언극 ···························· 218, 220, 222	뭉뚱그리기 ···································· 86
무언극(판토마임) ························· 219	미국 ····································· 45, 148
묵독 ······································ 55, 82	미디어 ··································· 18, 65
문맥 읽기 ······································ 88	미술성 ··· 119
문맥적인 이미지 ··························· 88	미술적 요소 ································ 170
문법력 ·· 58	미술적 활동 ································ 218
문자 기호 ······································ 75	민간설화 ······································ 138
문자 인지력 ·································· 61	민담 ······························· 25, 132, 134
문자 자각의 단계 ························· 81	민족관 ··· 141
문자기호 ·· 81	민족민주 출판운동 ························ 98
문자언어 ·· 54	민족적 정서 ································ 142

민족주체사상 ·················· 22
민화 ···················· 21, 147
밀느 ······················ 148

ㅂ

바벨로니아 ················ 139
바움 ······················ 148
바위나리와 아기 별 ········ 141
박기범 ···················· 143
박문국 ···················· 160
박상재 ···················· 127
박영호 ···················· 160
박홍근 ···················· 142
박화목 ···················· 142
반공 이데올로기 ············ 97
발달심리학 ·············· 27, 39
방정환 ················ 97, 142
배경 ······················ 146
배경음악 ·················· 102
배경정보 ·················· 175
백과사전 ·············· 174, 175
백설공주 ··················· 25
백조왕자 ·················· 184
버네트 ···················· 148
번역도서 ·················· 111
번역서 ···················· 101
번역자 ···················· 116
베스트셀러 ················· 98
벽화 ······················ 229
보도 기능 ·················· 159
보리출판사 ················ 156
보림출판사 ················ 156
보물섬 ···················· 147
보통국민교육 ··············· 29
보한집 ···················· 137

본능적 행동체계 ············ 45
봉건사회 ··················· 29
북 리스트 ················· 200
북 토크 ············· 195, 196
분석독서 ··················· 78
분석적 독서 ················ 86
분석적 읽기 ················ 86
분절 ······················ 127
불신감 ····················· 48
붉은 저고리 ··········· 96, 161
브레멘의 음악대 ············ 25
브루스 디건 ··············· 151
비교 독서법 ················ 79
비구두적(非口頭的) ·········· 73
비네트 ···················· 197
비도덕적인 생각 ············ 49
비디오 ····················· 20
비문학적 글 ················ 91
비약 ······················· 82
비언어적 상징행동 ·········· 52
비판력 ····················· 58
비판적 독서 ··············· 215
비판적 사고 ················ 91
비판하며 읽기 ·············· 91
비형식적 드라마 ··········· 223
빨간 부채 파란 부채 ······· 184
빨간모자 ··················· 25
빨리 읽기 ·················· 88

ㅅ

사건 ······················ 146
사계절 ···················· 101
사고 ······················· 74
사고과정 ··················· 72
사고력 ············· 216, 297

사고융합	58
사랑의 선물	97
사실확인	175
사이버독서회	205
사전적 이미지	88
사전정보	175
사회계몽	23
사회화 과정	44
산문시	129
삼국사기	137
삼국시대	127
삼국유사	137, 263
삼단논법	52
삽화	118, 228
상상력	231
상상적 사고력	35
상상하며 읽기	89
상승 모티브	145
상징시	129
상징적 조작	52
상호작용	20
새별	96
색인	117
샛별	141
생각하기 과정	79
생리적 요인	59
생텍쥐베리	148
생활동화	84, 140, 281
생활문	298
샤를르 페로	137
서경시	129
서사시	129
서사적 구조	132
서스펜스	100
서재필	160
서정시	129
선전문	91
선정 기준	158
설명문	91
설화	134
성교육동화	99
성리학	22, 23
성숙	40
성숙 독서기	62
성장	40
성적환상	49
세계명작	149, 150
세계미술용어사전	171
소년	96, 166
소년 한반도	96
소년동아일보	162, 163, 164
소년동화	140
소년전북일보	162
소년조선일보	161, 162
소년한국일보	162
소리	20, 167
소리나는 책	99
소재	115, 145
소파 방정환	22
소파동화독본	97
소학	28
소학독본	96
속담	132
쇼비즈니스 시대	17
순수 아동잡지	167
스릴	100
스위스	148
스위프트	147
스키마(schema)	51, 75, 76
스토리 텔링	183

스토우 부인 ·············· 148
스톰 ······················ 148
스트븐슨 ·················· 147
스피리 ···················· 148
슬라이드 ·················· 168
시각적 ···················· 129
시각적 질감 ················ 16
시각화 ····················· 87
시간의 띠 ················· 230
시뮬레이션 ················ 169
시민운동 ·················· 103
시의성 ···················· 151
시장성 ···················· 111
시청각자료 ··········· 114, 168
식물도감 ·················· 157
신기한 스쿨버스 ··········· 151
신데렐라 ··················· 25
신동 ······················· 31
신동 이데올로기 ············ 32
신뢰감 ····················· 48
신문 ······················ 158
신문활용교육(NIE) ········· 160
신체상의 준비도 ············ 81
신체시 ···················· 164
신토피칼 독서 ·············· 79
신화 ········· 21, 130, 132, 134, 138, 227
실용성 ···················· 100
실학 ··················· 22, 23
심리사회적 발달과제 ········ 47
심리사회적 이론 ············ 47
심리적 준비도 ·············· 81

ㅇ

아동관 ············ 21, 22, 24, 27
아동교육 ··················· 22
아동기 ····················· 21
아동문예지 ················ 164
아동문학 ··· 21, 24, 27, 34, 114, 141, 150
아동문학상 ················· 40
아동문학적 요소 ··········· 122
아동서적 출판업 ············ 25
아동시 ···················· 128
아동심리학 ················ 154
아동양육 ··················· 21
아동인식 ··················· 23
아동존중사상 ············ 22, 24
아동출판물 ················ 111
아동학대 ··················· 30
아웃 라인 ·················· 86
아카이브 기능 ··········· 13, 14
안구운동 조정력 ············ 61
안구운동조정력 ············· 58
안데르센 ·················· 147
안데르센 ··················· 27
안미란 ···················· 143
암시 ······················ 186
애들러 ····················· 77
앤더슨 ····················· 76
양피지 ····················· 11
어린이 ·············· 29, 142, 164
어린이 권리선언 ············ 30
어린이 도서 ················ 96
어린이 도서출판의 역사 ····· 96
어린이 동산 ··············· 166
어린이 발달심리 ············ 44
어린이 시 ················· 128
어린이 신문 ················ 97
어린이 영자신문 ··········· 162
어린이 잡지 ··············· 164
어린이 종합교양지 ·········· 96

어린이 책	34	역사동화	152, 314
어린이 출판	98	역사소설	152
어린이 출판물	96	역사전문서	152
어린이강원	162	역웅패설	137
어린이과학잡지	166	역행운동	82
어린이관	21	연계구조	87
어린이기	21	연구	74
어린이도서 출판	113	연령층 세분화	100
어린이도서연구회	144, 149, 174	연역적 사고	52
어린이를 위한 동화집	27	열등감	49
어린이를 위한 문학	21, 150	열린문화	133
어린이문화	100	영국	25, 147
어린이신문	161	영상	20
어린이와 가정을 위한 동화집	25	영상미디어	16, 19
어린이운동	22	영상세대	17
어린이의 권리에 관한 선언	30	영상자료	168
어린이잡지	166	영아	23
어휘	88	예견하기	88
어휘량	82	예비독서	78
어휘력	58, 83	예술성	36, 123
언어 체험	120	예술작품	119
언어기호	75	예술적 매개체	124
언어능력	18, 53	예술적 양식	124
언어력	57	예술적 창의성	215
언어발달	53	예술활동	230
언어적 상징행동	52	예절 책	25
에리판	139	옛날이야기	136
에릭슨	47	옛이야기	132
에이전시	112	오디오 그림책	170
에피소드	196	오락 기능	159
여가	74	오락적 상상력	100
여사서	28	오스카 와일드	147
역사 · 인물 자료	312	오스트라곤	139
역사관	141, 153	온라인	176
역사도서	152	온라인 서점	114

올코트	148	육당	164
옹알이	54	윤기현	143
외국동화	97	음독	55, 81, 82
외형률	127	음성언어	53, 81
YMCA 청소년보호위원회	171	음수율	127
요약	86	의견제시형 기사	349
요점 읽기	85	의미 이해 단계	81
욕구	64	의성어	188
용의 아이들	25	의태어	188
우생학적 관점	32	이금이	143
우측대뇌반구	18	이드	45
우화	25, 139	이림	143
운문	128	이상한 나라의 엘리스	146, 184
울음	53	이솝 우화	24, 139
움직이는 책	99	이야기 상자	225, 226
원작	150	이야기꾼	136
원저자	116	이야기하기 과정	79
원형보존	15	이원수	143
위계구조	87	이재철	142
위고	147	이주홍	142
위기철	143	이태준	143
위인	31	이해력	57
위인전	153	이현주	143
위인전기	152	익산 마동도서관	231
유년동화	140	인간평등사상	22
유럽	160	인권운동가	30
유럽사회	12	인도	140
유머	115	인도 우화	139
유소영	141	인물	123, 146
유아동화	140	인물 스케치	197
유아용 그림책	100	인물이야기	152, 153, 319
유엔	30	인물전	153
유엔 어린이·청소년 권리 조약	30	인물탐구	351
유전인자	39	인쇄매체	167
유통환경	103	인쇄미디어	17, 19

인쇄본	176
인쇄술	12, 72
인쇄술의 발달	72
인쇄자료	114
인지발달	120
인지발달이론	51
인지심리학	72
인키즈	101
일대일 토론	205
일본	171
읽기 과정	79
읽기 준비도	81
임길택	143
임정자	143
입말	136
입체 모형	225
입체모형	226
입체적인 그림책	99

ㅈ

자매지	161
자유시	129
자율성	48
자타카스	140
작은도서관	20
작품성(예술성)	36
잠자는 숲속의 공주	25
잡지	163
장화 신은 고양이	25
재미	36, 100
재치	115
재화	25
저자	116
저자사항	116
저자의 의도	87

저학년 창작동화	99
전 독서기	62
전기	153
전기 작가	154
전기문	227
전래동요	26, 127, 243
전래동화	25, 26, 84, 132, 140
전설	21, 132, 134
전승	132
전인교육	95
전인적 성장 발달	95
전자백과사전	176
전자자료	114, 168
전자책 개발	101
전조작기	52
전집 출판	98
전체 토론	209
전통과학시리즈	156
절정기	61
점검독서	78
점토판	11
접촉적 질감	15
정글북	147
정병규	15
정보	14
정보 수집 능력	85
정보	19, 74
정보수용 행위	72
정보전달기능	13, 14
정보처리 기능	15
정보처리기능	13
정신분석이론	45
정신분석학	45
정신연령	59
정지	82

정체감 확립 ····· 49
정체혼미 ····· 49
정형시 ····· 127, 129
정확성 ····· 151
제네바선언 ····· 30
제본 ····· 118
제임스 베리 ····· 148
제지술 ····· 12
조기 유학 현상 ····· 33
조기교육 프로그램 ····· 45
조선동요선집 ····· 97
조선시대 ····· 22, 27, 160
조선일보 ····· 160
조선후기 사회 ····· 23
조애너 콜 ····· 151
조앤. K. 롤링 ····· 148
조이넷 ····· 101
조직화 ····· 51
조합적 사고 ····· 52
존 듀이 ····· 89
존 번연 ····· 147
종이 ····· 15
종이 컷 ····· 229
종이미디어 ····· 11, 13
종합적 사고력 ····· 86
좌측대뇌반구 ····· 18
죄의식 ····· 48
주도성 ····· 48
주요섭 ····· 142
주제 ····· 115, 123, 144
죽간 ····· 11
준비의 단계 ····· 80, 81
줄거리 읽기 ····· 84
중국우화 ····· 139
중등 독서기 ····· 62

중앙일보 ····· 160
중학교 ····· 62
중학생조선일보 ····· 161
쥘 베르네 ····· 148
지능 ····· 51, 59
지배이데올로기 ····· 31
지식 ····· 14, 19
지식 그림책 ····· 236
지식 책 ····· 114
지식구조 ····· 76
지식자본주의사회 ····· 32, 33, 37
지식정보 책 ····· 151
지식책 ····· 87
지체현상 ····· 18
직접화법 ····· 187
집단토론 ····· 205

ㅊ

창가 ····· 127
창간 ····· 166
창의력 ····· 216, 231
창의성 ····· 91
창의적 읽기 ····· 92
창작동요 ····· 245
창작동화 ····· 140, 141
창작동화의 선정기준 ····· 144
창작물 ····· 112
창조적 감수성 ····· 232
창조적 계급 ····· 231
창조적 산업 ····· 232
창조적인 미술활동 ····· 217
채륜 ····· 11
채인선 ····· 143
책 읽는 놀이터 ····· 231
책갈피 ····· 229

책만들기	224	컴퓨터	17, 20, 114
책의 역사성	16	컴퓨터 그림책	169
책읽기 중심 체험형	231	컴퓨터 통신망	19
챕 북	25	케이트 그리너 위에상	118
천도교	24	콜라주	229
천로역정	26, 147	쿠잉	53
천자문	96	퀴터리즘	17
철학동화	99	키즈토피아	101
첨단미디어	17	키즈헤럴드	162
청각자료	168	키플링	147
청교도	154		
청소년	49	**ㅌ**	
청소년 문제	30	타블로이드판	161
청자	183	태내기	28
초급독서	78	태아기	27
초등학교	62	텍스트	75
촉감	15	텔레비전	16, 18, 19
최남선	96	토끼와 거북이	84
최초 일간 인쇄물	160	토론하기 과정	79
최초의 근대적 신문	160	토요만화연구모임	174
최초의 일간지	160	토의망식 토의	206
추리적 사고	90	톨스토이	148
추리하며 읽기	90	통신	20
추천	118	티핑 포인트	197
출판물	65		
출판사	103, 112	**ㅍ**	
출판사항	117	판타지	146, 147
출판환경	102, 104, 107, 108	패러다임	31
		페로	137, 147
ㅋ		페로	25
카네기멜론대학	231	페로 동화집	25
카네기상	40, 118	편집장	101
칼 데코트상	118	폐간	166
커뮤니케이션 학자	170	포스터	229
컴팩트디스크	168	포터	148

표상(表象) …………………………… 71, 75
표상화 ………………………………… 52
표준 철자법 …………………………… 56
표현면 ………………………………… 117
표현하기 과정 ………………………… 79
프란시스 베이컨 ……………………… 78
프랑스 ………………………… 25, 140, 147
프로이드 ……………………………… 45
플래시 ………………………………… 101
플래시 애니메이션 …………………… 101
피아제 ………………………………… 51
피아트 ………………………………… 76
피터팬 ………………………………… 184
픽션 …………………………………… 151

ㅎ

하이테크 그림책 ………………… 169, 170
학교 …………………………………… 30
학교교육 ……………………………… 35
학교도서관 …………………………… 20
학력 카스트 사회 …………………… 32
학력주의 ……………………………… 32
학력주의의 내면화 …………………… 31
학부(學部)편집국 ……………………… 96
학습백과사전 ………………………… 156
한국 YMCA …………………………… 173
한국민족문화대백과사전 …………… 171
한국예술종합학교 …………………… 231
한국잡지협회 ………………………… 166
한국정신문화 연구 …………………… 137
한국출판연감 ………………………… 172
한성순보 ……………………………… 160
한성주보 ……………………………… 160
한스 안델센 ………………………… 138
한스 크리스찬 안델센상 …………… 118

한윤옥 …………………………… 141, 161
해독(解讀)과정 ………………………… 72
해리슨 ………………………………… 170
해리포터시리즈 ……………………… 148
해방감 ………………………………… 134
해에서 소년에게 …………………… 164
행간(行間) ……………………………… 72
행간운동 ……………………………… 82
행동양식 ………………………… 30, 48
행복한 왕자 ………………………… 147
행상용 소책자 ………………………… 25
허구성 ………………………………… 100
헤드 스타트 운동 …………………… 45
헤르도토스 ………………………… 139
헨젤과 그레텔 …………………… 25, 184
현덕 …………………………………… 142
현실도피 ……………………………… 64
형식적 고전주의 ……………………… 26
형식적 조작기 ………………………… 52
호프만 ………………………………… 148
홍성태 ………………………………… 31
화용론(話用論) ………………………… 72
화자 …………………………………… 183
환경동화 …………………………… 156
환경적 준비도 ………………………… 81
활동범위 ……………………………… 49
활자 …………………………………… 118
활자매체 ……………………………… 15
활자세대 ……………………………… 17
황선미 ………………………………… 143
회화적 ……………………………… 129
훈몽자회 ……………………………… 96
훈육 …………………………………… 35
훑어 읽기 ……………………………… 85

◘ 저자소개 ◘

양 재 한

경북대학교 도서관학과 졸업
경북대학교 대학원 도서관·정보학과(도서관학 석사)
부산대학교 대학원 문헌정보학과(문학박사)
현재 창원문성대학 문헌정보과 교수

김 수 경

부산대학교 문헌정보학과 졸업
부산대학교 대학원 문헌정보학과(문헌정보학 석사)
부산대학교 대학원 문헌정보학과(문헌정보학 박사)
현재 창원문성대학 문헌정보과 교수

김 석 임

부산대학교 국어국문학과 졸업
전 하동여자고등학교 국어교사
현재 어린이 독서지도 및 글쓰기 지도자

어린이독서지도사 양성과정 교재 [1]
개정3판 어린이독서지도론

2003년 2월 20일 초   판 발행
2008년 9월 5일 개정2판 2쇄 발행
2010년 9월 20일 개정2판 3쇄 발행
2013년 8월 28일 개정3판 1쇄 발행

저 자 _ 양재한·김수경·김석임
펴낸이 _ 김선태
발행처 _ 도서출판 태일사
주 소 _ 700-803 대구광역시 중구 2·28길 26-5(남산1동)
전 화 _ 053-255-3602 ｜ 팩스 053-255-4374
등 록 _ 1991년 10월 10일 제6-37호

정가 16,000원

ⓒ양재한 외 2013   ISBN 978-89-92866-72-9   93020

※ 무단복사, 전재를 금하며 잘못된 책은 교환하여 드립니다.